我国高校电子竞技运动管理发展现状研究

闫红桥　著

中国纺织出版社有限公司

内 容 提 要

电子竞技是电子游戏比赛达到"竞技"层面的活动。电子竞技运动是以电子设备作为运动器械进行的人与人之间的智力对抗运动，它可以锻炼参与者的思维能力、反应能力和意志力，并提高心、眼与四肢的协调能力，还可以培养团队精神。本书写作的目的在于培养学生以及社会电子竞技爱好者的基本电子竞技素养。全书内容涵盖面较广，包含丰富的电子竞技知识及案例，采用理论与实例相结合的写作方法，深入而系统地阐述电子竞技运动、电子竞技专业的发展，以此深入研究我国高校电子竞技运动管理发展现状。

图书在版编目（CIP）数据

我国高校电子竞技运动管理发展现状研究/闫红桥著. --北京：中国纺织出版社有限公司，2023.5

ISBN 978-7-5229-0493-1

Ⅰ. ①我… Ⅱ. ①闫… Ⅲ. ①高等学校—电子游戏—运动竞赛—体育专业—研究—中国 Ⅳ. ①G898.3

中国国家版本馆 CIP 数据核字（2023）第 065205 号

责任编辑：林 启　　责任校对：江思飞　　责任印制：储志伟

中国纺织出版社有限公司出版发行

地址：北京市朝阳区百子湾东里 A407 号楼　邮政编码：100124

销售电话：010—67004422　传真：010—87155801

http://www.c-textilep.com

中国纺织出版社天猫旗舰店

官方微博 http://weibo.com/2119887771

三河市延风印装有限公司印刷　各地新华书店经销

2023 年 5 月第 1 版第 1 次印刷

开本：787×1092　1/16　印张：10.75

字数：262 千字　　定价：85.00 元

前　言

　　电子竞技运动是指电子竞技运动进入"竞技"水平的一种运动。电子竞技是一种利用电子装置进行人与人的智力对抗的运动，它可以锻炼和提升参赛者的思维，反应，意志，以及心、眼、四肢的协调能力。

　　国家体育总局于2003年11月18日正式公布将电子竞技列为第99个体育项目。教育部根据《普通高等学校高等职业教育（专科）专业设置管理办法》，结合有关学校、行业提出的专业意见，在2016年增补了电子竞技运动与管理专业，自2017年起执行。

　　本书写作的目的在于培养学生及社会电子竞技爱好者的基本电子竞技素养。全书内容涵盖面较广，包含丰富的电子竞技知识及案例，采用理论与实例相结合的写作方法，深入系统地阐述电子竞技运动、电子竞技专业的发展，以此进一步探析我国高校电子竞技运动管理的发展现状。

　　本书共分为九章，对电子竞技及电子竞技产业进行了全面论述。第一章主要讲述电子竞技的起源、发展历程以及典型的电子竞技作品三部分内容。从电子竞技游戏的萌芽期、发展期和成熟期三个阶段描述电子竞技的发展概况，并以电子竞技经典作品《英雄联盟》和《DOTA2》为例，对比、分析两个作品的独特之处。第二章讲述电子竞技学的思想基础中的复杂性和复杂系统，以及学科框架中可使用的理论。第三章分析信息时代的竞技运动新形态，其中包含电子竞技的定义、发展特点、发展的重要因素以及电子竞技运动的功能。第四章对电子竞技的专业方向和领域渗透进行系统解读。第五章从电子竞技赛事及运营角度，细化讲解了赛事概述、赛事体系、赛事策划和运营管理架构，还例举了大型电子竞技赛事。第六章介绍电子竞技赛事的标准与制度，一方面给出电子竞技赛事规模的评价标准，另一方面分析电子竞技赛事规则，读者可在这两者基础上对赛事的规模、质量有一定的认识。同时还介绍了电子竞技赛事在竞赛环境方面的组织管理。第七章主要对我国高校电子竞技专业的发展现状以及存在问题进行分析，展开对电子竞技专业发展对策的思考。第八章讨论高校电子竞技运动与管理专业人才的培养现状及优化策略。第九章着眼于未来发展，提出电子竞技运动发展的影响因素及趋势。

　　本书凝聚了作者多年的工作经验和研究成果，但由于水平有限，疏漏之处在所难免，恳请广大读者提出宝贵意见，以臻完善。

闫红桥

2022年10月

目　录

第一章　电子竞技的发展概况

电子竞技是基于视频游戏而生的。但是，要理解电子竞技的由来，光靠对其发展历程的梳理是远远不够的。电子竞技有两个基本特征：电子和竞技。正是这两个特征，让电子竞技在 20 世纪萌芽并最终蓬勃发展起来。

第一节　电子竞技的起源

一、竞技天性

人类热爱竞技的天性对于电子竞技的诞生有着十分关键的作用。人们喜爱这项运动的最大理由是，它的胜负和它的优秀选手。在高水平的体育竞技比赛中，尤其是世界级水平的足球、篮球等比赛中，运动员随时可能发挥出超常水平，这使赛事充满了观赏性和不确定性。

顶尖的运动员能够淋漓尽致地展现运动的美感。如足球中很多过人假动作——马赛回旋、牛尾巴、连续踩单车等，这些动作的完成难度很大，结合了天才运动员的想象力、技术特点和身体柔韧性，同时又有美感、力量感、速度感等。即使是同一个动作，具有不同特点的球员展现出的观赏性也不一样。体育比赛可以让人产生向心力和凝聚力，让人成为某个球队或球员的球迷，这是一种常见的体育文化现象。

二、电子计算机的发展

电子竞技的出现和计算机的发展是分不开的。20 世纪 40~60 年代是计算机发展初期，出现了第一代电子管计算机（1946~1957 年）和第二代晶体管计算机（1957~1964 年）。随后又发展出第三代中小规模集成电路计算机（1964~1971 年）和第四代大规模和超大规模集成电路计算机（1971 年至今），电子计算机逐渐进入家用化时代。电子计算机的发展为电子竞技的发展创造了可能性。

第二节　电子竞技的演变

体育运动的顺利开展，至少需要具备以下三个基本条件：第一，对抗，主要是人与人之间的对抗，包括体力、智力和心理素质等方面的对抗；第二，专业的运动器械与场地，保证各方参赛选手公平地发挥自身的竞技水平；第三，完备的比赛规则，需要兼顾公平性，让每一位参赛选手都有机会发挥自己的最佳水平。电子竞技是一种新的运动项目，其在漫长的发展过程中逐步形成了上述基本前提。

电子竞技是基于视频游戏的发展而生的。电子竞技的发展可以划分为街机游戏、视频游戏、掌上游戏和电脑游戏等各个阶段，游戏媒体在电子竞技发展过程中扮演着各自的角色。

一、从电视游戏到电脑游戏

视频游戏在整个游戏历史中占有举足轻重的地位。在电脑游戏诞生以前，街机和电视游戏是最受游戏爱好者们欢迎的娱乐方式之一。

（一）街机游戏

街机是一种商用游戏，置于公众的休闲场所。自从各种游戏设备问世后，街机就流行起来了。因为早期市面上没有家用游戏平台，游戏爱好者们只能在酒吧或游戏厅等公共场所才能玩街机。久而久之，这种游戏方式渐渐演变成一种独特的城市娱乐文化。在很长的一段时间内，"街机文化"是城市娱乐文化的一部分。

20世纪90年代，街机正式迎来了格斗时代。《街头霸王2》的出现点燃了所有街机爱好者的热情，《真人快打》《拳皇》《VR战士》《杀手本能》和《铁拳》的诞生也为那个时代增添了更多属于格斗性质的游戏元素。在20世纪90年代，街头巷尾的街机厅内，这些刺激的游戏吸引了众多青少年玩家。对那时的孩子而言，能玩上几局街机格斗是一项奢侈的享受，甚至在一旁观看也成为一种惬意的体验，而街机也逐渐成为一个城市的核心娱乐文化，陪伴那一代孩子度过了他们的青少年时期。

（二）家用游戏平台

街机的衰落伴随着家用游戏平台的兴起。家用游戏平台（Family Computer，FC）是任天堂于1983年发售的8位游戏机，由于其机身主要由红色和白色组成，因此也被玩家们称作红白机。FC开启了一个崭新的电玩时代，任天堂作为电子竞技产业的开创者，几乎成为家用游戏机的代名词，推动了游戏产业的商业化发展，并对主机游戏文化的形成产生了深远影响。

任天堂的成功，极大地推动了日本的家用游戏平台市场的发展。1994年12月，日本著名的电子竞技厂商索尼公司成功开发出PlayStation第一代（简称PS1，图1-1）。PS游戏平台是首个以光盘为游戏载体的家用游戏机。该主机在当时非常流行，产品系列一直延续至今，仍在不断地更新迭代，并有众多追随者。

图 1 – 1　PS1 游戏机

（三）电脑游戏

20 世纪 90 年代中期，在美国、日本等发达国家，家用计算机已不再是普通家庭无法负担的昂贵物件，而和电视机一样成为许多家庭的必需品。索尼公司 PS 游戏平台的成功，让许多计算机制造企业和游戏软件开发厂商意识到家用计算机领域的巨大商机，并努力将计算机开发成一个新的游戏平台。

之后，随着电脑游戏类型的不断丰富，射击游戏、即时战略游戏等开始展现出竞技元素，电脑游戏逐渐成为主流游戏，在整个游戏行业中所占的比重也越来越大，为后来电子竞技类游戏的发展提供了优渥的土壤。

二、从电脑游戏到电子竞技

1991 年，在街机文化特别发达的美国和日本，随着《街头霸王》等大型格斗游戏的流行，出现了格斗类游戏的对抗比赛。与此同时，随着互联网的兴起，街机格斗的爱好者迅速组建了自己的电子竞技运动社群。

1995 年，美国西木工作室（Westwood Studios）推出了电脑游戏《命令与征服》（Command & Conquer），随后又推出一系列续作，包括《泰伯利亚》系列、《红色警戒》系列和《将军》系列。《命令与征服》是一系列即时战略游戏，也是史上最畅销的即时战略游戏之一，在其带动之下，即时战略游戏一跃成为最流行的游戏类型，随后出现的《帝国时代》《星际争霸》《魔兽争霸》等游戏，均成为电脑游戏时代的经典游戏。此后，在欧美地区也开始兴起一些电子竞技组织和比赛，电子竞技逐渐摆脱了单机化，实现了人与人之间的对战，并上升到了竞赛层面，电子竞技正式出现在历史舞台上。

三、以 MOBA 类为代表的电子竞技的演变

（一）萌芽期（1998～2002 年）

1998 年，由美国暴雪（Blizzard）娱乐公司发行的《星际争霸》游戏中首次绑定了一款地图编辑器。利用这款编辑器，一位战网 ID 为"Aeon64"的游戏玩家制作了一张名为"Aeon of Strife"（以下简称 AOS）的自定义地图。这张地图有 3 路兵线，玩家通过控制英雄单位摧毁敌方基地来获得胜利，AOS 以此奠定了 MOBA 类游戏的根基。它为后来的 RPG 地图提供了一种三路兵线的游戏模式，这种模式对后来的 MOBA 类游戏产生

了深远的影响，这也是所有 MOBA 类游戏的雏形。

（二）发展期（2003～2008 年）

《DotA》的盛行开启了 MOBA 类游戏的新篇章。在这一时间段内，大量的游戏玩家涌入 MOBA 游戏的热潮中，国内也涌现出了许多优秀的 RPG 作品。2004～2005 年，各种沿袭"AOS"设计思路的 3C 作品相继出现，《澄海 3C》和《真·三国无双》等无疑是其中尤为出色的几款作品。《澄海 3C》以其华丽的技能特效、痛快的操作感受瞬间俘获了大量玩家群众。在 MOBA 游戏画面普遍不够精致的年代，《澄海 3C》仅仅凭画面效果就已经让很多玩家折服，而游戏特效也成了后来 MOBA 类游戏制作中无法回避的一环。

在之后的几年里，随着《DotA》汉化版进入中国后掀起的 MOBA 热潮以及单机游戏网游化的发展趋势，众多新崛起的类《DotA》网游成为 MOBA 新贵，《天翼决》《梦三国》《超神英雄》，甚至连暴雪也推出了暴雪版《DotA》以瓜分电子竞技市场。可以说在这个时期，MOBA 类游戏处于飞速发展阶段，虽然《DotA》作为 MOBA 类游戏的代表，带动了整个电子竞技市场的发展，但基于《魔兽争霸Ⅲ》地图引擎的限制，作为一张 RPG 地图的《DotA》在后期的更新和维护中受到了极大的阻力，很难取得更大的进步。而整个电子竞技市场都在等待一个现象级的电子竞技作品来统领整个行业的持续发展，并引领它走向成熟。

（三）成熟期（2009 年至今）

在《DotA》逐渐衰落以后，一款名为《英雄联盟》的游戏开始崛起。《英雄联盟》（League of Legends，LOL）是由美国拳头游戏（Riot Games）公司开发的英雄对战 MOBA 竞技类网游，是由《DotA》原班人马打造，借鉴《DotA》地图特色，并结合了新元素的一款易上手、画面风格亲民的游戏，一经开放便受到了全球游戏玩家的追捧与热爱。

《英雄联盟》让 MOBA 类游戏迎来了一次脱胎换骨的变化。从 2010 年公测起，依托于国内代理商腾讯公司巨大的客户流量优势，《英雄联盟》迅速占领了国内的 MOBA 类游戏市场，且影响力与日俱增，成为电子竞技行业当之无愧的标杆产品。

随着国内 MOBA 类电子竞技选手屡屡取得巨大的国际成就，社会对 MOBA 类游戏的关注度也越来越高。随着电子竞技产业的逐渐成熟和完善，关于电子竞技的正面报道也越来越多，社会群体对于电子竞技的主流价值观开始转变。现阶段，中国的电子竞技行业正在蓬勃发展，虽然电子竞技游戏会更新换代，但是电子竞技的理念和精神始终不断地传承和发扬。虽然中国的电子竞技发展过程历经坎坷，但可以预见中国电子竞技在未来的几年甚至几十年里，都会有更加积极、美好的前景。

第三节　电子竞技的类型与代表作品

一、电子竞技的类型

纵观所有事物的发展历程，总可以找出几个具有代表性的案例加以具体分析。同样，在电子竞技的发展史里，许多经典游戏也对电子竞技的发展起到了不可磨灭的促进作用。

（一）即时战略（RTS）游戏

细数电子竞技的经典游戏就不得不提到即时战略游戏，这种游戏类型在相当长的一段时间里持续引领电子竞技的热潮。

RTS游戏简单来说就是即时进行的战略性游戏，它的游戏模式经过了漫长的演变，拥有许多不同的操作模式和表现形式。美国和英国发行的许多游戏都具备这个类型的雏形，直到1992年，由美国西木工作室开发的《沙丘魔堡2》（Dune Ⅱ：The Building of a Dynasty）才真正确立了RTS游戏的模式及玩法，并使其成为电子竞技中的一个独特类别。

1. 《命令与征服：红色警戒》

1995年，美国西木工作室发行了《命令与征服》，让RTS游戏声名鹊起，开创了这个游戏类型的新时代。《命令与征服》对后世的RTS游戏产生了很大的影响。它提出了许多新颖的元素和概念，如开创了"资源采集＋生产建设＋兵团作战"的游戏模式，同时还设计了"战争迷雾"（指在游戏中制造双方战术不可预测性的机制，典型的代表就是遮盖地图的雾气），这些都一直沿用到后来出现的几乎所有RTS游戏之中。其中"战争迷雾"在MOBA类游戏中也被广泛使用，至今仍是非常重要的一个战略元素。

2. 《帝国时代》

1997年，美国全效工作室（Ensemble Studios）开发了一款名为《帝国时代》（Age of Empires）的游戏，这款游戏也获得了巨大的成功。《帝国时代》的基本玩法是，玩家通过采集资源、生产兵种单位以及研发高科技，从而完成从狩猎时代到铁器时代的跃进，成就一个帝国并发展一个文明。《帝国时代》的成功之处在于游戏的均衡性。游戏里面设计了12个文明，游戏者可以从中任选一个进行游戏，每个文明都有各自不同的属性和独特的科技，每个文明都不会过于强势，也不会过于弱小。

3. 《星际争霸》

1998年，暴雪娱乐公司出品的《星际争霸》（StarCraft），一经推出便迅速成为最受欢迎的RTS游戏之一，其战网系统实现了RTS游戏的在线多人竞技。

《星际争霸》能够风靡全世界，主要原因在于它具有高度的对抗性、观赏性以及平衡性。在游戏中，不但能够人机对战，还能通过局域网连接进行多人对战，为后来的电子竞技赛事发展提供了便利的条件，奠定了电子竞技的基础。2000年的世界电子竞技大赛（WCG）就因《星际争霸》而出名，逐渐形成在全世界范围内的影响力。

4.《魔兽争霸Ⅲ》

《星际争霸》是一款极佳的竞技游戏，然而由于操作难度较高，一大批新手玩家无法适应。而暴雪公司于2002年发行的《魔兽争霸Ⅲ：混乱之治》，则在保留竞技性的同时，降低了操作难度和上手难度，加之当时超一流的3D画质和自由度极高的地图编辑器，使其迅速风靡全球，成为新一代最为热门的电子竞技项目之一。

（二）第一人称射击（FPS）游戏

第一人称射击游戏，顾名思义就是以玩家的主观视角来进行射击的游戏。历史上最早的FPS游戏原型是美国Cornered Rats开发室在20世纪90年代开发的《战鸟》（WarBird）。

1.《雷神之锤》

1996年5月，美国id Software公司开发出《雷神之锤》（Quake），这是世界上第一个真正采用多边形渲染技术的3D游戏，并获得了巨大的市场成功。尤其是1999年发布的《雷神之锤3》，是第一款支持多人网络对战的FPS游戏，在全球范围内取得了巨大的成功。

各种计算机媒体、游戏杂志上开始研究与刊发《雷神之锤3》的对战技巧，而游戏爱好者则像体育运动员一样苦练技术，希望在游戏对战中能有更高水平的表现。同时还有许多有组织的比赛不断开展，欧美地区出现了《雷神之锤3》的职业选手，通过赢取比赛奖金作为收入来源，这和如今的电子竞技选手是类似的。

2.《半条命》与《反恐精英》

《半条命》是一个科幻类型的FPS游戏系列，第一代由Valve软件公司开发，于1998年出版，最早使用的引擎是根据《雷神之锤2》引擎修改的。1999年，Valve公司开发出《半条命》的游戏模组——《半条命：反恐精英》，后来变成独立游戏《反恐精英》（Counter-Strike，CS）。FPS游戏终于迎来了在各大电子竞技大赛上都不可忽略的旗帜性代表作品。

《反恐精英》将玩家分为"反恐精英"（Counter Terrorists）与"恐怖分子"（Terrorists）两队，每个队伍必须在一个地图上进行多回合的战斗。赢得回合的方法是达到该地图要求的目标，或者是完全消灭敌方玩家。多样的地图让玩家能够打出丰富的配合，虽然只有两方人马，但呈现的是精彩的比赛、精准的操作以及诡异的战术，游戏也因此具有高度的观赏性、平衡性和对抗性，在许多电子竞技大赛中占据了重要地位。

（三）多人在线战术竞技游戏（MOBA）

在多人在线战术竞技游戏（Multiplayer Online Battle Arena Games，MOBA）中，玩家通常被分为两队，在游戏地图中互相竞争。每个玩家控制一个英雄，英雄能够升级成长、学习和使用技能、购买和使用装备。不同于《魔兽争霸》等传统的即时战略游戏，

MOBA 类游戏通常无须操作即时战略游戏中常见的建筑群、金矿和木材资源、训练兵种等组织单位，玩家只控制自己所选的角色进行资源的争夺，消灭敌方单位，并最终达到摧毁敌方基地的游戏目标。MOBA 游戏在近年来不断出现，成为广受欢迎的电子竞技游戏类型。

1.《DotA》

2002 年 10 月，游戏设计师 Eul 通过地图编辑器在《魔兽争霸Ⅲ：混乱之治》上创作了名为 Defense of the Ancients 的地图（即《DotA》的最初版本）。后经 Guinsoo（羊刀）、Icefrog（冰蛙）等地图作者的更新精进，《DotA》地图涵盖的元素越来越多，很快成为最受欢迎的魔兽 RPG 地图之一。

《DotA》地图允许玩家们控制英雄在三线地图上与对手战斗，对手从计算机 AI 变成了真实的玩家团队，而且《DotA》地图增加了 5V5 的玩法。《DotA》中的英雄以及中立生物角色均沿袭或改造了《魔兽争霸Ⅲ》中的人物模型，并沿用了技能的快捷键，让传统魔兽玩家能迅速地完成转型。并且《DotA》允许玩家们控制的英雄升至 25 级，提升了等级上限，并在三条兵线之间加入了野怪、Roshan（肉山）等中立生物，不断增加可购买的道具以及可选择的英雄，使游戏的可玩性得到了极大的提升。

2.《王者荣耀》

《王者荣耀》是由腾讯公司开发并运营的一款 MOBA 类移动端游戏，于 2015 年 11 月在安卓、iOS 平台公测，曾用名《英雄战迹》和《王者联盟》。

《王者荣耀》沿袭了传统的 MOBA 类游戏模式，允许玩家之间以 1V1、3V3、5V5 等多种方式进行 PVP（玩家对战玩家）对战，并设计了多种特色系统，如对战系统、社交系统、铭文系统等。除了普通的匹配对战模式以外，还设置了冒险模式与排位赛，用段位来标注不同水平的玩家，共有七个段位，分别为倔强青铜、秩序白银、荣耀黄金、尊贵铂金、永恒钻石、至尊星耀和荣耀王者。

二、电子竞技的代表作品

（一）《DOTA2》

《DOTA2》由《DotA》的地图核心制作者 Icefrog（冰蛙）联手美国 Valve 公司研发，于 2013 年 4 月 28 日开始测试，是该系列的第二部作品。《DOTA2》完整继承了原作《DotA》的一百多位英雄，并脱离了第一代作品所依赖的《魔兽争霸Ⅲ》引擎。

因为版权方面的原因，《DOTA2》未能与《DotA》保持相同的设定，除了英雄名称外，人物的模型、背景和世界观也不相同。作为《DotA》的升级版，《DOTA2》拥有更优质的游戏画面及特效，更丰富的游戏内容以及特色系统，如观战、饰品和赛事系统等。

1. 游戏设定

《DOTA2》在英雄属性方面基本继承了《DotA》中的设定，英雄拥有血量、魔法值、攻击力、射程、护甲、魔法抗性、法术强度、攻击速度和移动速度等固有身体素质以及三种属性：力量、敏捷和智力，并设计了新的英雄面板。每种英雄都隶属于一种属性之下，其中每提升一点力量，英雄可以提升自己的血量和血量的恢复速度，对于力量型英雄还可以额外提升一点攻击力；每提升一点敏捷，可以给英雄增加一点攻击速度和六分之一点护甲，敏捷性英雄还可以获得一点额外的攻击力；而每一点智力的提升能提高这名英雄的魔法值以及魔法值的恢复速度，并提升其法术强度，使其技能可以造成更多的伤害，对智力型英雄也能额外提升一点攻击力。这三种属性是《DOTA2》和《DotA》中的特有元素，也是提升一个英雄各方面实力的一个重要指标。在《DOTA2》中，单纯地提升一个英雄的攻击力是没有太大意义的，只有身体素质与属性兼备，才能在战场中有更加强力并持久地发挥。

每个英雄通常有四个技能，这四个技能也往往是一款英雄的特色所在，是英雄的核心。第四个技能是终极技能，俗称"大招"。英雄等级升级一次得到一个技能点，可以升级一个技能，一至三技能的最高等级是4级，即只能升级4次；四技能的最高等级是3级，即只能升级3次，且分别在英雄达到6级、12级、18级后才能升级。根据其主动性，可以将其划分为主动与被动两种。主动技能只能在玩家主动使用时生效，而被动技能则需要等级提升后才会生效。

除了技能，《DOTA2》在7.0版本中将英雄额外提升基础属性的黄点改为了天赋，英雄达到10/15/20/25级时可以选择英雄天赋，获得特殊的属性加成或技能加强。每个等级都有独特的分支路线，绕过的分支在之后将无法选择。每个英雄都拥有一组独特的天赋可供选择。英雄的定位与属性不同，是后天决定的。因为同一种主属性的英雄也会有多种不同的团队作用，所以一个英雄的定位不是唯一的，而是多角度划分的，划分的标准是英雄自身的属性成长或技能的特点。例如，一个近战英雄可能是输出者，也可能是辅助，还可能是肉盾，或兼具其中数个要素。

2. 观战系统

观战系统是游戏体验中必不可少的部分，作为玩家的一项重要需求，《DOTA2》在观战方面制作得可谓是尽善尽美，独特展示视角可以给玩家带来震撼的视听感受。《DOTA2》为玩家提供了完善的录像系统，玩家在经历了大战之后，可以很方便地在赛后界面下载上局的录像，并进行回放观看，借此发现问题、总结失败原因、积累经验。观看录像并分析战术也是体验游戏的一种方式，这对职业选手而言尤为重要。

另外，针对热衷于练习某一个英雄的玩家，观战系统设置了如下功能：玩家可以在观战系统界面右上角输入指定英雄的名称并搜索，则该指定英雄出场的比赛将被筛选出来，在左侧的比赛列表中按照平均天梯积分高低进行排列，玩家可以自行挑选并观看。

作为《DOTA2》观战系统中的一大亮点，它为玩家提供了便捷的观战好友功能，当玩家的某个好友正在进行游戏时，可以右键单击该好友，并单击观看比赛，即可观战好友正在进行的比赛，且所有同时观看该场比赛的观众可以在游戏内聊天频道中一起讨论该场比赛。

3. 饰品系统

《DOTA2》中的饰品可以理解成改变游戏内视觉效果的道具，包括改变英雄造型的饰品和其他功能的道具。当玩家给英雄装备上不同的饰品之后，英雄在游戏中的服装、造型甚至是动作和技能特效会发生变化。与其他游戏的皮肤类道具不同的是，《DOTA2》中的英雄饰品分为套装和散件，玩家可以按照饰品套装的搭配来配置自己的英雄造型，也可以自行设计搭配方式，进行饰品混搭。

①饰品。《DOTA2》饰品允许玩家改变英雄的外观模型或者施法视觉效果，但是不会给游戏内部的英雄各项能力属性造成任何的增益效果，不会影响竞技的平衡。玩家获取饰品的途径非常多，最方便的是直接从商城中购买。每一局匹配比赛结束以后也会随机掉落饰品，解封珍藏也可以获得饰品。另外，当玩家购买了某支战队的战旗，去观看该战队的比赛时也可能会被系统赠送饰品。《DOTA2》的一大特色就是给每个英雄都设计了自己特有的装备槽位，如头部、肩部、手部、腰部、腿部以及武器等槽位，每个槽位都能装备一系列的饰品。也正是得益于这种机制，玩家们可以对英雄角色身上的每一个部件配置不同的风格。然而英雄饰品只属于饰品中的一个部分，《DOTA2》中的饰品目前可以分为英雄饰品（分为套装与散件）、信使、工具、语音广播、赛事门票以及战队战旗等。

英雄饰品：包含套装以及散件，套装由多件装备组成，按照一个主题进行设计，属于同一风格，装备上以后有整体感。获得的套装具备流动性，可以从官方商店中直接购买，获得以后也可以与其他的玩家进行交易或赠予。散件中的装备既包含构成套装中需要的单件装备，也包含某些不从属于任何套装的独立装备。每个英雄身上可以装备的散件种类是不同的，这取决于设计师们是如何对英雄的模型进行分解的。不同套装中的散件风格以及特效也都不尽相同。

守卫：散件装备中包含一个特殊的类别，也是玩家俗称的"眼"，是每场比赛中至关重要的一项辅助道具。守卫饰品可以改变其外观造型，让"眼"变得与众不同。

信使：同样是辅助的道具，玩家可以通过拥有一款可爱的信使饰品，使全队队员都使用独特的信使。五花八门的信使是目前《DOTA2》的一大亮点，并且每当迎来节日或游戏中设置的特定活动时，便会出现一些只可在活动期间获得的珍藏版信使，如暗月肉山和黄金肉山。一些绝版的或特别稀有的独特信使往往会具有独特、绚丽的特效。这些绝版的信使也往往价值不菲，是玩家彰显自己个性的最好道具。

工具：饰品中还包含很多功能独特的工具，如修改装备名称和描述的道具，在英雄饰品上开孔的凿刀等。

广播语音：把游戏中的各种背景音效（如击杀音效和系统音效等）变成饰品中对应配音的声音。玩家可以通过风暴之灵广播饰品把游戏的声音变成风暴之灵的配音，还能变成一些来自其他游戏角色或现实中真人的声音。

赛事门票：《DOTA2》中绝大多数的正式职业比赛都需要门票才能观看，其中超大型赛事（如《DOTA2》国际邀请赛和 DreamHack 等）是不需要门票的，其他比赛的门票需要玩家在商城中购买获得。

战旗：拥有各支战队的战旗象征了对这支战队的喜爱。带上战旗去观战相应队伍的比赛，当比赛期间出现了拥有纪念意义的时刻（如第一滴血的诞生，三杀、四杀甚至暴走的出现，Roshan 被击杀或一方获胜的时刻），系统便会随机抽取携带战旗观战的玩家，赠送一件随机的饰品。这种饰品往往附有关键事件介绍和日期，具有极高的收藏和纪念价值。

珍藏：也叫宝箱，是通过商城购买或者一些独特方式得到的一种箱子，里面包含了不同种类的饰品。玩家通过开启宝箱可以随机获得这些饰品中的一项或几项。宝箱里包含几项特别稀有的饰品可供玩家随机获得，这些往往都是特效出众、价值不菲的稀有物品，得到的概率较低。

《DOTA2》饰品按照稀有程度，由低到高分为普通、罕见、稀有、神话、传说、不朽和至宝。饰品的存在使玩家们可以自行支配游戏中的每一个细节，赋予了玩家将想象力发挥到极致的权利，增添了游戏的乐趣，也满足了玩家们的收藏爱好及审美需求。如今，收集饰品已成为众多玩家的一大爱好，饰品的搭配也成了玩家们闲暇时间交流与讨论的话题之一。

②创意工坊。《DOTA2》的饰品系统不仅给玩家带来了许多精美的英雄饰品，而且在 Steam 内置的创意工坊中，玩家可以自行设计创作英雄饰品。对三维建模和平面设计有一定基础的玩家可以进入创意工坊来设计并提交作品，如果设计的作品受到了 Valve 公司的采用，就可以在游戏中出售并让其他玩家使用自己设计的饰品，并在玩家购买该饰品后与 Valve 公司共同分享其销售收入，利润相当可观。

在 Steam 创意工坊中，玩家可以自己设计物品，也可以浏览其他玩家设计的物品，可以打分、订阅，也可以选择查看在游戏中被采纳的物品，以后在商店里购买。创意工坊是一个让玩家们将创意发挥到极致的平台。玩家可以在工坊内设计游戏内的道具及商品，真正成为游戏的主人，增加对游戏的参与感以及文化认同感。

4. 官方赛事

《DOTA2》国际邀请赛（The International DOTA2 Championships，TI）创立于 2011年，是一个全球性的电子竞技赛事，每年一届，由 Valve 公司主办，截至 2021 年，共举办了 10 届。图 1 - 2 所示为第四届《DOTA2》国际邀请赛中国 Newbee 战队夺冠瞬间。该项赛事只以《DOTA2》为项目，但是其奖金池金额是全球其他电子竞技比赛望尘莫及的，如第六届比赛的总奖金超过了 2000 万美元。

①比赛赛制。《DOTA2》国际邀请赛按照赛制共分为外卡赛、小组赛以及淘汰赛三个部分。受到邀请的战队可以直接参加小组赛，而从各大赛区预选赛中晋级的队伍将要在外卡赛中进行双败淘汰赛，前两名晋级至小组赛。在小组赛中，所有战队分为两组进

行两场积分制的比赛，两个小组的前四名进入胜者组，后四名进入败者组。最后进入淘汰赛环节，赛制为双败淘汰赛。

　　②比赛奖金。一年一度的《DOTA2》国际邀请赛，是每一位《DOTA2》职业选手最向往的顶级舞台，它不仅是全球《DOTA2》玩家的集体盛会，更是全球电子竞技赛事领域的盛事。自 2011 年创办以来，《DOTA2》国际邀请赛凭借其科学的竞技体系、专业的赛事规格和屡次刷新吉尼斯纪录的巨额奖金池，吸引着来自世界各地数以百计的职业战队前来参赛。而在他们当中，每年仅有一支战队能够战胜群雄，成为年度《DOTA2》国际邀请赛冠军。

图 1 - 2　第四届《DOTA2》国际邀请赛 Newbee 战队夺冠瞬间

　　第一届《DOTA2》国际邀请赛至第三届《DOTA2》国际邀请赛的奖金均由 Valve 公司提供，而从第四届《DOTA2》国际邀请赛开始，Valve 公司采用了类似众筹的门票奖金分成方式，通过游戏商城售卖国际邀请赛官方互动指南的形式，将售卖销售额的 25% 注入奖金池中。通过这个方式，第四届《DOTA2》国际邀请赛的总奖金得到了极大的提升，突破了 1000 万美元。在之后的第五届及第六届《DOTA2》国际邀请赛中，总奖金数额更是稳步提升，第六届《DOTA2》国际邀请赛奖金突破 2000 万美元，成为当时奖金最高的电子竞技比赛。

（二）《英雄联盟》

　　《英雄联盟》（League of Legends，LOL）是由美国拳头游戏公司（Riot Games）开发、腾讯游戏在国内代理运营的英雄对战 MOBA 竞技网游。游戏里拥有数百个个性英雄，并拥有排位系统、天赋系统和符文系统等特色养成系统。

　　《英雄联盟》致力于推动全球电子竞技的发展，除联动各赛区发展职业联赛、打造电子竞技体系之外，每年举办的"季中冠军赛""全球总决赛""AllStar 全明星赛"为三大世界级赛事，获得了亿万玩家的喜爱，形成了自己独有的电子竞技文化。

　　1. 英雄属性

　　《英雄联盟》中的英雄属性与《DOTA2》中相似，在其基础上剔除了三种属性的概念，增加了法术穿透等概念。《英雄联盟》的英雄属性也包含了攻击力、护甲、魔法抗性等，但它有着自己的独特制约机制和数值的计算方法，这与其他 MOBA 类游戏还是有着一定区别的。

①攻击力和法术强度。和普通的网游类似，在《英雄联盟》中的战士、刺客这类英雄都是以物理攻击为主；还有一类称为法师的英雄，这类英雄都以法术攻击为主。区分两类英雄的就是对应属性上的攻击力和法术强度。一般物理系英雄主要提升自己的攻击力，而法师需要提高自己的法术强度。当然，《英雄联盟》中还有少量英雄是双修的。攻击力指的是在对方抗性护甲等均为 0 的理想情况下，普通攻击直接造成对方生命值的损失数值。例如，对于一些物理技能来说，攻击力加成为 1.1，即这项技能对应的物理攻击可以造成 1.1 倍的伤害；如果攻击力加成是 0.5，那么该物理技能所造成的伤害数值就要减半。法术强度主要是对法术技能的伤害加成，其算法与攻击力相同。

②护甲值和魔法抗性。护甲和魔法抗性分别是物理攻击和魔法攻击的对应抗性。假设护甲值是 A，B 代表减伤率，则有公式 $B = A/(A+100)$。当某单位的护甲值 A 为 100 时，根据公式可以直接算出能够减免 50% 物理伤害，即可以使对方的物理攻击的输出减半。魔法抗性也是同理，对应减免对方的法术技能输出。不过普通攻击都是物理输出，而技能按伤害类型不同分为物理技能和法术技能，其对应的伤害算法也不同。

③护甲穿透和法术穿透。英雄的抗性主要由护甲值和魔法抗性决定，当敌方英雄的这些数值堆积到一定程度时，会很难对其造成很高的伤害，这时候就需要护甲和法术穿透的效果。简单来说，抗性可以减免受到的伤害，玩家可以通过减少敌方抗性的方式增强己方攻击力。护甲穿透和法术穿透机制的存在提升了攻击力，如装备法师之靴——减少 15% 的魔法抗性；装备虚空之杖——减少 35% 的法术抗性。穿透最多把对方的抗性降到 0，此时的输出即是全额伤害。

④生命偷取和法术吸血。生命偷取是指英雄在进行物理攻击的时候，使造成伤害的一定百分比转化成自身的生命值恢复的一种续航操作。法术吸血则是生命偷取的另一种模式，是指玩家通过法术造成伤害的数值乘以一定的百分比，恢复到自己的血量上的续航操作。当法术吸血比例是 10%，技能造成 100 点的伤害时，法术吸血吸取的生命值就是 10 点。

⑤攻击速度和冷却时间。英雄的攻击速度是每秒攻击的次数，攻击速度按基础攻速的百分比加成。冷却时间是英雄每个技能可以连续使用的时间间隔。减少冷却时间的效果是可以直接叠加的，但减少上限是 45%（含天赋 5% 冷却缩减）。

⑥暴击概率。暴击概率是指英雄的物理攻击可以产生多倍伤害的概率，也是可以叠加的，如装备无尽之刃暴击时可以造成 2.5 倍的伤害。

⑦射程和移动速度。射程和移动速度都是《英雄联盟》中比较简单的属性，单纯地代表英雄的固有攻击距离和它在地图上的行走速度，主要通过合成相应的道具来提升。射程可以通过合成疾射火炮来提升，移动速度一般通过合成鞋类道具来提升。现在的大部分鞋类道具都是增加 45% 的移动速度，只有轻灵之靴是增加 55% 的移动速度。不同的鞋子在不同的场合，也会产生不同的效果，所以每个英雄在鞋类的选择上也很有讲究。

2. 符文天赋和天赋系统

①符文系统。符文系统是《英雄联盟》游戏独创的特色系统，玩家可以通过配置不同的符文页，并在游戏中选择这页符文，来达到强化自身各项能力的目的。

玩家们可以在游戏商城中按照自己所擅长的英雄的类型和需求，购买相应的符文，然后在符文系统中对自己所购买的符文进行镶嵌搭。搭配相应的符文能提升英雄该符文所对应的基础属性，符文主要是起到一个强化作用。

符文分为四种类型，分别是印记、符印、雕文和精华。不同的符文类型有着不同的颜色，而当玩家购买了符文以后，是不能马上对其所选择的英雄带来提升的，首先需要将符文镶嵌到符文页中，才能使其发挥强化作用，而且在镶嵌时也要按照符文类型镶嵌到对应的符文槽中。在每一页符文中，印记、符印和雕文均设有 9 个槽位，而精华只有 3 个槽位可供镶嵌。

当一名新手玩家初次体验《英雄联盟》时，作为一级的召唤师，只能镶嵌一个符文。只有通过不断训练和对战，提升自身等级以后才可以解锁尽可能多的符文。每升一级就会自动解锁一个新的符文。解锁顺序为印记—符印—雕文—精华。当玩家的召唤师等级达到 30 级时，即可解锁全部的符文槽。

同时，符文也是区别高手玩家水平的一个重要指标。同一场比赛中，在对手的英雄带有符文加成的情况下，如果己方没有符文加成，将会输在起跑线上，从开局的对线开始就会处于劣势，甚至引发"滚雪球"现象，劣势越来越大。而针对不同类型的英雄搭配不同类型的符文也是一门学问，只有精准配置了自己所需的符文，才能使英雄的能力最大化，并在前期对线、游走、抓人（Gank）中具备一定的优势。

各类符文涵盖了英雄的各项常规属性，对其产生增益加成效果，包括生命值、魔法值、护甲、魔法抗性、护甲穿透、攻击力、攻击速度、暴击率、暴击伤害、降低技能冷却时间等属性的提升。

符文在实际配置时应按照具体英雄的类型来分配。例如，物理输出类英雄需要配置攻击力、攻击速度、暴击率、暴击伤害和护甲穿透等类型的符文；法术输出类英雄一般配置法术强度、法力值恢复、降低技能冷却时间和法术穿透等类型的符文；坦克类英雄需要负责站在前线吸收主要伤害，因此他们主要需要搭配护甲、魔法抗性和生命值等属性符文；而辅助类英雄一般选择法力值恢复、法力值、降低技能冷却时间等类型的符文。

以上的英雄符文搭配方式相对基础和常规，适合新手使用。在实际使用过程中，应按照不同的阵容、不同的战术以及部分英雄的多发展方向性，考虑采用其他更加灵活、更加优秀的符文配备方式。这也是符文系统带给所有《英雄联盟》玩家的游戏乐趣所在。

《英雄联盟》为了满足召唤师们在游戏时会为不同类型的英雄配置不同的符文搭配的需求，特别设置了多页符文，以使召唤师能够更加灵活地切换自己的符文搭配，从而适应不同的位置和英雄角色。在符文主界面中即可切换符文分页，将不同类型的符文搭配保存到不同符文分页中，在游戏选择英雄的界面中就可以根据所选择的英雄来切换所需要使用的对应符文页。玩家可以通过商城购买来增加所拥有的符文页数。

②天赋系统。如果说在《英雄联盟》中符文是对召唤师前期战斗力的一定提升，那么天赋则对后期作战影响较大。在召唤师的信息面板中，玩家可以看到 3 类天赋树。每系的最高级天赋均为 18 点。召唤师等级每提升 1 级，就可以获得 1 点天赋点，用来自由升级天赋。召唤师可以根据选择的不同英雄进行灵活组合，给英雄配上不同的天赋。

天赋技能分为三类：攻击类、防御类和通用类。天赋技能点总共为 30 点。其中攻击类天赋主要提高物理、法术攻击，强化攻击作用的召唤师技能；防御类天赋主要提高物理、法术抗性及恢复能力，强化防御和恢复作用的召唤师技能；通用类天赋则是提高召唤师的其他能力，强化多用途召唤师技能，减少技能冷却时间等。

3. 皮肤商城系统

皮肤是《英雄联盟》中非常有特色的系统，各个英雄可以通过装扮皮肤来改变自身的外在风格。玩家也可以通过为自己心爱的英雄购置一款华丽的皮肤来彰显自身的个性，在游戏时也能赏心悦目，提升游戏体验。

①皮肤系统。《英雄联盟》中的特效皮肤能使操控的英雄看上去更加与众不同。比起普通的皮肤，特效皮肤往往会带有额外的技能或者动作特效，效果十分炫酷，很多精心的设计会让人眼前一亮。例如，琴瑟仙女婆娑使用 DJ 皮肤以后，就有着完全不一样的视觉效果。这款皮肤可以释放三种音乐，有动感、震荡和空灵可以选择，每一种都有独特的风格；还能改变琴瑟仙女婆娑的外观，有蓝色、紫色和红色可以变化；还包括了技能效果的改变。可以说，购买了一款特效精致的皮肤，就拥有了一场可以移动的视听盛宴，能让玩家和其他队友沉醉其中，尽情享受游戏带来的乐趣。

作为一款电子竞技类游戏，虽然《英雄联盟》中的所有皮肤都能改变英雄的外观，但是对英雄的各项属性是不会有任何加成的。就算改变了他们的攻击、技能动作，实际造成的效果是不会有改变的。《英雄联盟》里皮肤的作用更多的是一种观赏上的价值，特别是带有特效的部分皮肤。那些史诗级皮肤，往往价值不菲，释放技能时产生的特效也更华丽。在《英雄联盟》里，皮肤共分为限定、传说、史诗、王者、典藏、普通六个类别。一些较为昂贵的皮肤，往往不仅技能效果华丽，还会随着英雄等级的增长，相应改变英雄的外观。

《英雄联盟》里的皮肤大部分是由游戏商城进行售卖的，它们都有着统一的标价，玩家可以通过点券充值购买，也可以使用游戏内的金币购买。有趣的是，《英雄联盟》的游戏商城时不时还会进行打折促销活动，来刺激玩家购买。不过也有一些限定的皮肤，不是什么时候都能在商城购得的，它们需要在指定的活动中获得，也有一些只能在限定时间内购买获得，之后就成为绝版的皮肤。这些皮肤普遍较为稀有，具有收藏价值。

②商城系统。除了英雄皮肤，在游戏商城中还可以购买英雄、符文、守卫、加成道具和改名卡等。《英雄联盟》和《DOTA2》的最大不同在于玩家需要购买英雄，才可以获得英雄的使用权。对于一个新手来说，能选择的只有每周免费的那几款英雄，若想尝试更多英雄，只能通过每天游戏完成首胜等任务来赚取游戏金币，攒到一定数额以后才可以购买心仪的英雄，之后才能在游戏中使用。而通过游戏点券则能在商城中购买双倍经验卡、双倍金币卡等加成道具，能更快地拥有足够的金币来购买英雄和皮肤，以及获得天赋。

英雄的符文也只能在商城中使用游戏金币购买获得。符文分为三个级别，游戏等级达到 20 级的玩家才能使用最高等级的符文。游戏中的守卫模型也可以在商城中自行挑选购买。在某些特定的节日，商城还会出售一些造型独特的守卫眼模型，提升玩家的插眼乐趣。商城还设有赠礼中心，满足玩家想给好友赠送皮肤或符文的需求。

4. 官方赛事

《英雄联盟》全球总决赛（World Championship）是该项游戏一年一度的最为盛大的比赛，是所有《英雄联盟》比赛中拥有最高含金量和最高知名度的比赛，代表了该项目中的最高荣誉和最高竞技水平。该比赛由拳头游戏公司举办，截至 2022 年，已经举办了 S1～S12（S 是 Season 的首字母，即赛季）共十二届比赛，如今已成为全球顶尖电子竞技赛事之一。第六届全球总决赛最终的奖金池金额已突破 500 万美元。

①比赛赛制。全球总决赛的赛制分小组赛和淘汰赛。在小组赛阶段，16 支队伍会按照抽签情况被平均分到四个小组中，以 Bo1（Best of 1，指一局定胜负）双循环的方式相互较量，即每支队伍都会与同一小组内其他三支队伍进行一场的循环赛，循环两次。每个小组总共会有 12 场常规比赛。如果出现积分打平的队伍，则会设置额外的决胜赛。小组赛结束以后，按照积分进行排序，前 8 名的队伍将进入淘汰赛阶段，淘汰赛包括1/4决赛、半决赛和决赛，此阶段采用 Bo5 的赛制。在淘汰赛之前，8 强队伍将重新进行抽签，4 支小组第一战队将率先通过抽签决定 A1、B1、C1、D1 的归属，而 4 支小组第二战队也将通过抽签排定 A2、B2、C2、D2 的座次。根据抽签结果，八强战队将在1/4决赛中两两对战。为了不让小组赛中的对决在淘汰赛中过早出现，在淘汰赛抽签中，小组赛阶段为同一小组的两支队伍将不会被分至同一半区。

②比赛奖金。每年秋季，会有成千上万人见证来自全球的 16 支顶尖队伍角逐召唤者杯以及冠军头衔。2016 年第六届《英雄联盟》全球总决赛被称为历届以来最为精彩的一届赛事，获得了全球《英雄联盟》玩家的热切关注。从第六届全球总决赛开始，拳头游戏公司也采用了皮肤奖金分成的模式，最终总决赛总体奖金增加至 670 万美元。其中，有 300 万美元来自玩家贡献奖金池，160 万美元来自战队头像分成，另外 210 万美元则来自原始奖金池。在职业选手为玩家们献上一场又一场精彩较量的背后，少不了全球玩家对于《英雄联盟》职业赛事的支持。

③观看人数。2016 年 10 月 30 日，第六届《英雄联盟》全球总决赛的冠军之争在洛

杉矶的斯台普斯中心正式打响。SKT 战队与 SSG 战队在决赛舞台中，首次打满了 5 局比赛，而 252 分钟的比赛总时长也成为当时历届决赛之最。该届全球总决赛最高同时在线收看人数超过 1470 万，相比 2015 年全球总决赛多出 70 万人次。冠军战吸引了超过 4300 万人观看，影响力大幅超越 2015 年的 3600 万人，成为当时历届决赛中观看人数最多的比赛。最终，第六届全球总决赛以 SKT 战队的夺冠画上句号，该战队就此成为《英雄联盟》赛事史上唯一一支三度问鼎全球总决赛冠军的战队。

如今的《英雄联盟》已拥有全球最大的玩家群体，成为当之无愧的电子竞技标杆作品。在无数玩家的支持下，《英雄联盟》一次次地打破所创下的纪录。也正是因为玩家们的支持，《英雄联盟》才能产出更加优质的游戏内容，打造更高规格、更高标准的职业赛事，满足玩家们的精神需求。相信在未来的赛季中，《英雄联盟》也将继续为玩家们带来更加优质的游戏内容以及不一样的赛事体验。

第二章 电子竞技学的思想基础和学科框架

电子竞技是人类社会发展到信息时代的产物。要研究电子竞技这样一种新的事物，首先需要一个新的范式，也就是一个新的世界观和方法论。同时，电子竞技又是一个跨界的、由多种元素相互作用共同演化的事物，需要综合不同学科的知识加以阐述。本章首先分析在信息时代具有统御性的研究范式，即复杂性和复杂系统，在此基础上，给出研究电子竞技的四大学科基础——网络理论、博弈理论、游戏理论和体育竞技理论。本章为全书的研究提供思想基础和学科分析框架。

第一节 电子竞技学的思想基础：复杂性和复杂系统

如果说现代体育系统是工业经济时代简单性思维的产物，那么电子竞技就是信息经济时代复杂性思维的结果。因此，必须用复杂性理论（复杂性和复杂系统）作为理解和分析电子竞技的基本范式。

一、认识复杂性和复杂系统

（一）复杂性

从学术角度来说，复杂性一般是指决定复杂系统本质特性的诸多因素和组分之间的相互作用而产生的一系列复杂的、多样性的现象及特征。复杂性概念由美籍奥地利生物学家、一般系统论和理论生物学创始人路德维希·冯·贝塔朗菲（Ludwig Von Bertalanffy）在 1928 年撰写的《生物有机体系统》论文中首次提出；随后，英国哲学家、数学家阿尔弗德·诺斯·怀特海（Alfred North Whitehead）在其《有机体的哲学》论文中也发表了类似观点。此后，"计算机之父"冯·诺依曼（John Von Neumann）、控制论创始人诺伯特·维纳（Norbert Wiener）、1977 年诺贝尔化学奖得主比利时物理化学家伊利亚·普里高津（Ilya Prigogine）、协同学创始人德国物理学家赫尔曼·哈肯（Hermann Haken）、"中国航天之父"和"中国导弹之父"钱学森等许多科学家和学者从多方面推进了对复杂性概念的研究，并做出了重要贡献。尽管复杂性的概念正在被不断明朗化，但迄今为止，人们仍然难以给出一个权威性的统一定义。不过，学术界对复杂性的一些基本性质和特性的认识已逐渐趋于一致。

（二）复杂系统

复杂系统的主要特征有：

①系统由大量的个体组成。例如，神经网络作为一个系统，由亿万个神经元组成。在人脑中有大约 1000 亿个神经细胞。

②这个制度是由外界因素决定的。换句话说，系统的开放性使一个复杂的系统与其周围的环境密切相关，它们是相互关联和互动的。

③在特定的条件下，个体之间存在着交互行为。例如，股票市场中的股民和股民之间会因某种利益而相互作用。

④个体间的交互会导致复杂系统的涌现行为。涌现行为的产生是在个体间交互行为的基础上通过自组织、自适应、自加强和自协调而扩大、发展的，也称为突现。

⑤混沌效应。在复杂系统中，个体的微小变化也可能导致结果的重大差异。美国气象学家爱德华·罗伦兹（Edward Lorenz）于 1963 年在一篇提交给纽约科学院的论文中分析了这个效应："一只南美洲亚马孙河流域热带雨林中的蝴蝶，偶尔扇动几下翅膀，可以在两周以后引起美国得克萨斯州的一场龙卷风。"不起眼的一个小动作却能引起一连串的巨大反应。

1. 复杂系统最本质的特点是非线性和涌现性

非线性是指两个量之间不按比例、不成线性的关系，代表不规则的运动和突变。换言之，非线性意味着不能用"一对一"的线性数学模型来描述系统的特征。构成复杂系统的必要部分、大部分乃至所有部分都存在着非线性关系，且组分间存在着非线性相互作用，而这种相互作用是产生复杂性的重要根源。非线性也意味着系统各部分不满足叠加原理，整体作用大于部分作用之和是非线性的基本特点。基于这种特点产生了复杂系统动态过程的多样化和多尺度性，并使复杂系统的演化变得丰富多彩。

"涌现"就是指当回归到较低水平（或构成要素）时，高水平（或总体）的特性将不复存在。在复合体系理论中，一个复合体系中各要素之间的交互作用，构成了一个复杂的体系，其特征既体现了其特征，又体现了其所生成的特征，即当很多部件按照一定的规律或方法构成一个体系时，它们就会创造出整个体系所具有的属性、特性、行为和功能。这些属性、特性、行为和功能随着整体的分解而消失。例如，水由氢和氧两种元素组成，它们都是十分易燃、易反应的气体。然而，当二者按照一定比例在一定条件下结合后就成为液态的、不易燃的水。总之，涌现性是复杂系统演化过程中呈现出来的一种整体特性。

2. 生物系统、经济系统、生态系统和社会系统都是复杂系统的典型实例

在生物系统中，神经网络及思维过程、动物种群的消长过程、从受精卵到胚胎的形成过程等都是演化的复杂系统的动态过程。

在经济系统中，不同层次的经济系统，比如全球经济系统，一个国家的经济系统，一个地区（如某个省、市）的经济系统，一个市场乃至一个企业的经济系统，都会相互作用、相互影响。例如，对于一个国家，其产品的品种、质量、数量和市场供求关系，一定会受到其他系统的影响，并演化、发展。对于股票市场，其组成者为众多股民和上市公司，股民和上市公司的行为以及影响其行为的外界因素，都会直接影响股市的涨跌变动。

在生态系统中，诸如黄河断流、亚马孙热带雨林大面积减少、土地沙化、水土流失、气候变暖和厄尔尼诺现象等，其形成过程都是复杂系统。

在社会系统中，不同层次的管理系统（如国家管理系统、地方管理系统、社区管理系统）之间相互连接，形成复杂的社会系统。信息时代的互联网在成千上万个用户之间构成了典型的复杂系统。

在现实世界，也存在着许多复杂系统。大如宇宙，由简单粒子构成星球、星系；粒子本身又是一个特定的结构，即"一粒沙就是一个宇宙"；原子是由质子、中子、电子组成，而质子又可以再分。由此可见，宇宙的形成、粒子的形成，都是复杂系统的过程。

二、理解复杂性

复杂系统学是从微观层面上分析系统在宏观层面上的结构与行为。这就要求研究人员必须超越线性思维模式和传统还原论方法，因为线性思维范式和传统还原论方法不能用来分析、处理和研究复杂系统。

韦斯特讲了一个科学家按照线性思维模式研究，导致大象（名叫图什科）死亡的一个故事。科学家为了测试 LSD（麦角二乙酰胺）这种致幻剂对大象的作用，根据在猫身上注射的正常剂量进行了简单的线性外推，结果造成了悲剧。他们认为，因为大象的体重大约是猫的 600 倍，所以，如果猫的 LSD 适用剂量是 0.5 毫克，那么就应该给大象注射 300 毫克的 LSD。结果，在 300 毫克 LSD 注射完之后的 5 分钟内，大象图什科开始大叫，接着轰然倒下，重重地摔向右侧，排便，并进入持续的癫痫状态，1 小时 40 分钟后死亡。韦斯特强调，或许与这个糟糕后果同样令人不安的是，研究人员得出结论，大象对 LSD 相当敏感。其实，造成大象图什科死亡的根源是研究人员的"诱人的线性思维陷阱"。在图什科身上应该使用多大剂量 LSD 的计算是基于以下这一隐含的假设：有效、安全的剂量随体重的变化而呈线性比例变化。如此一来，每千克体重所使用的剂量被假定为适用于所有哺乳动物。

按照复杂系统要求的非线性思维范式，应该如何分析和处理药物剂量问题？韦斯特指出，药物剂量如何从一种动物身上按比例缩放到另一种动物身上，这依然是一个开放性问题，在不同程度上取决于药物和需要面对的医疗状况的详细特性。然而，无论细节如何，都必须了解药物被运送到具体的器官和组织并被吸收的机制，由此获得可信的预测值。总之，"我们得到的教训是清晰的：药物剂量的缩放变化是复杂的，如果不正确操作或未关注到药物输送和吸收的机制，天真幼稚的做法可能会导致不幸的后果和错误的结论"。

复杂性思维范式还要求超越传统还原论方法。按照产生于16世纪文艺复兴之后的经典科学的简单性世界观,人们认为世界本质上是简单的,复杂由简单构成,任何复杂现象及其运动都可化归(或还原)为简单对象来处理。这样,整件事就可以被分解成若干个要素,也可以把复杂的元素分解成单纯的元素。例如,在生物学研究中,把生物的运动形式还原为物理—化学运动形式;在经济学研究中,把经济主体的行为还原为市场价格参数等。但是,复杂系统的涌现性说明了部分加总不能构成整体,因为整体有着部分所不具有的性质特征。例如前面提到的水,如果把水还原为氢和氧两种元素,就会变成两种易燃、易反应的气体,而不是液态的、不易燃的化合物了。既然不能用还原方法处理复杂系统,就要认识复杂系统的特征,把握整体。

三、电子竞技是一个复杂系统

复杂系统的思想范式为人们研究电子竞技奠定了必要的思想和方法基础。事实上,本书把电子竞技视为一个特定的复杂系统,甚至认为在某种意义上,电子竞技具有复杂系统的"天然基因"。这个观点是本书的基础。圣塔菲研究所成员、维也纳理工大学的约翰·卡斯蒂(John Casti)教授于1996年出版了《虚实世界——计算机仿真如何改变科学的疆界》一书。他在书的前言中指出:复杂系统遍布日常生活的每一个角落,该书就是解释复杂系统的。有意思的是,该书在第一章《真实的字节》中用"出入电子橄榄球场"来导入复杂系统本质特征的讨论。卡斯蒂写道:"1994年在美国举办世界杯足球赛决赛时,巴西队和意大利队经过长达120分钟的拼斗,双方仍未能进球,最后经过点球,巴西队最终以3∶2获得冠军。"当时"许多球迷存在和我一样的疑问:如果让这两个球队再比赛一场的话,那会怎样?如果再比赛10场或100场呢?……我想我们将永远无从得知"。如果"创建两个球队的计算机仿真,我们可以让他们在电子球场上比赛,而不是在罗斯体育场的青草地上。为了有说服力,这样的仿真程序应该将球员的技术特征以及巴西队、意大利队的教练策略考虑在内,而其他一些随机因素,例如场地条件、风速、主场优势、观众干扰以及其他所有大多数体育赛事中可能产生影响的琐碎因素就更不必说了"。当时还没有这样一个世界杯球队的仿真产品。

数年之后,计算机游戏开发人员发布了橄榄球仿真程序,它可以使球迷们在他们的计算机中有效地创建完整的"美国橄榄球联合会"(简称NFL)。在这个仿真程序中,NFL中每个球队的每个球员都被按类别进行表示与估值,例如速度(SP)、加速度(AC)、敏捷度(AG)、体力(ST)、耐力(EN)、技术(HA)、智力(IN)以及纪律性(DI)。这些估值由公式来计算,这些公式涉及球员在合适位置时的个人和球队统计数据。有了这些个人数据的估值,再加上可以由用户制定的比赛规则、球队与教练的情况以及露天体育场的天气等因素,那么计算机玩家(也就是现在的电子竞技玩家)可以有效地创建一个实验室,对NFL进行实验。这个实验通过低层主体(两个球队的运动员与教练)之间的相互作用来解释高层现象(橄榄球比赛的最终比分)……这样的一个微型世界或自下而上的模型，依赖于人们对主体及主体之间相互作用的认识。这将在高于主体本身的层次上产生一个模式，这样的一种模式通常被称为"突现现象"，因为它是从系统中独立于主体之间的总体相互作用中突现出来的，"突现"即前文中的"涌现"。

卡斯蒂的著作出版 20 多年来，计算机、网络、通信、算法等信息技术飞速发展，市面上出现了《FIFA》《极品飞车》等竞技或竞速类电子竞技项目，比起卡斯蒂在书中描述的橄榄球仿真程序，人们能够在计算机世界中更大规模、更加逼真、更加丰富地展示足球、赛车等竞技项目。但是，它们都具有共同点，即符合复杂系统定义的内涵：构成系统的基本活动单元（如两个球队的队员和教练）以及各种其他因素之间通过互相作用，在整体上呈现出新的特征（比赛的结果）。系统中涉及的主体以多种方式不断改变自身行为，这些方式无法用线性思维和传统还原论方式进行分析和处理。

物理学家斯蒂芬·霍金（Stephen Hawking）曾被问到以下问题：

有人说 20 世纪是"物理学"的世纪，而我们现在正在进入"生物学"的世纪。您对此有何看法？

他的回答是：

我认为，下一个世纪将是"复杂性"的世纪。

第二节　电子竞技学的学科框架：可使用的理论

作为一个跨学科的领域，复杂系统吸收了许多不同领域的贡献。例如，来自物理学的自我组织研究、来自社会科学的自发秩序研究、来自数学的混沌理论研究、来自生物学的适应研究等。因此，复杂系统经常被作为一个广泛的术语，涵盖了许多不同学科问题的研究方法，包括统计物理学、信息论、非线性动力学、人类学、计算机科学、气象学、社会学、经济学、心理学和生物学。

当人们把电子竞技运动作为一种特定的复杂系统看待时，便可以清晰地看到研究电子竞技运动规律的电子竞技学也具有跨学科的特点，例如信息技术科学、网络理论、心理学、游戏理论、社会学、经济学、博弈论、竞技运动理论、管理学和统计学等，这些学科和理论共同构成了电子竞技运动的学科基础。其中，最直接也最重要的是网络理论、游戏理论、博弈论和竞技运动理论（图 2 - 1）。

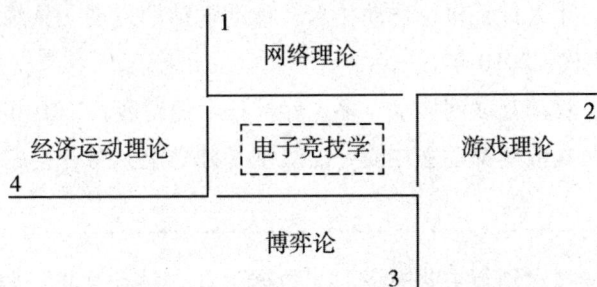

图 2 - 1　电子竞技学的学科基础框架

一、网络理论

尽管人们对电子竞技运动究竟是什么这个问题没有统一回答，但是不争的事实是：电子竞技是信息时代的产物，而信息时代最基本的特征就是网络。复杂系统是由许多个可能相互作用的成分所组成的系统，在很多情况下，将这样的系统表示为网络是有用的。

大卫·依斯利（David Easley）、乔恩·克莱因伯格（Jon Kleinberg）指出："网络是事物之间相关联的一种模式。在最基本的意义上，任何事物（对象）的集合，其中某些事物或对象之间由'连接'关联起来，这就是网络。"这个定义非常灵活，其具体含义根据特定场合而定。例如，自然网络、技术网络、社交网络、经济网络、用户网络和金融网络等。但是，网络首先是人们依据信息技术发展而更好地进行信息交换的平台。具体而言，网络是由通信线路连接的，由计算机、终端及数据库组成的"物理网络"，其基础是信息技术。信息技术可以分为感测技术、通信技术、计算机技术和控制技术，对应信息的获取、传递、处理和利用四个环节。信息在一定程度上就是数据，随着数据的海量化，那么对应的就是大数据的获取、传递、存储、处理和利用环节。由于数据规模越来越庞大，存储也作为重要环节独立了出来，因此大数据技术即为从获取、传递、存储、处理和利用各个环节中发展出的新技术。（移动）互联致力于大数据的获取、传递环节，主要方向是信息互联不再靠固定的硬件设施，转为移动化；云计算致力于大数据的存储、处理环节，主要特征是数据存储与处理不再依赖硬件设施，因此云计算以互联网技术为基础；人工智能致力于大数据的处理、利用环节的智能化升级，尤其体现为利用环节的智能化。人工智能以整个大数据技术体系为基础。

专栏 2 - 1：智能化浪潮中的信息技术图谱

美国科学家迈克尔·塞勒（Michael Saylor）认为，飞跃发展的信息技术迄今为止经历了五次浪潮：

<u>第一次浪潮：</u>大型计算机，20 世纪 50 ~ 60 年代。

<u>第二次浪潮：</u>小型计算机，20 世纪 60 ~ 70 年代。

<u>第三次浪潮：</u>台式计算机，20 世纪 70 ~ 90 年代。

<u>第四次浪潮：</u>个人计算机、移动技术、移动电话的发展，从蜂窝技术到黑莓手机，20 世纪 90 年代 ~ 2010 年。

<u>第五次浪潮：</u>移动互联网技术、多点触控技术的发展，2010 年至今。

塞勒强调：每次浪潮都建立在前一次浪潮基础之上，对社会的影响也一次比一次深刻。

智能化浪潮中的技术创新主要围绕"大数据"和"移动互联"两大内核展开，云计算与人工智能也广泛参与其中。

1. 大数据

大数据指的是海量的数据。大数据技术是以海量的数据为基础的技术体系，涉及移动互联、云计算和人工智能等多种技术。大数据的核心在于"大"。

<u>规模大</u>：海量的数据被识别和保存。

<u>形式多</u>：更加全面而准确的数据被识别和保存。

<u>流转快</u>：数据的产生、传输和处理速度更快。

<u>挖掘深</u>：数据的获取和处理能力更强。

2. 移动互联

移动互联是指基于移动终端和通信网络的连接，进行信息的获取、发布和交互。简单而言，移动互联主要通过连接来对大数据进行获取和传递。随着移动设备、3G/4G/5G 网络的普及，社交媒体的繁荣发展，移动互联呈现出即时性、广泛性和延展性的特点。

<u>即时性</u>：显著降低信息查询、发布和互动的时空限制程度。

<u>广泛性</u>：显著降低连接主体的平台限制，连接主体广泛而深入地参与移动连接。

<u>延展性</u>：移动设备的各种功能和属性为广泛应用打下了良好的基础。

3. 云计算

一般而言，云计算就是用虚拟的主机对大数据进行存储和处理，再通过互联网提取使用的模式。

4. 人工智能

一般而言，人工智能指人的身体和大脑（体力劳动和脑力劳动）都可以用机器来模拟，尤其是脑力劳动。用最早提出"人工智能"概念的约翰·麦卡锡（John McCarthy）的话来说，"人工智能就是要让机器的行为看起来像人所显示的智能行为一样"。

无论是电子竞技还是电子竞技项目，从技术角度而言，其基础都是一个"物理网络"，一个由信息技术不断发展而不断扩大规模的信息网络。然而，正如大卫·依斯利和乔恩·克莱因伯格强调的那样："尽管万维网的建立基于的是众多优良技术的贡献，但仍不应该把它归类于技术网络的范畴，它更像是一个由人类创造出来的集思想、信息以及社会和经济结构于一身的事物在技术背景上的投影……近些年来，许多在社会学意义上有趣的网络数据产生于技术网络……即便是这样的'物理网络'，最终也可被认为是表示各个公司、企业或组织间利益关系的经济网络。"本书主要从社交网络的视角研究、分析电子竞技运动，具体而言，把电子竞技运动视为一个社交网络。在这个意义上，可以把电子竞技运动定义为由其参与者组成的社交网络。

人们讨论的复杂系统的连接性问题，包含两个基本的相互关联的问题，即结构层面的连接性和行为层面的连接性。

结构层面连接性的中心议题是"谁和谁相连"。网络结构具有复杂性，网络有时带有处于中心地位的"核心"，它包含了大多数连接，有时则自然分成若干个在内部紧密连接的区域。网络的参与者可能处于整个网络比较中心的地位，也有可能处于网络比较边缘的位置；他们可能跨越了若干个不同的紧密相连区域的边界，也可能位于某个区域的中央。图论提供了一种理解和描述网络结构特征的语言及分析框架。事实上，有学者使用图论的语言给出了《魔兽世界》的合作图，即两个《魔兽世界》用户相连的条件是他们在游戏中共同参与过一场突袭或其他类似的活动。本书在讨论电子竞技运动时也使用图论中的基本概念工具，这有助于使用标准化语言来表达网络的属性。

专栏 2-2：图论

图论（Graph Theory）是数学的一个分支，它以图为研究对象。

图论中的图是由若干给定的点及连接两点的线所构成的图形，通常用于描述某些基本活动单元之间的特定关系。

图论几乎可以用来表现各种结构和系统，从交通网络到通信网络、电子竞技、任务分配、人际网络，图论都有广阔的应用前景。

专栏 2-3：经典游戏理论

本能理论： 德国诗人兼剧作家席勒认为，人的生命受到精神和物质的双重束缚，失去理想与自由。于是人们利用剩余的精神创造了一种自由世界，这就是游戏。这种创造性活动是由人类本能产生的。

剩余能量理论： 英国哲学家赫伯特·斯宾塞认为，人类在完成维持生命的主要任务后，仍有余力存在。游戏本身不存在功利的目的，它本身就是游戏的目的。

练习理论： 德国科学家谷鲁斯认为，游戏并非无意义的活动，游戏与现实生活并无关联，游戏是为将来面对生活而准备的活动。

宣泄理论： 弗洛伊德认为，游戏是压抑欲望的一种替代行为。

文化起源理论： 约翰·赫伊津哈（Johan Huizinga）认为，游戏是文化的固有成分，游戏代表着竞赛精神和休闲精神，促进了社会的进步。

无论是学术探究还是历史考证，游戏总是和人类社会发展相伴而行，并随着人类社会的发展而不断生成、不断发展、不断丰富，以致荷兰学者约翰·赫伊津哈在《游戏的人》中得出这样的论断："语言、神话、仪式、音乐、诗歌、战争、法律诉讼等人类社会起源和赖以发展的因素，都是游戏，也都从游戏发展而来。"

当现实世界的规则游戏转为电子竞技时，不仅意味着规则游戏中的道具由电子设备来担任，而且游戏世界也由电子设备构建和展示。更为重要的是，计算机技术创造了一个基于数据及算法等的抽象的形式系统（用各种符号表达），并用这个形式系统创建了一个数字化的虚拟世界；同时，人们在游戏时借助计算机设备与虚拟世界产生互动。进一步来讲，正是由于计算机构建了数字化的虚拟世界，游戏才能够从现实世界向虚拟世界"大规模迁徙"。

二、博弈论

研究策略性决策行为的社会科学分支称博弈论（game theory）。"博弈"的英文表达是 game，而 game 也可以译为"游戏"，因此 game theory 直接翻译成中文就是"游戏理论"。更准确地说，博弈就是一种竞合的智力游戏。博弈论中的"博弈"，范围涵盖从下象棋到养育小孩，从网球赛到企业兼并，从广告战到军备控制，几乎无所不包。

博弈论的基本原理是：人们必须同时选择如何行动，且人们的选择不是孤立的，而是相互制约的。一个可以观察到的事实是：一个高速公路网络是一个共享资源，其用户（司机）的综合行为既可以使它拥堵，也可能使它的利用效率提高。而且，人们行为之间的相互作用可能导致某些违反直觉的结果。例如，增加一个运输网络的资源，可能会成为严重影响网络效率的诱因，这种现象称为布雷斯悖论。

下面可以通过一个案例来理解博弈论的具体含义。假设你是一个大学生，在规定的截止日期前一天，你有两项需要准备的工作，即考试和报告，你需要在两者之间做取舍。为了简化问题，下面假设：你可以在考试和报告之间选择，但只能二选一；在不同决策结果公布之前，你对预期成绩有准确的估计。关于考试选项，假设进行复习，预期成绩是 92 分；如果不复习，则预期成绩是 80 分。关于报告选项，报告需要你和搭档合作完成，假设你和搭档合作，则你们的共同成绩预期为 100 分；假设只有一个人做了准备，另一个人没做准备，则你们的共同成绩预期为 92 分；如果两个人都没做准备，则你们的共同成绩预期为 84 分。需要强调的是，你的搭档拥有的选项和预期结果都和你一样。

现在进一步假设：你们彼此不能相互接触，所以不能共同商量行为选择；而且，彼此进行独立决策时，彼此都知道对方也在进行决策。再进一步，假设你们都追求得到平均成绩的最大化，这样，可以通过上面的结论来解释这种平均成绩是如何通过彼此之间投入的努力决定的：

• 假设你们都选择准备报告，则彼此都能使报告得分为 100 分，考试得分为 80 分，每个人的平均成绩是 90 分。

• 假设你们都选择复习考试，则都能在考试上得到 92 分，报告的得分是 84 分，每个人的平均成绩是 88 分。

• 假设一方选择复习考试，另一方选择准备报告，得分结果如下：

①选择准备报告的一方在报告上的得分是 92 分，考试得分则为 80 分，平均得分是 86 分。

②选择复习考试的一方在报告上的得分是 92 分，考试得分则为 92 分，平均得分是 92 分。

上述选项及其结果可整理成图 2 - 2 的形式。

你的搭档

	报告	考试
报告	90, 90	86, 92
考试	92, 86	88, 88

你

图 2－2　决定复习考试还是准备报告的博弈示例

图 2－2 通过 2×2 表格的行代表你的两种选择行为，列代表你的搭档的两种选择行为，所以 2×2 表格中的每个单元格都代表你们的一种联合行为。在每个单元格中记录你们的平均成绩：左侧是你的成绩，右侧是你搭档的成绩。

通过分析可以看到，你们各自的平均成绩不仅取决于你们自己（一般是指个体）在考试和报告两个备选项之间的选择，还取决于搭档的决策，即互动的他人的选择。因此，作为各自决策的一部分，参与方必须对对方可能的行为进行合理推理。当自己进行选择时，必须考虑他人决策的影响，这正是博弈论的用武之地。

下面可以将上述例子抽象成博弈论的一个基础：在一个共同框架中互相依赖的行为，其中有一个个体的集合，每个个体必须认定一个策略（strategy），从而得到一个回报（payoff），而回报的多少取决于集合中每个人分别选择的策略。用这个观点解释前面讲的高速公路网络的例子，一个司机在高速公路上可采用的策略由他可能选择的不同路线构成，对应的回报就是他行驶所花的时间。博弈论分析框架的基本要素是均衡（equilibrium）的概念。均衡指一种状态，在该状态下，任何人都不可能从单方面改变他（她）的策略中得到好处，即使他（她）知道其他人会有怎样的行为。

如前所述，博弈论和游戏理论之间具有同源性，因此在电子竞技理论中广泛存在博弈是不言而喻的。特别是将图论和博弈论结合起来，可以形成更有表达力的模型，用来描述网络中行为的连通性。例如，电子竞技参赛方通过对抗的行为互动，自然形成一个赛事网络；电子竞技产业中交易双方或商业活动对应的双边互动，也构成了一个网络。

三、竞技运动理论

当前对体育运动的主流定义是：体育运动是一种社会运动，它通过有规则的身体运动来改变人的"自我本性"。运动的根本形态是人的有规则的身体活动，它的根本任务就是对人进行改造，它的行为对象是人的"自我本性"。有计划地通过运动来强化体质，传授知识、技能和技术来锻炼身体、提高品德和意志力，是教育的一个重要内容，也是全面发展的一个关键。体育是社会文化的一种重要形式，是一种有组织、有意识的社会活动，它的目的是增强体质，促进人的全面发展，丰富社会文化生活，促进精神文明的发展。体育可按目的分为竞技体育、娱乐体育、大众体育和医学体育四种。基于这本书的宗旨，我们将着重于竞技运动的理论。

综合而言，竞技运动是指在全面发展身体，最大限度地挖掘和发挥人（个体或群体）在体力、心理、智力等方面潜力的基础上，以攀登运动技术高峰和创造优异运动成绩为主要目的的一种运动过程。竞技运动是体育的核心，竞技运动和体育之间的关系在体育学界一直存在争议，至今尚未有统一的观点。为了简化问题的讨论并与本书研究的对象保持一致，本书采取竞技运动和体育相分离的观点。关于竞技的起源，许多学者提出过不同的看法，比较著名的有生产劳动起源说、战争起源说、宗教起源说、游戏起源说和多种起源说等。由于游戏起源说的概念更为清晰，而且在生产劳动起源说、战争起源说、宗教起源说和多种起源说中都体现了游戏起源说的内容，因此这个说法得到学者的普遍认可。

专栏 2 - 4：竞技运动来源的各种解读

1. **生产劳动起源说**

生产劳动起源说认为劳动作为人类改造自然、创造物质财富和精神财富的根源，是一切文明形式的起源，竞技文化也蕴含在其中。纵观中外文明，尽管人们生活的区域不同、环境不同，文化背景和生活习惯也不相同，但是在早期的竞技运动中，都包含了跑、跳、爬等形式类似或性质相同的竞技运动。这些运动形式都是由劳动演变而来的。例如，人们在追逐猎物的时候，需要锻炼出极强的跑跳能力；使用石块作为武器击打野兽的时候，需要练习投掷的准确度和力度；发明弓箭之后，为了提高命中率，还要不断练习操作技能和增强拉伸弓弦的臂力等，这些都是为了提高生存能力而进行的竞技运动。

2. **战争起源说**

由于古人的物质条件限制，为了争夺生活资源，战争不可避免地成为古代生活的重要组成部分。为了取得战争胜利，人们就要经常进行战争演练，在演练的过程中产生了竞技运动，通过竞技运动可提高士兵的战斗能力。例如，蹴鞠最初就是一种军事活动，人们通过这种方式来锻炼士兵，选拔有才能的将士。

3. **宗教起源说**

有一部分学者认为，宗教的祭祀礼仪及仪式都是竞技运动萌芽的体现。在原始社会，由于生存环境恶劣，人类对自然界的认知不够完善，将许多无法解释的现象归于"神灵"。为了向"神灵"祈求"施恩"，产生了宗教祭祀活动。人类模拟生活中的各种活动，如狩猎、奔跑、搏斗等，试图向"神灵"致敬，并企图通过这些仪式来操纵自然。这些宗教仪式不仅孕育了最早的舞蹈艺术萌芽，也使最早的运动形式得以形成并发展。另外，这些祭祀活动还包括大量的身体以及意志的考核活动。例如，一些非洲的原始部落至今还保留着"跳牛"的成人礼仪式，该仪式需要男孩在并排的四头母牛上跳过，跳得过的便是真正的成人。此外，还有"猎杀狮子""陆地跳极"等各民族地区的成人礼，这些仪式都是原始竞技运动的形式，是古代体育文化的体现。

4. 游戏起源说

纵观人类和动物的活动，都是在游戏中学习技能和获得快乐的。动物幼崽在相互追逐打闹中练习抓捕技巧，这时候的追逐打闹也包含了朴素的竞技元素。人们在劳动之余也会通过角力、摔跤等形式来游戏竞技，既娱乐身心，又锻炼体魄。在游戏盛行的唐朝，竞技运动得到了广泛的开展。贵族举行马球活动的时候，动辄"丝绵看棚栿比，观者数千人"。相扑运动不仅可在朝堂之上作为皇家贵族的表演节目，同时也是受到下层民众欢迎的娱乐项目，一场相扑比赛往往会产生"巷至无人"的轰动效应。而受到民间和宫廷大力推崇的拔河，参加人群有宫女、大臣，规模甚至可达数千人。

5. 多种起源说

生产劳动、战争、宗教以及游戏对竞技的形成均具有不同的影响和作用，这些作用和影响大致可以归纳为：生产劳动是竞技产生的内在条件，战争是竞技产生的外在条件，宗教为竞技运动提供了思想土壤，而游戏是人们对竞技的社会性需要。

构成竞技运动内涵的要素如下：

①有明确的规则。游戏作为一切竞技的源头，主要是一种休闲娱乐活动。虽然游戏是在一定的规则下开展的，但是规则在不同的情境下，可以由游戏参赛者通过协商进行一定的改动，同一个游戏在不同的地区和文化中有不同的游戏规则。例如，麻将分为四川麻将、广州麻将、杭州麻将、武汉麻将和国际麻将等，每一种麻将中又有不同形式的"和"的规则。所以，游戏的运动形式相对于游戏的规则性，其娱乐性更受欢迎。在某些游戏项目上，当规则具有统一性、权威性（由国际权威机构确定）且不能随意更改时，游戏项目便升级成为竞赛项目。可见，竞技的娱乐性比例逐渐减少，规则性被提高到一定的高度。只有当这个规则不再适应绝大多数的竞赛发展时，才会经过一系列的商讨程序后进行更改。

②有特定的目标。竞技运动的直接目标是取得优异成绩或争取胜利，根本目标是不断攀登技术高峰，如奥运会的口号是"更高、更快、更强"。

③有激烈的竞争性。这意味着必须经过系统训练和激烈对抗的过程才能达到目的。

④有时间和空间的限制。例如，足球的标准比赛场地应为长方形，其长度不得多于120米或少于90米，宽度不得多于90米或少于45米（国际比赛的场地长度不得多于110米或少于100米，宽度不得多于75米或少于64米）。在任何情况下，长度必须超过宽度。比赛时间分为两个相等的半场，每半场45分钟，一场球90分钟。

⑤有连续性的重复动作。

⑥身体运动。即把自己作为目标，通过肢体活动的方式，使人的潜能得到最大限度

的发挥。

竞技运动最大的特征就是运动竞赛。体育竞赛是指通过对竞赛规则的统一规范，采用公正、合理的竞赛方式，充分发挥运动员的身体素质、智力和战术能力，使运动员在竞技运动中获得优秀的表现，从而获得胜利。体育竞赛既是提高、检验运动技术水平的常用手段，又是运动员所获成绩得到社会承认的有效途径；既是选拔人才和培养新人的常见形式，又是普及、促进群体活动和发展体育运动的杠杆。

现代体育源于现实世界的游戏，电子竞技也是从电子竞技发展与演变而来的。事实上，电子竞技并不是被《魔兽争霸Ⅲ》或者《反恐精英》带动起来的概念。1986年，美国广播公司直播过两个孩子玩任天堂游戏机的场面，这被视为最早的电子竞技。从电子竞技演化出来的电子竞技正在被越来越多的人认为是体育发展的新形式、新组成部分。

专栏2-5：竞技运动的功能

1. 强身健体，培养坚强意志

竞技运动不但能增强人的生理机能，提高人的身体素质，还能增强人的心理素质。人们在参加竞技运动的过程中不断克服困难、超越自己，既锻炼了体能，又培养了坚强的意志。

2. 丰富精神文化生活，提高生活质量

信息社会的高速发展让人们每天都接受大量的知识信息，进而加重了脑力劳动的负担，造成人的生理疲劳和心理疲劳。通过参加竞技运动，人们不但可以适当地减轻身体负担、放松精神状态，还能促进技能学习，获得更高层次的精神享受。竞技运动中丰富的文化内涵，对于提高生活质量、丰富精神文化生活有着不可替代的作用。

3. 实现爱国主义教育，振奋民族精神

在大型的国际竞技场上，竞技比赛都是通过国与国之间的较量来完成的，所以在观看运动比赛的时候，人们总会情不自禁地希望自己国家的运动员能取得好成绩。当看到自己国家的运动员获得奖牌时，人们会产生一种民族自豪感，这对培养爱国主义精神有着巨大的推动作用。我国的乒乓球在世界竞技场上具有不可小觑的实力，同时羽毛球、跳水、体操等竞技项目的排名也不断上升，这使人们把对体育的热爱和爱国主义精神结合在一起，激发人们不断奋斗，为国家和民族的繁盛做出更多的贡献。

4. 加强国际交往，促进世界和平

在一定的历史时期里，竞技运动总是和政治因素结合在一起的。竞技运动的发展使国与国之间的交流更加丰富，推动了国家的外交。优秀的运动员往往充当着国际交流中的和平使者的角色，为消除国家隔阂、民族隔阂做出了许多贡献。奥运会的口号"更高、更快、更强"指的是人要超越自身的精神。在《奥林匹克宪章》中，现代奥林匹克的精神被诠释为"每一个人都应享有从事体育运动的可能性，而不受任何形式的歧视，并体现相互理解、友谊、团结和公平竞争的奥林匹克精神"。这些竞技体育精神都在传达着人类和平友好的心愿，所以竞技运动已经成为国际友好合作、共同促进世界和平的一项重要手段。在电子竞技的赛事中，不同国家、地区的竞技选手同台竞技，在竞争中友好交流、互相学习，这也彰显了电子竞技作为一项竞技项目为和平及友好交流做出的贡献。

四、小结

研究电子竞技这样一种新的事物，需要一个新的范式。复杂性和复杂系统作为信息经济时代的一种新的世界观和方法论，为理解和分析电子竞技提供了基本范式。

电子竞技运动是一种特定的复杂系统，研究电子竞技运动规律的电子竞技学也具有跨学科的特点，多种学科和理论共同构成了电子竞技运动的学科基础。其中，最直接、最重要的是网络理论、游戏理论、博弈论和竞技运动理论。

电子竞技运动这种复杂系统可以表示为网络，因此，网络理论为解释和描述电子竞技运动及产业网络中的各参与主体及其如何"连接"提供了必要的模型和方法。

电子竞技是电子竞技的基础。游戏理论是关于游戏本质及其发展规律的理论，为理解和解释电子竞技如何从电子竞技转化而来提供了不可或缺的理论基础。

电子竞技的本质是各参与主体之间的博弈。博弈论关注决策者彼此之间是如何进行互动的，即他们行为的相互连通性。因此，博弈论是电子竞技学的重要理论基础之一。

电子竞技运动作为一项新型的虚拟世界的竞技体育运动，必须符合竞技体育运动的一般规律。竞技运动理论主要研究竞技体育运动的一般规律，必然成为电子竞技学的重要理论支柱。

第三章　电子竞技：
信息时代的竞技运动新形态

国家体育总局将电子竞技列为我国第99个正式体育竞赛项目，但是人们对电子竞技的定义是什么依然存在不同意见，由此引发了电子竞技是否属于现代体育的范畴、电子竞技与网络游戏的本质区别等一系列问题。电子竞技学的研究对象是电子竞技，如何定义电子竞技成为电子竞技学的逻辑起点。本章的中心问题是如何定义电子竞技。本章首先重点讨论如何定义电子竞技，并在这一讨论的基础上概括性地分析电子竞技运动的发展特点，以及推动电子竞技运动发展的重要因素，最后指出了电子竞技运动的功能。毫无疑问，本章的讨论将为全书的分析提供基本概念方面的工具，是全书分析的基础。

第一节　如何定义电子竞技

电子竞技的定义如何反映电子竞技的本质属性及特点，是电子竞技学整个知识系统的基石。如何给电子竞技下定义、如何更加准确地确定电子竞技的归属，以及如何更加准确地揭示电子竞技的本质属性及特有属性，是目前电子竞技的焦点问题，提出这些问题的目的是推动电子竞技知识体系的建立。

一、现行定义的辨析

通过对公开文献的整理发现，学术界和社会研究机构给出的对电子竞技的定义并不一致，社会各界尚没有形成一个公认的电子竞技定义。

（一）学术界对电子竞技的定义

学术界对电子竞技定义的举例见表3-1。

表3-1　学术界对电子竞技定义的举例

序号	定义
1	韩秋雨认为："电子竞技是一项以高科技软硬件信息设备为运动设备，进行智力对抗的运动。"
2	刘向前认为："电子竞技运动是一项以数码电子为运动设备，在特定的虚拟环境下进行的一项体力、智力的对抗运动。"

续表

序号	定义
3	曹勇认为："电子竞技是一项以信息技术为核心、以运动规则为导向、以软硬件为器械的竞技体育项目。"
4	闵鹿蕾认为："电子竞技是一项以资讯产品为运动器材的竞技运动，是以运动规则为依据，旨在提高运动员的身体和心理素质。"
5	李宗浩、王健、李柏认为："电子竞技是指通过网络（局域网）搭建的虚拟平台，通过计算机（包括软件和硬件），根据一定的比赛规则，进行体育活动。"
6	胡健认为："电子竞技其实就是目前电子竞技的一种形式，它指的是以信息技术为核心，以软硬件装备为器械，在体育规则下实现的对抗性运动。"
7	王沂认为："电子竞技是指以某种数字电子产品和以信息技术为核心的软硬件设备，在一定的竞赛规则的指导下，在虚拟环境（网络、局域网）中进行的一种竞技运动。"
8	孙会杰认为："电子竞技运动是一项以资讯产品为运动设备的人与人之间的竞赛。"
9	刘琳认为："电子竞技是数字技术和运动结合的产物，它起源于电脑游戏，但比电脑游戏要高，属于运动范畴，是一种新兴的运动项目。"
10	马超、崔江认为："电子竞技是一项电子竞技运动，以信息技术为核心，以软硬件设备为器械，在虚拟的环境和规则下，进行电子竞技。"
11	王磊认为："电子竞技是一种社会活动，人们通过电子竞技相互竞争，不断学习、提高自己的操作技巧和竞技能力，从而赢得比赛。"

关于电子竞技的归属问题，学术界存在着两种不同的意见，大多数学者认为，电子竞技可以归属为竞技体育；也有学者认为电子竞技的本质属性是虚拟性，缺乏明显的身体性（体育的两个基本属性之一），"电子竞技回归游戏是对电子竞技游戏本原的回归"。尽管大多数学者认为电子竞技应归属于竞技体育，但是，电子竞技点击鼠标并在键盘上打字，与在物理空间中跳跃、奔跑和游泳相比，有什么可比性呢？除了手指和大脑，身体其他部位没有明显的参与（缺乏明显的身体性），这能算体育吗？这个问题实际上涉及的是如何认识体育，本书将在后面来讨论这个问题。

关于电子竞技的本质属性及特有属性，学术界（或者说是社会各界）的基本思路是围绕"电子""竞技"这两个基本元素展开，差别主要在于如何具体表述这两个基本元素的属性以及它们之间"连接"的基础。具体而言，有的电子竞技定义中的"电子"主要是作为"项目内容和运动器械"，有的除这两个属性外，还强调了"电子"作为竞赛场地，即竞赛平台（局域网和互联网）和竞赛空间（反映现实世界的特定场景空间，例如数字化的足球场，《星际争霸》中26世纪初期位于银河系中心的科普卢星区等）。对"竞技"这个元素的属性，基本按照现代竞技体育的相关定义，给出了例如"智力对抗性、公平规则、可定量、可重复、精确比较"等属性。

关于"电子""竞技"这两个基本元素的"连接"基础，学术界基本一致认为，电子竞技把这两个基本元素"连接"在一起，使电子竞技发展为一个新的更高级的存在方式，即电子竞技运动。电子竞技是数字技术和体育技术的有机结合。它起源于电脑游戏，但比电脑游戏更高，属于运动类，是一种新的运动。学术界对电子竞技的界定，既是对"电子"与"竞技"的融合，也反映了电子竞技运动发展的一个客观现实。然而，就总体而言，电子竞技在什么条件下才能转化为电子竞技运动的问题却被忽视了。这就是说，学术界关注的客观事实，尚未顾及揭示客观事实背后的内在逻辑。

（二）社会研究机构对电子竞技的定义

电子竞技产业的社会研究机构为了反映、跟踪电子竞技产业的发展，必须先定义电子竞技，以便建立一个适当的统计"口径"，将电子竞技的相关属性定量化，进而清晰地描述电子竞技产业的规模变动和结构变化。社会研究机构重点关注的是电子竞技定义的外延（表3-2），例如，华创证券把电子竞技划分为狭义和广义两类，艾瑞咨询则把电子竞技进一步细分为狭义、广义和泛义三类。此外，社会研究机构还特别关注概念与商业实践的联系，例如青山资本把电子竞技的"电子"元素与现实中的游戏付费以及直播平台的付费模式等联系起来，把"竞技"元素与传统竞技、赛事及俱乐部的营收加以对应。

表3-2　社会研究机构给出的电子竞技定义的外延

序号	定义的外延	研究机构
1	电子竞技是一项以电子设备为运动设备的竞技运动，它能锻炼和提高运动员的思维、反应、协调、意志力，培养团队精神。目前电子竞技已成为正式体育竞赛项目	易观智库
2	电子竞技是一项以电子设备为载体，进行智力对抗的竞技运动。 ·狭义的电子竞技：实时对战，相对公平，有全国性或以上以该游戏为主要项目的比赛或活动。比如，《英雄联盟》《DOTA2》《星际争霸Ⅱ》《CS：GO》《炉石传说》《皇家战争》等 ·广义的电子竞技：具有对抗性，有以电子竞技为主要项目的比赛或活动。比如，《地下城与勇士》《QQ飞车》等 ·泛义的电子竞技：电子竞技项目，如棋牌游戏；非实时竞争模式；电子竞技通过信息技术锻炼脑力和体力技能。比如，《水果忍者》《联众世界》等	艾瑞咨询
3	·狭义的电子竞技：指电子竞技类游戏，也就是一种公平竞争的游戏，它最大的特点就是可以一局一局地打，没有养成	华创证券
4	电子竞技是一种以电子竞技游戏为基础、新兴技术为核心、软（硬）件设备为设备、在信息技术营造的虚拟环境下进行的一种对抗性运动	鲸准研究院
5	电子竞技这个名字有两个属性，一个是电子（互联网）属性，所对应的是内容端的游戏内付费以及相对较新的直播平台付费等模式，另一个是竞技类，对应于传统体育竞技	青山资本

（三）本书对电子竞技的定义

事实上，对一个处在持续、快速、动态演进周期中的事物进行精准定义，面临的挑战是巨大的。但是，从构建一个系统化的电子竞技学知识体系，促进电子竞技发展的角度来看，尝试对电子竞技进行定义具有重要的理论和现实意义。本书主要从发生的视角将电子竞技定义为：电子竞技是产生在信息社会中由任务驱动的，由信息技术和传统竞技运动规范有机结合产生的数字竞技运动。

二、电子竞技的内在特征

（一）电子竞技是一种数字竞技运动

根据竞技运动理论，现实世界的竞技运动主要起源于游戏。信息技术的发展，导致游戏发生了从现实世界向虚拟世界或数字世界的"大规模迁徙"，游戏便分为了现实世界游戏和虚拟世界游戏两大系列，发生在虚拟世界的游戏现在被称为电子竞技。与游戏世界一分为二相对应，竞技运动也随之一分为二：传统竞技运动和数字竞技运动。

存在于现实世界的传统体育，大部分项目实际上都与身体的强壮程度有关，奥林匹克运动对于体育的观点就是建立在强身健体的基础之上，一些体育项目如"三大球"、田径、游泳等，实质上就是身体、体力的对抗。总而言之，传统体育的一个本质特征就是具有身体性。显然，如前指出的那样，虚拟世界的电子竞技除了手指和大脑，身体没有明显的参与（即缺乏明显的身体性），这能算得上是竞技运动吗？进一步地说，虚拟世界的电子竞技和现实世界的传统竞技运动能否同属于"竞技运动"，或者同属于体育？如果要把电子竞技归属于竞技体育，则要重新审视竞技体育概念的基本含义。具体而言，智力竞赛或者"大脑运动"是否包含在体育的概念之内？

根据国际身体素质协会（International Physical Literacy Association）的《身体素养：一个统领当代体育改革和发展的理念》中，任海提出了一种极具启发性的概念工具——"身体素养"。没有动机，就不会有参与体育活动的动力，也不会有享受这种活动的价值；如果没有身体能力，就不能获得积极的体验来促进自尊和自信；如果没有知识和理解，就无法理解身体活动的本质和整体效益，也就很难承担起终身从事体育活动的责任。

任海指出，身体素养观念的理论基础是身心一元、主客一体的"具身认知观"，具体而言有以下理解：

首先，运动实质上是身心、知识和行为的综合。因此，体能素质的提升就是身体素质与认知水平的提升，二者不可分割。

其次，体育的过程是通过身体的感觉（体验）和身体的认知作用（体知）来体验自我、认知自我，从而丰富自我的过程，并不是单纯地提高物质维度的身体能力的过程。

最后，运动的重要作用是使人能够通过与周围环境的交互作用，从而适应环境，实现运动与周围环境的有效交互。在此基础上，应着重于运动环境的多元化，以激发参与者对周围环境的全面认识，进而对所需或所需之运动进行评估，并运用其智慧及想象力作出恰当的回应。比赛和运动项目的目的在于使参加者充分认识到运动在改变的环境中的重要意义，同时也能增加运动的经验。任海相信，这是一种具有游戏属性的运动项目在培养学生的竞技素质方面所具有的重要意义。

在此基础上，任海认为，体育素养对于现有终身体育、学校体育、大众体育、高层次体育等多个方面、多层次的体育活动，都有着广泛而深远的影响。体育素质是现代体育教育改革与发展的重要内容。显然，在这个理念下，也可以贯通数字竞技运动（认知能力竞赛主导）和传统竞技运动（身体能力竞赛主导），更重要的是可以将两者有机结合，形成一个全新的、由身体素养理念统御的体育世界。

总之，虚拟世界的竞技运动和现实世界的竞技运动"两者同源而异相，且目的相同"。"同源"是指两个世界的竞技运动都是以游戏为本源发展而来；"异相"是指两者在表现形式上有所不同；"目的相同"是指两者都是以锻炼和增强人的本身能力为根本目标。

（二）信息技术和传统竞技运动规范有机结合

在虚拟现实中，最具特色的是信息技术和传统运动准则的融合。总之，电子竞技是信息技术与传统运动准则相融合的一种结果。在这里强调的是"有机结合"，就是强调把虚拟世界的电子竞技当成一个复杂系统看待，而按照复杂性理论的观点，一个复杂系统不能简单地分解成一系列可管理或可预测的单元。正是信息技术发展产生的新的"运动器械"与传统竞技运动规范（如公平竞赛原则、竞赛规则）的相互关联、相互协调，才使得电子竞技活动转化成电子竞技运动，如果将两者分拆，电子竞技运动就不可能产生。例如，光有信息技术而没有传统竞技运动规范，产生的是电子竞技活动，而不会产生电子竞技运动；同样，离开了信息技术或者基于信息技术的"运动器械"，只能产生传统的体育竞技运动，不会产生电子竞技运动。"有机结合"不仅要求不能分拆信息技术和传统竞技运动规范，还强调不能将两者简单地"1＋1"。"有机结合"意味着电子竞技运动必然会形成一种将信息技术与传统竞技规范相结合的新的运动方式，进而形成电子竞技运动特有的竞技方式。在某种意义上，对电子竞技运动的讨论主要是围绕着信息技术如何与传统竞技运动规范有机结合这个问题进行的，事实上这也是贯穿本书的讨论主题。

（三）信息技术和传统竞技运动规范的结合由任务驱动

信息技术和传统竞技运动规范是在什么的主导下实现有机结合的呢？简单而言，就是以任务为主导。任务这一元素在许多的电子竞技里都很常见，相当多的游戏是靠任务来推动的。任务是由内在价值函数驱动的行为或活动，它代表价值和决策功能，是生物的"刚需"。包括人的生存，为了解决食物和安全问题，产生了各种各样的任务，人们的行为受到各种任务的驱使，每一项任务实际上都在改变场景中某些物体的状态。在电子竞技项目中也是如此，例如在《CS》中，为了消灭敌方玩家，每个队伍必须在一个地图上进行多回合的战斗；在《星际争霸》中，一个种族需要采集资源，生产部队，摧毁对手的所有建筑和部队；在《DotA》中，对抗的两个阵营，要通过摧毁对方的遗迹建筑来获取最终胜利，过程中需要操纵英雄、团队合作等。总之，是"任务塑造了智能"。人的各种感知和行为，时刻都是被任务驱动的。任务塑造的智能不仅为信息技术和传统竞技运动规范的结合提供了技术上的实现方式，更重要的是使这种有机结合的结果——电子竞技项目的内容和竞赛表现出"意义"。另外，数字竞技运动和传统竞技运动的根本任务是相同的，都是为了提高竞技水平，夺取比赛优胜。

（四）电子竞技是信息时代的产物

时任国家体育总局体育信息中心副主任的杨英女士于2009年年底在成都接受人民网记者的独家专访时指出："每一项体育运动都是社会生产力发展和社会变革的产物，农耕时代产生了田径，工业时代产生了赛车，信息时代产生了电子竞技。"

回顾人类历史，可以清晰地看到以科技革命为引擎的社会变革和竞技体育发展之间的相互作用。第一次以牛顿经典力学为指导的科技革命和欧洲文艺复兴，使古典奥运会的竞技运动项目（例如短跑、五项竞技、角力、拳击、混斗和赛马等）得以复活，同时现代竞技运动（网球、羽毛球、橄榄球、曲棍球和乒乓球），尤其是足球类运动项目在英国和美国诞生。第二次科技革命以电磁理论为起点，以电气化为标志，对现代竞技体育项目的发展起到了很大的推动作用（如电视技术推动竞技文化的传播），为机械运动（如汽车、摩托车和摩托艇）的发展奠定了坚实的基础。第三次科技革命，以人类大脑的解放和人与自然的和谐共处为主要目标，以信息技术为标志的科技革命促成了电子竞技项目和极限运动的诞生，并为机械类竞技运动项目的发展（如世界一级方程式锦标赛、汽车公路赛和汽车拉力赛等）提供了物资和技术基础。

总之，电子竞技运动是人类社会发展到信息时代的必然产物，其产生是以任务（价值函数）为导向，通过信息技术和传统竞技运动规范的有机结合在虚拟世界中实现的，是一种虚拟（在身体素养的体育概念指导下）的竞技运动。电子竞技运动的各属性之间构成一个逻辑链条，不可拆分，共同定义了电子竞技。

三、电子竞技与网络游戏

根据本书前面的分析，很容易得出电子竞技不等于网络游戏的结论。归纳国家体育总局及相关文献关于电子游戏归属的讨论，本书认为电子竞技（数字竞技运动）与网络游戏（虚拟娱乐游戏）的主要差别是：

1. 根本任务不同

电子竞技的根本任务是以优异的运动成绩夺取比赛优胜；电子游戏的根本任务是愉悦心情，放松情绪。国家体育总局认为电子竞技（数字竞技运动）和电子游戏（虚拟娱乐游戏）的首要区别是基本属性不同，前者属于体育运动项目，后者是娱乐游戏。其实，电子竞技和电子游戏都是在虚拟环境中通过模拟和角色扮演进行对抗，区别只是游戏的对抗为了娱乐，竞技的对抗为了成绩。

2. 规则性质不同

电子竞技和电子游戏都有规则，没有规则的话就没有竞技，也没有游戏，且无论它们是发生在虚拟世界还是现实世界，区别只是规则的性质：电子竞技的规则是正式的而非随意的、强约束的而非软约束的、公认的而非私下的。

3. 参与性质不同

电子竞技需要专业的选手参与，专业选手需要经过专业性训练，且必须达到一定高度的竞技水平；需要职业化的选手参与，即把竞技参赛作为一项能够谋生的手段，得到谋生必需的物质条件，如工资、赛事奖金等。电子游戏只需要业余的选手参与，业余选手不必经过专业性训练，有时间或兴致来了玩一下而已；不需要把自己变成职业选手，不需要靠竞技参赛作为谋生手段，不仅不需要，还乐于付费看职业选手竞赛。

有些学者认为，电子竞技主要以局域网为联网手段，而网络游戏则是以互联网为联网手段。但这种区别缺乏必要的严谨性，因为网络游戏只是电子竞技的一种，且电子竞技也不局限于局域网。事实上，在互联网的网速不够快的时候，电子竞技放在局域网上能够更好地保障竞赛所需要的速度，但不能由此将局域网定义为是电子竞技特有的实现对抗的技术手段。

第二节　电子竞技的发展特点

电子竞技一直饱受争议，但不争的事实是，电子竞技已经风靡全球。简言之，电子竞技的发展呈现出了"荷塘效应"。

一、荷塘效应

"荷塘效应"指的是，第 1 天池塘里长了一片荷叶，第 2 天又长出了两片荷叶，第 3 天又长出了四片荷叶，第 4 天又长出了八片荷叶，到了第 47 天，莲叶还只长满了四分之一池塘，大部分水面还是空的。而令人瞠目结舌的是，在第 48 天，荷叶已经把半个池塘都占满了。在第 47 天之前，信息还处于缓慢的增长阶段，很难引起太多人的注意，但一旦到了最后一天，它的影响力就会大得惊人。

荷塘效应一般用来描述复杂系统演变的奇点（singularity）效应。奇点的基本含义是：某个系统（例如技术系统）始于极微小的增长，随后出现爆发式增长，这两种状态之间的拐点或时间点就是奇点。计算机科学家冯·诺伊曼首先提出"奇点"的概念，并把它表述为一种可以撕裂人类历史结构的能力。美国数学家、小说家弗诺文奇在 1983 年发表于 Ommi 杂志的一篇文章中，以及在 1986 年的一部科幻小说《实时放逐》（Marooned in Realtime）中都提到了"技术奇点"。美国发明家、思想家和未来学家瑞·库茨维尔（Ray Kurzweil）指出："什么是奇点呢？奇点就是未来的一个时期。科技进步如此迅速，影响如此深远，人类的生活将不可避免地发生改变……奇点临近意味着人类科技进步的速度在加快，科技力量在成倍增长。

世界上任何复杂系统都可能遵循荷塘效应，并存在着一个奇点：前面的大部分进程常常缓慢、不显眼，但其实都在为形成临界点而蓄势；一旦超过临界点，新兴的主体对于原来的系统就会带来颠覆性的影响。

二、电子竞技的爆发性增长

1986 年，美国广播公司直播过两个孩子玩任天堂游戏机的场面，这被视为最早的电子竞技。当时的社会只把它当作一种新的智力游戏。世界各地的网吧都是电子竞技的萌芽，世界各地的玩家都会在网吧里竞争，而网络对战则是一种新的玩法。因此，业界普遍认为，第一代电子竞技起源于网吧。也就是说，联机对战意味着电子竞技的竞赛性开始替代娱乐性。另外，可能就是这些在如今看来脏乱不堪、形形色色的网吧中，催生了电子竞技在中国的发展，但电子竞技至今仍被许多家长简单地误解为网络游戏，视为"电子海洛因"。

电子竞技的荷塘效应或奇点特性缺少可靠、明确的数据支撑，但是，电子竞技发展的一些特征性事实能够提供近似的描述。

新"荷叶"在长出，电子竞技在电子竞技成为热点的过程中以不起眼的方式不断蓄势。标志性的事件就是 1990 年日本任天堂游戏公司举办的任天堂世界锦标赛。本次比赛历时 8 个月，横跨美国三大城市的 29 座城市，共涉及《超级马里奥兄弟》《Red Racer》《俄罗斯方块》三款游戏。任天堂世界锦标赛在世界电子竞技大赛（WCG）诞生前 10 年就诞生了。

梳理电子竞技发展的脉络可以发现，电子竞技从蓄势状态转向爆发状态的奇点在世纪之交。主要标志如下：

①世界性组织和赛事出现。从 1997 年到 2000 年，世界三大电子竞技赛事先后出现。1997 年 6 月 26 日，职业电子竞技联盟正式成立，成为世界第一个将电脑游戏作为竞赛项目的组织。1998 年，法国举行了电子竞技世界杯，此后每年夏天，超过 50 个国家的数以百万计的爱好者前往法国观看比赛。2000 年 10 月 7 日，世界电脑游戏挑战赛（WCGC）在韩国举办，由韩国相关部门和企业大力支持。世界三大电子竞技赛事提出的电子竞技和职业竞技的理念潜移默化地改变着玩家的思想。世界各地的选手通过赛事能够互相交流、学习，并贯彻奥林匹克精神，使电子竞技成为真正的"网络游戏奥运会"。

②赛事项目增加。以 CPL 为例，1997 年 10 月第一场正式比赛的项目是《雷神之锤 I》，到 2007 年正式宣布停止运营的前一年，比赛项目涵盖了《雷神之锤 I》《雷神之锤 II》《雷神之锤 III》《雷神之锤 IV》，《CS》《CS：S》（《反恐精英：起源》），《光晕：战斗进化》《光晕 II》，《虚幻竞技场 2003》《虚幻竞技场 2004》4 个系列化项目。其他

比赛项目还包括《使命召唤》《胜利之日》《天旋地转Ⅲ》《毁灭战士Ⅰ》《FIFA》《疯狂城市赛车Ⅱ》《斩妖除魔》《军团要塞》《魔兽争霸Ⅲ》等。赛事项目的增加有力地促进了电子竞技向电子竞技的转化。

③职业电子竞技俱乐部诞生。国际上一些职业电子竞技俱乐部在这段时间内相继成立。例如，1997年，SK俱乐部（简称SK）在德国成立，并于2003年成为第一支和队员签订合同的电子竞技俱乐部；1997年，英国成立了一支个人计算机类的专业电子竞技战队4Kings，在此后的几年里，4Kings战队逐步成为一家综合性的职业电子竞技俱乐部，涉猎的竞技项目包括《雷神之锤》系列、《CS》系列、《魔兽争霸》系列、《使命召唤》系列等。此外，2002年，世界闻名的MYM综合性电子竞技俱乐部（简称MYM）诞生。职业电子竞技俱乐部的出现极大地提升了电子竞技的职业化水平。

进入21世纪以来，电子竞技的全球影响力已经引起了大量的关注，主要表现在以下几个方面：

①各种类型的重要电子竞技赛事快速增加。全球范围内除CPL赛事、ESWC和WCG这三大电子竞技赛事外，其他各种重要赛事也在不断创办，如《魔兽争霸Ⅱ》冠军联赛（2002）、暴雪嘉年华（2005）、英特尔极限大师杯赛（2006）、全球《星际争霸Ⅰ》联赛（2010）、《DOTA2》国际邀请赛（2011）、《英雄联盟》全球总决赛（2011）、《CS：GO》Major（《反恐精英：全球攻势》甲级）（2013）、全球电子竞技大赛（Word e-Sports Championship Games，WECG）（2014）、《英雄联盟》季中冠军赛（2015）、《守望先锋》联赛（2016）等。在我国，也创办了多样化的电子竞技赛事，如中国电子竞技大会（2002）、全国电子竞技运动会（2004）、国际电子竞技明星邀请赛（2005）、国际数字娱乐嘉年华（2005）、电子竞技职业选手联赛（2006）、全国电子竞技电视联赛（2007）、电子竞技大师赛（2007）、《英雄联盟》职业联赛（2013）、全国电子竞技大赛（NEST）（2013）、世界电子竞技大赛（WCA）（2014）、全国高校电子竞技联赛（2015）、中国大学生电子竞技联赛（2016）、《王者荣耀》职业联赛（2016）、全国移动电子竞技大赛（2017）等。赛事数量呈迅猛增加之势。根据荷兰市场研究机构Newzoo发布的全球电子竞技市场报告，2018年全球共举办了737场重大电子竞技赛事，2019年共举办了885场重大电子竞技赛事。

②电子竞技行业总价值快速增长，成为继游戏视频和虚拟现实技术之后的第三大产业。

③电子竞技的影响在不断赶超传统竞技项目。数字化时代下，传统体育行业的变革已经箭在弦上，电子竞技对传统体育行业的冲击不容小觑。2017年，电子竞技已取代了排名第一的足球，成为全球体育行业人士一致看好的最具创收潜力的体育项目。足球从诞生到获得"世界第一运动"的美誉，经历了800多年的时间，而电子竞技的影响力已被认为快要超过足球。

我国电子竞技的发展虽然迟于欧美国家，起步也困难重重，且饱受争议。但是，回望过去的 20 余年发展历程，中国电子竞技的发展曲线依然能够清晰地描绘出"荷塘效应"。

第三节　推动电子竞技发展的重要因素

电子竞技是由诸多因素相互作用产生的。按照复杂性理论的思维，诸多因素不能或难以拆分。也就是说，不能简单地在电子竞技的某个结果与某个因素之间建立起简单的因果关系，而是要从各要素相互作用的角度，在总体上把握电子竞技的发展。

一、商业驱动

1. 企业获得利益最大化的驱动

人们认为 1986 年在美国广播公司的一次智力竞赛的直播上，两个孩子间比试玩任天堂游戏机是电子竞技的开始，而此后电子竞技的真正高潮要归功于约翰·卡马克和约翰·罗梅洛在 1994 年开创的《毁灭战士》时代。《电子竞技月刊》编辑汤姆森在 2001 年就撰写过研究电子竞技的文章，在他看来，电子竞技并不是突然冒出来的。汤姆森写道："20 世纪 90 年代，孩子们在后院比赛玩电子竞技并没有被视为什么竞赛，而 5 年后，曾经的孩子开始步入商业界，他们同时带上了自己喜爱的游戏去办公室，而他们的老板则认为这是一项有利可图的生意。电子竞技就是这样被启动的，而商业组织者们并不喜欢还称呼这是游戏，于是就出现了电子竞技这样的新名词。"《战锤 40K：自由之刃》的开发商 Pixel Toys 的首席执行官安迪·韦弗（Andy Wafer）在接受采访时指出，游戏走向竞技化的核心驱动是市场发展。通过把电子游戏转化为电子竞技，可以有效地推动电子竞技市场的发展，从而获得更大的商业利益，1990 年日本任天堂游戏公司举办的历史上第一个正式的电子竞技比赛就是如此。现在，许多企业品牌（例如百事可乐、可口可乐、英特尔和麦当劳等）也加入了电子竞技赛事的赞助商队伍。

2. 电子竞技俱乐部和职业化的电子竞技选手追求商业利益最大化的驱动

电子竞技俱乐部和职业选手的商业利益主要体现在赛事奖金。毫无疑问，高额的赛事奖金能够吸引更多的知名俱乐部参加，进而吸引更多的观众观看和众多的媒体报道，对于赛事知名度的提高也会有帮助。因此，赛事的发展和赛事奖金的增长呈现出正相关性。2017 年，第七届《DOTA2》国际邀请赛（Ti7）的奖金超过 2460 万美元，得到了包括中央电视台、新华网在内的国内权威媒体的报道，极大地提高了用户的关注度。

3. 电子竞技用户对谋求赛事消费收益最大化的驱动

电子竞技用户，按艾瑞咨询的定义，是指在半年内至少观看或参与过一次电子竞技赛事（包括职业赛事和非职业赛事），每周都要频繁地玩电子竞技游戏或者看电子竞技直播的用户。作为电子竞技项目的消费者群体，他们的商业驱动表现为追求"价廉物美"，即给定一个支付价格，能够观看到赏心悦目的电子竞技赛事和玩到喜欢的电子游戏。从经济学角度，电子竞技用户的商业利益驱动是整个电子竞技发展的根本。在这个意义上，电子竞技的发展以电子竞技用户消费利益的最大化为导向。

企业、俱乐部、职业选手和电子竞技用户的商业驱动是交互的，共同构成了推动电子竞技发展的商业性引擎。

二、技术支撑

电子竞技的发展需要一个庞大而复杂的技术体系来支撑。这个技术体系可大致归类为信息技术（软件、硬件及数字化技术等）和游戏技术（游戏引擎和设计等）两大类。信息技术支撑电子竞技的发展是一个不争的事实。2007 年以前，大多数的传统电子竞技项目搭建在局域网上，网吧联机是最常见的方式。互联网的飞速发展改变了玩家对电子竞技项目的需求，依赖于更快的网速和第三方平台，以《英雄联盟》《DOTA2》《CS：GO》为代表的五人合作对抗模式的新型电子竞技项目成为主流。

游戏引擎是一个具有代表性的游戏技术。游戏引擎主要用于控制所有游戏功能，包括模型控制、计算碰撞、物理系统与物体的相对位置、接受玩家输入信息、输出声音等。因此，玩家体验到的剧情、关卡、美术、音乐和操作等，都是由游戏引擎直接控制的。游戏引擎的发展主要围绕动作射击游戏的变迁展开，动作射击游戏同 3D 引擎之间的关系相当于一对孪生兄弟，它们一同诞生，一同成长，互相为对方提供着发展的动力。这个相互作用的过程，高效地丰富着电子竞技，进而为电子竞技提供了更加丰富的内容选择。例如，美国游戏编程大师、id Software 的创始人之一约翰·卡马克从 1996 年开始连续推出的《雷神之锤》系列，每一次更新换代都把游戏引擎技术推向一个新的极致。借助 Quake 引擎技术，最终把《雷神之锤》这一网络游戏带入大众的视野，成为 CPL 的一个重要的电子竞技比赛项目。

三、内容突破

电子竞技无疑是电子竞技的直接基础，不断丰富的电子游戏为电子竞技提供了更多的可选择、可竞赛的项目系列。可竞赛的项目是指可以转化为竞技比赛的电子竞技项目。如何定义可转化的具体含义，对理解电子竞技十分重要，这个问题在后面的章节中将专门进行详细讨论，这里只是提及。

纵观电子竞技的发展历史，即时战略游戏和体育游戏无疑是最早的两大游戏，但是只有在第一人称射击游戏（FPS）的环境成熟之后，电子竞技才有了独立发展的基础，有别于其他电子竞技。从这里可以进一步认识游戏引擎技术的发展对电子竞技在内容上突破的重要性。从可竞赛的角度看，电子竞技项目的类型有：动作游戏（Action Game，ACT），例如 1985 年任天堂公司推出的《超级马里奥兄弟》；格斗游戏（Fight Technology Game，FTG），例如 Capcom 公司的《街头霸王》；FPS，例如 1993 年发售的《毁灭战士》正式确立了 FPS 的概念；RTS，例如《魔兽争霸》系列、《星际争霸》系列、《帝国时代》系列、《战锤》系列等；体育类游戏（Sports Games，SPG），例如《FIFA》系列、《NBA》系列、《老虎伍兹高尔夫》系列、《托尼霍克职业滑板》系列、《VR 网球》系列、《职业棒球》系列、《疯狂橄榄球》系列等。可以预见，随着电子竞技内容的不断突破，可竞赛的电子竞技项目系列将会不断增多。

四、赛事聚合

电子竞技赛事是电子竞技运动的核心机制，赛事起到了一种聚合作用，把电子竞技项目开发商、俱乐部和战队、赛事运营商、赛事赞助商、赛事传播者、电子竞技用户以及各种围绕赛事衍生出来的主体（衍生产品提供商等）"连接"在一起，综合成为一种聚合行为模式，从而将电子竞技转化为电子竞技。可以这样说，没有赛事，就没有电子竞技。在早期的电子竞技中，只有一个松散组织的比赛系统，没有正式的竞赛制度安排。分散进行的赛事活动时有时无，而且举行在不同的地区。随着正式赛事的出现，特别是进入 21 世纪以来，随着赛事项目的不断增加、赛事地域的不断扩大，赛事体系也不断完善，进而推动了电子竞技的不断发展。正如 ESWC（电子竞技世界杯）德国冠军 GitzZz 所说的那样："ESWC 是玩家的天堂，ESWC 所制定的规则是为玩家们制定的，而不是为组织者或是商人制定的，ESWC 是我参加过的最好、最专业的比赛。"

五、社会承载

社会承载力是指某一特定环境条件下，社会支持电子竞技发展能力的限度。具体包括：

1. 转化为电子竞技用户的网民基础和通信基础设施

网民是电子竞技用户的基础。手机游戏用户的存在推动了竞技类手机游戏项目的开发，也推动了电子竞技出现移动化的趋势。

另外，通信基础设施也是社会承载的基础因素。电子竞技在韩国得到迅速发展和韩国拥有世界上最快的互联网网速高度相关。在 1997 年遭受亚洲金融危机打击后，韩国政府将信息技术视为经济的救世主。1998～2002 年，韩国政府投资了 110 亿美元，使该国的网络基础设施完成了现代化，与此同时，韩国于 2001 年举办了 WCG。

2. 法规制度及政策取向

电子竞技的发展程度和法规制度及政策取向高度相关。例如，引领全球电子竞技发展的 CPL 赛事、WCG 及 ESWC 分别由美国、韩国和法国主办，而这三个国家的电子竞技立法也走在了全球各国的前面。2015 年 11 月，法国政府修改了《数字及电子产品管理法》，将电子竞技列入法国政府正式批准的体育项目，并于 2017 年通过了首部有关电子竞技的法令，规范了职业选手的合同。韩国在拥有一个专门管理电子竞技的政府机构——韩国职业电子竞技协会之后，于 2017 年通过立法。美国虽然还没有为电子竞技立法，但通过给予国外电子竞技选手申请美国 P-1 签证资格，间接地把电子竞技看成传统体育，因为以往这样的签证只对传统体育比赛的运动员开放。我国电子竞技的发展与法规制度及政策取向同样高度相关。2003 年 11 月 18 日，国家体育总局公布了第 99 项正式体育竞赛项目，为我国电子竞技事业带来福音。但 2004 年 4 月 12 日国家广电总局发布《关于禁止播出电脑网络游戏类节目的通知》，限制了各级电视台所有电子竞技节目的播出。2016 年教育部新增 13 个专业，其中包括电子竞技体育管理专业，2017 年共有 18 所高校开设电子竞技体育管理专业。

3. 社会文化

社会文化主要是指社会价值观念和舆论。社会文化对电子竞技既可以构成障碍，也能发挥动力源的作用。2017 年，我国多家主流媒体发表了一系列关于"沉迷游戏"的文章，引发了公众对游戏的质疑。此类事件不仅影响到游戏企业的形象，还影响到相关的电子竞技赛事。有些专家认为，推动近几年全球电子竞技发展的主要因素不仅是游戏视频平台的火爆和新的商业模式，还有一个重要的文化因素——"极客荣誉"的复兴。"极客荣誉"是指一些在虚拟世界非常活跃的人渴望找到一种方式去表达自己的热情，而电子竞技成为展示"极客荣誉"的一种新途径。现在，社会文化正在逐步接纳电子竞技，电子竞技的未来将有更大的潜力，带来更多的可能。

网民基础和通信基础设施、法规制度及政策取向、社会文化的相互作用，影响着整个社会对电子竞技的承载力，而不断扩大的网民基础形成了不断扩大的社会网络规模，这会对社会文化和法规制度及政策取向产生重要影响。关于这个问题的进一步的理论分析，将在后面的章节中进行。

第四节　电子竞技运动的功能

电子竞技运动的功能是指社会生活中电子竞技运动应承担的角色和所起的作用。虽然还难以给不断发展中的电子竞技运动在社会生活中的角色给出一个明确的定位，但是电子竞技运动在社会生活中的角色越来越重要却是不争的事实。2018 年年底，美国花旗集团发布了一项研究报告，列出了包括电子竞技运动在内的十大可能改变世界的颠覆性创新，该报告认为电子竞技运动的收视率正在赶超美式足球。电子竞技运动的功能如下：

一、社会功能

电子竞技运动的社会功能主要是指其对社交规模、社交方式和社交内容等的变化所起的作用，突出的表现就是形成了一个新的电子竞技社交网络，即围绕电子竞技运动形成的社交网络。在电子竞技社交网络中包括游戏开发从业者、电子竞技选手、电子竞技俱乐部管理者、电子竞技赛事组织者、电子竞技流媒体从业者、线上与线下的赛事观众等各种直接与电子竞技运动相关的各类社交圈。

在这个社交圈中，电子竞技运动成了一种新的社交方式，例如电子竞技选手通过语音说话、游戏内置的对话框输入文字进行交流；不同地区的选手因为参加电子竞技运动而聚集在一起，通过参加电子竞技运动，不同国家的电子竞技从业人员扩大了社交范围。成为某个电子竞技明星选手的"粉丝"、交流著名电子竞技赛事信息、讨论新的电子竞技运动的内容和方法等，都能成为融入某个社交圈、密切社会交往的手段。同时，电子竞技运动社交圈还与电子竞技社交圈相互作用，进而对整个社会的社交方式产生影响，不少出自电子竞技运动的流行语和日常生活融合在了一起。

二、经济功能

电子竞技运动的经济功能是指其促进经济发展的作用，具体而言有以下方面：

①与电子竞技产业的相互促进，对宏观经济的增长有着重要的积极意义。典型例子就是在 2000 年左右，韩国政府为了缓解"亚洲金融风暴"的冲击，时任韩国总统的金大中决定大力扶持一批新兴的，脱离资源、土地等因素制约的产业，电子竞技产业便位列其中。同时，韩国政府大力推动电子竞技产业的发展，2000 年推出了 WCGC。这些措施在缓解金融危机对韩国宏观经济的冲击方面的作用得到了社会公认。

②电子竞技运动衍生出了一系列企业或产业，如游戏技术开发、直播、网络视频、电子竞技教育、电子竞技数据处理等方面的企业或产业。此外，电子竞技运动对电影、出版、小说和音乐等行业的影响也越来越明显，并与之形成了一个泛娱乐产业生态。

三、教育功能

电子竞技运动的教育功能是指它在引导受教育者获得知识技能、陶冶思想品德、发展智力和体力等方面所发挥的作用。综合石晋阳和张义兵、齐宝和赵文、邱秋春和翟德平、岳志刚和王进忠、刘敏和梁同福等学者的研究，电子竞技运动的教育功能具体表现为：

1. 成为体育家族的新成员

电子竞技作为一项新兴的竞技运动，是一项全新的体育活动。电子竞技体育项目使体育爱好者感受运动乐趣。

2. 成为信息时代道德教育的新渠道

电子竞技的规范性、公平性和竞争性为新世纪的大学生德育工作开辟了新的途径。在所有的国际电竞业中，竞赛规则都会在赛前公布，供参赛者参考。参与者对规则的正确理解对他们的成功至关重要。学习遵循竞赛法则有助于学员在真实世界中形成对社会规范的服从。

3. 青少年智能开发的新途径

如即时策略类游戏，选手对全局的把握和对细节的处理，直接影响比赛结果；像《CS》这样的第一人称射击游戏，需要选手在瞬间做出判断，甚至连瞄准射击都需要极高的智慧。

4. 提供了青少年审美活动的新体验

电子竞技运动在美育方面的辅助作用有目共睹，电子竞技所选择的游戏堪称经典，如《魔兽争霸》《英雄联盟》等，它们在人物造型、画面设计、色彩和谐和立体效果等方面都非常出色，参赛选手在游戏过程中也能感受到游戏设计者对美的追求，在潜移默化中培养美、欣赏美、创造美。

5. 增加了信息技术"扫盲"的新手段

电子竞技选手的信息技术能力是其最根本的需求。与传统运动项目锻炼体能一样，电子竞技对运动员信息技术的培养起到了很好的支撑作用。

6. 推动了当代"群育"思潮的新实践

群体教育强调群体意识。电子竞技中的第一人称射击游戏特（如《CS》）别强调队员之间的合作。通过对电子竞技团队成员的系列采访，可以看出他们对于团结协作的热情、伙伴间的深厚友谊以及合作训练所培养出来的良好品质。

四、文化功能

电子竞技运动的文化功能是指其传递、引导某种价值观的作用。电子竞技是一种传达价值观的载体，负有传达健康的、优质的价值观给大众的使命。具体表现为：

①反映各国文化。电子竞技运动的内容可以反映出不同的文化。例如人物造型和设定，欧洲的骑士、日本的武士和中国的侠士反映了不同的文化形象。

②传播各国文化。例如，国际数字娱乐嘉年华（International E-Culture Festival, IEF）是全球首个由多个国家共同发起的、跨国界的数字娱乐盛会，是全球知名的数字娱乐与数字体育综合的赛事品牌。它集国际性、知识性、娱乐性和教育性于一体，是属于各国青少年自己的，横跨语言、文化和国籍的一件数字盛事，潜移默化地倡导绿色健康的数字化生活方式。此外，2017年年末腾讯公司和哈尔滨冰雪大世界携手举办的"冰雪百花园，奇幻大世界"，形成了以电子竞技运动内容为主题的新的文化创意。

③形成独特的电子竞技文化。有学者甚至将电子竞技称为与电影、音乐等并肩的"第九艺术"，或者将电子竞技和游戏、文学、动漫和影视并列，构成五大泛娱乐内容。

五、小结

电子竞技运动是产生在信息社会中由任务驱动的，由信息技术和传统竞技运动规范有机结合产生的数字竞技运动，是信息时代的产物。

电子竞技（数字竞技运动）与电子竞技（虚拟娱乐游戏）的主要差别是：根本任务不同、规则性质不同、参与性质不同。

尽管电子竞技一直饱受争议，但是在2000年左右，电子竞技的发展呈现出了"荷塘效应"。

推动电子竞技发展的特征性事实主要有：商业驱动、技术支撑、内容突破、赛事聚合和社会承载。这些特征性事实相互作用，共同推动电子竞技的发展。

电子竞技运动的功能是指社会生活中电子竞技运动应承担的角色和所起的作用。其主要功能包括社会功能、经济功能、教育功能和文化功能。

第四章 电子竞技的专业发展

电子竞技这个概念就属于"电子"与"竞技"的碰撞，它的产生就是一种不同领域的交叉。电子竞技进入高校之后，已经进行了许多教学和科研上的探索，但至今并不能算是一门真正意义的学科。因为，创建一门新的学科至少需要具备成体系的教育教学模式、有深度的学术研究和相当的理论沉淀，再由有关部门和机构对该学科的发展和意义做出评估。而这些，电子竞技领域都还欠缺。从目前来看，走进高校的电子竞技与教育学、文学、工学和艺术学的下设学科都有着紧密联系，与这些学科渗透而展开的专业（方向）探索对促进电子竞技专业的发展甚至学科的建立都有着极其重要的作用，假以时日，或许会有出人意料的结果，我们拭目以待。

第一节 电子竞技的专业方向

解决电子竞技行业人才极其紧缺的问题是设立电子竞技专业的初衷，这与其他许多专业的产生是一致的。综观所有专业（方向）的发展，从新专业诞生到过时专业消逝，一般都会伴随相关行业市场的兴衰和全社会发展的需求导向变化。

一、电子竞技运动与管理

电子竞技运动与管理是目前国内唯一的电子竞技专业，部分专科与本科层次院校均有开设，以体育类院校居多，如湖南体育职业学院（高职）、海南体育职业学院（高职）和山东体育学院（本科）等。

此专业以运动训练学和管理运营学为核心展开教学。在培养计划上采用结合"电竞理论""硬件技能"和"产业实践"的三位一体教学模式，着力打造符合新时代和市场需求的特色课程体系。教学产出的主要目的是为电子竞技领域提供既充分掌握竞技运动原理又懂管理运营策略的复合型人才，可以承担电竞产业中的教育培训、运动训练、赛事组织、赛事运营和俱乐部管理等工作。

（一）电子竞技运动训练

电子竞技受众的大幅增长为各游戏项目提供了选拔高水平竞技选手的蓄水池，电竞赛事的成熟又为高水平的竞技选手提供了展示技艺的舞台。电竞比赛项目的对抗日趋激烈，涉及环节也不断增多，电子竞技的运动训练开始被越来越多的参赛组织、教练和选手重视。值得一提的是，由于比赛常用项目的扩张，电子竞技的舞台已不再局限于即时进行类电子竞技，回合制策略游戏也开始占有一席之地，这意味着参赛选手的年龄限制被打破了，那么，电子竞技运动训练的人群范围同样也扩大了。

1. 电子竞技运动训练的必要性、社会价值与发展

电子竞技从休闲娱乐的用途中逐渐演变出一个以比拼技艺竞争胜负的新领域，在此过程中，游戏的限定规则不再局限于游戏本身，开始朝着组织竞赛客观公平的需求发展，一些反复的游戏体验也开始转向以提高与他人对抗竞技的水平为目的进行的比赛。随着电竞赛事的普及和电竞受众群体的扩张，电子竞技运动的概念开始被人们接受。

作为体育竞技项目，必然会产生胜负，胜负结果取决于游戏参与者竞技水平的高低。如何提升竞技水平从而获得胜利就成为游戏参与者需要考虑的首要问题，在此，相应的运动训练就应运而生了。

运动训练的最主要目的在于通过遵循合理的训练原则，安排有针对的训练内容，制定有效的训练方法来全方位提升训练参与者的竞技水平，并取得较好的赛事成绩。通过合理地运动锻炼，可以有效地增强学员的思维、反应、协调、团队精神和持久力，提高学员的综合素质，使其能适应当今的信息社会。

（1）电子竞技运动训练的必要性

人类追求更强是本能，竞技运动生来就伴随未知和不断的挑战，人们进行竞技运动的过程是对自我追求的一种实现，也是人类对各方面极限的一种不断摸索，在电子竞技领域也是如此。

电子竞技发展至今，其形式从一些简单的数字图形移动逐步演变成了今天种类繁多且内容复杂的游戏。电子竞技游戏在充分挖掘人的思维反应能力、操作反应能力和对画面图形转变为大脑数据的反应能力的同时，也刺激了游戏参与者的身心反馈协调统一能力和参与者之间团队配合能力的发展。

（2）电子竞技运动训练的社会价值

电子竞技运动训练分为职业训练、半职业训练和业余训练。

首先，其产生的社会价值表现在人类在该领域的自我极限突破上。电子竞技运动的产生，将人类从现实社会的极限突破延伸至虚拟世界。每一次极限操作、每一次战术布阵、每一场经典比赛，都需要有顽强拼搏、奋力进取的竞技精神做支持。这种精神也是人类社会向前发展的动力源泉。

其次，电子竞技中充满了团结一心的合作精神。团队选手之间，教练队员之间，每一次高水平的对抗，每一场高难度的胜利，无不诠释着协同并进、齐心共赢的合作精神。

再次，展现国家、地区和社会团体的综合实力。电子竞技项目是国家认可的体育项目，也是各大综合性赛事认可的正式比赛项目，继亚洲奥林匹克理事会宣布电子竞技为

2022 年杭州亚运会正式比赛项目后，国际奥委会也相继宣告承认电子竞技运动属于一项体育运动。作为国际性的体育项目，比赛的胜负不仅涉及选手个人，更承载了团体、地区甚至国家荣誉。

最后，电子竞技运动训练的普及和发展会影响消费结构，电子竞技的辐射人群已超过足球、篮球等传统体育项目。举办各类大型电竞赛事不仅可以获取直接经济效益，更可促进相关产业快速发展。

（3）电子竞技运动训练的发展

早期的电子竞技运动项目训练形式比较单一，注重个人反复实践操作，选手往往身兼教练、分析师、心理师多重角色，训练相关的内容和方法都不完善。

世界电子竞技大赛出现后，电子竞技运动在全球范围内蓬勃发展，同时也大幅提升了进行电子竞技运动训练的必要性。加速电子竞技运动训练发展的因素主要有如下几点：

①电子竞技赛事在世界范围内广泛开展。

②主流电竞项目主办方赛事影响力和奖金暴涨。

③从事电竞职业的选手人数大幅增长。

2. 电子竞技运动训练的原则与方法

（1）电子竞技运动训练的原则

电子竞技运动训练所遵循的原则与传统体育训练有诸多的相同点，这些训练原则对于电子竞技比赛训练活动的方式方法和强度周期给予了合理的指导和规范，同时能够培养训练对象在训练活动中的逻辑思维和反馈习惯，从而取得理想的训练成果。

第一，赛事竞技需要原则。电子竞技运动进行训练的主要目的（或称为训练目标）就在于取得该项目更好的赛事成绩，由此，赛事竞技需要原则，可以看作是为提高参赛选手竞技能力及运动成绩的需要，以实际比赛对抗强度为基础，合理地安排赛事前训练周期分布及训练的具体内容、团队磨合、训练频率、训练方法和战术编排等因素的训练原则。

为赛事进行训练前，训练组织者（一般为教练）需要对所训练对象的竞技能力结构进行全面深入的认识，由此才能准确地制订与赛事需要相符合的训练方案，确保运动训练活动的高效率，从而达到最终的训练目标。

第二，训练动机激励原则。从人类的身心状态来看，不管从事任何领域的活动，动机都会对最终结果产生重大影响。训练动机是训练参与者能够长期坚持、积极勤奋进行运动训练的重要驱动力。该动机受到内部因素和外部因素的共同影响，只有内外部动机一起积极运作，协同发挥功效，才能让训练参与者保持良好且长久的训练状态。

在电子竞技运动的舞台上，赛场上的选手们一战成名、一战永逸的情况不在少数，取得好的赛事成绩往往会带来丰厚的物质回报和精神回馈。训练管理者和教练们就需要用这些条件去激励训练参与者，同时激发他们的内部动机，让其产生内外激励的循环能动力。这样可以使训练参与者进入一种最佳训练状态，在枯燥反复的训练中获得最优的训练效果。

第三，负荷强度适当原则。在电子竞技运动中，比赛选手的黄金年龄一般为16～26周岁，这是因为许多电子竞技项目都需要进行高强度训练，对选手身心反应能力要求极高。例如早期的RTS类竞技项目《星际争霸》，职业选手们的每分钟操作次数数值一般会在300左右，多线操作也必须熟练掌握，同时在瞬息万变的局势中要做出兵种、科技和战术的变化。这对一般玩家来说都是极其困难的，那么，在高水平竞技需要的压力下，超强度负荷的训练就会成为日常。

在时下热门的电子竞技运动项目中，团队配合项目居多，那么在制定一个团队的训练强度时就需要一定的区别对待。每一个训练参与者的能力和状态都是不同的，有各自的优势也存在各自的缺陷，团队训练中的负荷强度就需要根据每个训练参与者的具体情况来做一个平衡，保障团队训练达到强度标准，但也不会对个别参与者造成训练伤害。

第四，周期计划制订原则。周期计划的制订一般分为长效大周期和应赛小周期，大周期的训练计划更多是依据赛事项目特点和训练对象基础来制订，小周期的应赛训练计划会更偏向针对性的练习和训练对象的即时状态。

长效大周期训练会更加系统和稳定，也是取得赛事理想成绩的必要条件。赛场上选手们竞技能力的发挥是一种综合表现，会受到来自身心内部和环境外部多方面的影响。因此，从人体的机能适应角度来看，训练参与者提升并保持某一项目的竞技能力是身心各个系统和认知长期刺激反应的结果，短期的刺激不足以实现训练参与者竞技能力的稳定。

然而，为了在重大比赛中取得更好的成绩，短期的小周期应对训练也是十分必要的，人体的机能存在不稳定因素，这就会导致训练参与者的状态不稳定，所以，在制订小周期的应对训练计划时会以训练参与者的即时状态为轴心，在状态的训练才是有效训练。在电子竞技比赛项目中，由于游戏更新速率和竞技对手更替速率过快，在小周期计划制订时还需要对比赛项目所采用的版本和其他参赛的对手进行大量的针对性训练，做到知己知彼，打有准备之仗，从而在最短的时间内取得最有效的训练效果。

第五，一般训练与专项训练结合原则。在多数电子竞技运动项目中，同一项目会需要多个不同类型的选手参与。例如，在时下热门的多人即时在线对抗类游戏《英雄联盟》中，双方队伍均由五位选手组成，每位选手在队伍中的作用、职责、能力都会出现差异。而且面对不同的竞技对手，在英雄阵容选择上也会体现出不同的针对性。因此，在进行训练的过程中，一般训练与专项训练的结合就显得尤为重要了。

一般训练是综合素质的培育，涉及范围广泛，训练方法多样，注重训练对象的全面发展。对游戏机制的深度理解，对各种人物、物品、技能的熟练使用，简而言之，就是什么都需要练，什么都不能遗漏。

专项训练是高强度重复的定式训练，涉及范围小、针对性强、注重训练对象的优势最大化。对游戏中某些领域的深度探索，对某个位置甚至某个英雄的潜力发掘，对自身反应、耐力的极限突破，某些针对对手的战术研究，都属于专项训练范畴。可以简单理解为，需要什么就练什么。

第六，版本更新适应原则。传统的竞技体育项目，在载体和规则上都较为稳定，如此，训练目标和方法就会相对稳定。但是，电子竞技具有时效性特征（这也是电子竞技运动训练与传统体育训练区别较大的一点），在玩家中广泛流传的"一代版本一代神"也很好地诠释了电子竞技运动训练中需要遵循版本更新适应原则。

游戏地图、英雄和物品等的变化对参加比赛的选手们影响是非常大的，这些更新会不同程度地打破原有游戏格局。所以，适应游戏版本的节奏是每一个项目教练需要认真对待的首要问题，也只有如此，才能有效地确保训练方案的先进和高效，更好地把握住获得胜利的机遇。

（2）电子竞技运动训练的方法

在电子竞技运动的发展过程中，各电竞项目中的选手、教练、数据分析师们创造出了不同类型的训练方法，不同的训练方法均有特定的练习功能和操作方式。教练员合理使用方法进行训练安排，是巩固和提升训练对象竞技能力和水平的重要手段，有利于提高训练效率和团队默契。训练对象正确地掌握各项方法，有助于高效率地达成训练目标。

第一，体系步骤训练法。电子竞技项目依据其游戏类型在获胜途径上会有不同的侧重。体系步骤训练的意义在于使训练对象牢固掌握训练项目的游戏规则和游戏体系。

任何一个电子竞技项目都具备多种影响竞技结果的因素，如阵容、种族、英雄、武器和地图等，根据每一局对抗的具体情况，这些因素又会产生完全不同的局面。因此，在训练中分主次步骤地熟悉和掌握所有影响竞技结果的因素是十分必要的。

本节中，我们以即时对战类的《魔兽争霸：冰封王座》为例来阐述体系步骤训练法的应用。在训练时，首先将所有的训练内容编排为若干次级单元，次级单元内容体系需要有相关性和逻辑性，先后顺序可以依据个人偏好和习惯来定。训练对象需要保质保量地去完成每一个次级单元任务，再进入下一个次级单元，如果有步骤进行得不顺利，要及时记录反馈和调整状态，整个体系步骤的训练过程中，应当做到稳固基础和发现特长。

不同种族的使用者均可采用体系步骤训练法进行备战训练。根据四大种族，将完整的体系分为四个次级单元，一个次级单元完成后，可以再依次进行其他三个次级单元训练，每一个次级单元的训练时间为一个月。表4-1中展示的是亡灵族次级单元的训练方法。

表4-1 亡灵族简易体系步骤训练

序号	训练步骤	训练频率
1	熟悉比赛用地图（包括地图资源分布、地图可控中立生物和地图地形设置等）	11小时/周
2	掌握亡灵族建筑功能和摆放技巧	1小时/周
3	掌握亡灵族英雄技能和搭配（包含中立可招募英雄）	1小时/周
4	掌握一级基地兵种（包含英雄）的特性和搭配	30分钟/天
5	掌握二级基地兵种（包含英雄）的特性和搭配	30分钟/天
6	掌握三级基地兵种（包含英雄）的特性和搭配	30分钟/天
7	掌握不同等级混合兵种（包含英雄和中立可招募或控制生物）的搭配特性	70分钟/天
8	掌握亡灵族对抗亡灵族的战术编排和操作技巧	2~3局/天
9	掌握亡灵族对抗精灵族的战术编排和操作技巧	2~3局/天
10	掌握亡灵族对抗人族的战术编排和操作技巧	2~3局/天
11	掌握亡灵族对抗兽族的战术编排和操作技巧	2~3局/天
12	录像回放和反馈记录	2小时/天

熟悉地图的作用主要是让选手能够更好地利用地形和中立资源来掌握比赛的节奏和进行随机应变的战术决策。有利地形的站位、阴影拐角的埋伏都可能成为影响最终胜利的因素。

第二，专项突破训练法。专项训练具有较强的针对性，被广泛应用于各大类型电竞项目的训练，核心作用是"弥补短处"和"增强长处"。

通过常规循环或者体系步骤的训练，训练对象的优点和劣势都会显现。教练员再根据他们的这些特点有的放矢地为其制定相应的专项突破训练。专项突破训练也可用于战术编排，根据竞技对手的短板和长处来进行相应训练。

十字围杀的难度远高于米字围杀，属于较高级别的微操作，仅使用四个单位围住一个单位，限制其位移而将其击败。对于动态的敌人，不仅需要依靠精准的单位操作，还需有一定的预判走位意识。

十字围杀操作难度系数高，在比赛中是一种极具观赏性的微操作，要做到得心应手，必须了解游戏中每一个单位的碰撞体积，并且需要做大量的操作练习。

十字围杀需要依赖单位的移动速度或控制技能，一般适用于小规模的追逐战、前期速攻和抗骚扰。亡灵族的亡灵骑士＋食尸鬼和恐惧魔王＋食尸鬼、人族的山丘之王＋人族步兵、暗夜族的守望者＋女猎手、兽族剑圣＋兽族步兵＋加速卷轴等都是常见的围杀组合。表4-2中展示的是亡灵族次级单元的十字围杀专项突破训练方法。

表 4 – 2　简易的亡灵族十字围杀专项训练

序号	训练步骤	训练频率
1	熟悉单位的碰撞体积和移动速度	30 分钟/周
2	恐惧魔王 +3～4 个食尸鬼的使用技能下静态包围练习	30 分钟/周
3	亡灵骑士 +3～4 个食尸鬼的动态包围练习（练习对象可选择使用人族山丘之王和人族步兵）	30 分钟/天
4	亡灵骑士 +3～4 个食尸鬼的动态包围练习（练习对象可选择使用兽族先知和兽族步兵）	30 分钟/天
5	亡灵骑士 +3～4 个食尸鬼的动态包围练习（练习对象可选择使用暗夜精灵恶魔猎手和女猎手）	30 分钟/天
6	选择亡灵族为对手，使用食尸鬼打法开局	2～3 局/天
7	选择人族为对手，使用食尸鬼打法开局	2～3 局/天
8	选择兽族为对手，使用食尸鬼打法开局	2～3 局/天
9	选择精灵族为对手，使用食尸鬼打法开局	2～3 局/天

　　值得一提的是，在没有控制技能的情况下，十字围杀往往需要使用一个单位对对手进行“Z”字形卡位，再合力将其围困。在没有控制的情况下，卡位的同时进行围杀是非常难操作的。

　　除了在操作控制上进行专项训练，在战术应用上同样也可以进行专项训练。某些战术的针对性极强，运用得当可以发挥出额外的威力，例如亡灵族针对暗夜精灵的“天地双鬼流”、人族针对兽族的“SKY 流”、暗夜精灵在较大地图上的“乱矿流”等。这些战术应用的流畅度取决于在战场上的随机应变，需要大量的流程练习去熟悉战术节奏，把控在战术中运用的每个兵种的特性。

　　第三，反复负荷训练法。反复负荷训练法的意义在于全面提高训练对象的身体素质，增强负荷。同时，通过大量反复练习，形成肌肉操作记忆，减少操作失误概率。

　　那么，这些能力是如何在电子竞技对抗中发挥作用，影响选手表现的呢？

　　力量，指整个身体或身体某个部分肌肉在收缩和舒张时所表现出来的能力。力量在传统体育竞技项目中的体现较为直接，没有力量，选手肯定跳不高、跑不快、爆发力小，直接影响选手可完成的技术动作的强度、难度和准确率等。而在电子竞技中，力量因素对选手的影响则不那么容易被察觉，因为目前阶段的电子竞技项目多以鼠标和键盘为操作工具，一个发育正常的人不存在按不动鼠标和键盘的情况。但是力量强弱是肌肉耐力增长和增强反应的一个重要因素，有助于速度、灵敏性和耐力的发展。

　　耐力是身体长时间进行肌肉运动的一种能力。耐力素质是肌肉耐力、心肺耐力、全身耐力的综合状况，它与肌肉组织功能、心肺系统功能及身体系统功能的提高有很大关系。一场持久战会因为过长的注意力高度集中而消耗过多的体力，在胶着状态下，耐力强的一方可以更长时间保持较好的竞技状态，从而拿下最后的胜利。

第四，模拟赛事训练法。模拟赛事训练法一般适用于将进行正式比赛的训练对象，训练时会按照正式比赛方式和规则进行。模拟赛事训练法可以让训练对象更好适应比赛节奏和规律，比赛还原（或复盘分析）有助于参赛者消除不稳定因素，提升综合竞技能力。

电子竞技赛事中的比赛规则和赛制相比传统体育竞技项目存在许多差异，教练需要依据赛事竞技需要原则，围绕比赛规则和赛制，带领训练对象进行模拟赛事训练。电子竞技运动中常用的赛制有单败淘汰赛制、双败淘汰赛制、GSL赛制和瑞士赛制（表4-3）。

表4-3　电子竞技比赛中的常用赛制

赛制名称	赛事规则
单败淘汰赛制	每场比赛的负方将与冠军无缘。通常，单败淘汰制竞赛的参赛者数目为2的次方（2、4、8、16……），由此可确保每轮比赛的对决双方有相同的单败比赛场数。比赛配对可全部预定好或每轮比赛过后才决定，假如没有轮空，每轮比赛将淘汰半数的参赛者。当只余8名参赛者时，该轮比赛称为"四分之一决赛"，剩余4名参赛者的为半决赛，胜出双方将在决赛中争夺冠军名誉
双败淘汰赛制	与单败淘汰赛制输掉一场即被淘汰不同，参赛者只有在输掉两场比赛后才丧失争夺冠军的可能。一般双败淘汰制也有2的次方数（如4、8、16）的参赛者，以保证每一轮都有偶数名参赛者。双败淘汰制的比赛一般分两个组——胜者组与负者组进行。在第一轮比赛后，获胜者编入胜者组，失败者编入负者组，继续比赛。之后的每一轮，在负者组中的失败者将被淘汰；胜者组的情况也类似，只是失败者仅被降入负者组，只有其在负者组中再次失败后才会被淘汰出局
GSL赛制	这是双败淘汰赛制的一种细化分类。所有的参赛者在第一轮通过随机抽签确定自己的对手，第一轮中的获胜者可以进入第二轮胜者组，而在第一轮中失败的则会落入第二轮败者组。随后，胜败者组每轮比赛的胜者进入下一轮，而胜者组的败者则会落入败者组进行下一轮比赛，败者组的败者会被淘汰出局
瑞士赛制	比赛会随机公平地编排第一轮比赛（一般由抽签决定），接着开始比赛，当某一轮比赛结束后，可以得到所有比赛选手的总积分，根据这个总积分的高低，对比赛选手由高到低排序，接着是高分选手和高分选手比，低分选手和低分选手比，上一轮比过的下一轮就不会相遇，如此循环，直到所有轮次结束。电子竞技比赛使用的瑞士赛制和棋类比赛中所使用的赛制有所不同，棋类比赛通过积分决定名次且不会淘汰任何选手，而电竞比赛则不计积分，且经常在小组赛阶段决定出线和淘汰名额。瑞士赛事是一种科学合理的赛制，相比淘汰制，其优势在于可以使赛程大幅缩短，每轮比赛都是根据前一轮的战绩决定对阵，保证强队不会遇到弱队，使比赛更加公平

每个竞技项目都有其独特性，除了以上这些常用赛制，有些项目还会采用升降级赛、KOF 等专用赛制。在模拟赛事训练中，不仅要适应比赛赛制和规则，还需对所有参赛队伍进行研究，如参赛选手的实力分布、擅长战术和优劣势等，"知己知彼方可百战不殆"这句战场上的名言一样适用于电子竞技运动。

除以上因素外，调整竞技状态在模拟赛事训练中也是非常重要的。在这个阶段的训练中。训练负荷和心理状态都会发生很大的变化，教练应该根据实际情况进行相应的调整和引导，使训练对象调整到最佳状态去迎接正式比赛。

（二）管理与运营

由于内容重合，我们把该部分的内容放置在"电子竞技策划与运营"中。

二、电子竞技策划与运营

电子竞技运动与管理是更适合体育方向进行教育教学和研究的专业，而对于以传媒传播或艺术设计为教学主导的方向来说，需要有新的专业（方向）来引领。电子竞技策划与运营（方向）是南京传媒学院在 2018 年为适应电子竞技产业发展而新设的专业方向，属于艺术与科技专业。

该专业（方向）学习的核心课程主要有电竞游戏概论、电竞游戏用户需求分析、电竞标识设计、品牌运营与推广、新媒体栏目设计、电竞产品设计、数据分析与可视化、电竞游戏策划、平面设计软件、三维设计软件、综合创作实践等。另开设选修课程，有电竞战术学、用户行为分析、游戏心理学、虚拟与增强现实、电竞赛事解说、科幻与魔幻文学等。

（一）策划与创意

策划是为了达到一定效果和目的，在现有环境与知识储备下遵循规则原理，对未来即将发生的事情进行科学预测并制订可行的方案。这种说法最早出现在《后汉书》中，"策"是指计谋、谋略；"划"则指设计、筹划、谋划。现在，"策划"还是许多公司设置的一种岗位。电子竞技策划、电竞赛事策划、电竞内容策划和电竞产品策划都是电子竞技行业中炙手可热的岗位。

具体的策划工作内容较广，因为是预先方案，需要考虑多个方面的因素，所以，不仅要合理，更要周全。同样，策划工作也是简约的，策划就是将你的知识与逻辑思维和创造力的碰撞。一般的策划过程主要由以下几个环节构成，在你们的学习和工作过程中，可以尝试应用这六点。

1. 明确目标

明确目标是有效行动和方案成功的基石。有清晰的最终目标，才能将其层层分解成容易的可各个击破的工作；没有明确目标，则容易陷入混乱和无序，从而导致工作效率低下。为了便于理解，我们以游戏策划的一项工作内容来举个例子，见表 4-4。

表4-4 有无明确目标的对比

有明确目标	无明确目标
在1个月内策划一款三国题材的塔防（TD）类电子竞技游戏	策划一款电子竞技游戏
上旬：分析塔防类游戏人群的用户特征和消费习惯	逐个分析现有类型游戏
中旬：分析现有电子竞技中的三国题材并确定造型风格	分别尝试各种题材风格
下旬：根据塔防类游戏用户对地图的偏好，给出游戏设计参考建议，并制作好该策划案	分析不同类型客户群体

观察上表后我们可以看出，明确的目标会转化为各个时间节点和可量化的各节点内容产出，有利于分化目标难度，从而完成目标。从目标制定［在1个月内策划一款三国题材的塔防（TD）类电子竞技］到初期工作（上旬：分析塔防类游戏人群的用户特征和消费习惯），再到中期工作（中旬：分析现有电子竞技中的三国题材并确定造型风格），最后到收尾工作（下旬：根据塔防类游戏用户对地图的偏好，给出游戏设计参考建议并制作好该策划案）。

无明确目标的策划工作是一个不合格、不利于开展策划的工作，因为在接手时会发现不好下手，工作效率自然无法保障。从目标制定（策划一款电子竞技）开始，问题即凸显：策划什么类型的电子竞技，目标人群又是哪些；到初期工作，自然要对现有类型的游戏进行逐个分析，再选取其中一个；再到中期工作，类型确定后，游戏的风格和题材还需要摸索，那又得进行各种题材风格的尝试；最后到收尾工作，由于没有明确目标，海量的游戏群体分析需要花费大量时间。

2. 整体布局

细节是一个黑洞，会消耗大量的时间和精力，特别是对于策划新手来说，如果在策划的起草阶段，就在雕琢细节问题，那么不仅耗费时间，更有可能会让整个策划案出现许多不相融洽的地方。

这一点在很多领域都是如此。作画者在绘画之前如非技艺高深，一般都会先打好大致的框架，再逐一刻画细节；城市规划者在规划建设之时，也会先做好整体设计，再进行各局部的安排。策划也是如此，首先要厘清整体思路——要做哪些事情，分为哪些步骤，工作顺序又是如何，构建好整体框架后，再回过头来细品每一个环节，做到精益求精。

3. 关注用户

策划应用的对象就是目标用户，所以，在策划过程中，一定要密切关注目标用户的需求及其变化。一般来说，各领域经过发展都会产生许多有效、有价值的用户需求数据。这些数据可以看作策划案中的指南针。

4. 保障有效

一份好的策划案带来的结果是不言而喻的，在策划过程中，许多新手都会沉溺于遵循"创造"上，这其实会失之偏颇。诸多经验告诉我们，在任何商业的策划中，行之有效才是最好的。创意虽然也很重要，但是，进行创造的知识积累不是一蹴而就的，灵感也不是说来就来的。所以，在策划过程中，如果你觉得某些想法都很好，就分别测试，得出数据，在策划时间结束之前做出一个选择。

5. 提升创造

创造是各领域发展的原动力，没有创造，发展就会停滞不前。但是创造并不能够凭空产生，而是需要通过大量的知识积累加上灵感的催化。策划岗位非常考验人的创造力，具有创意的策划，就像一把打开市场大门的魔力钥匙，能够激发客户更多的兴趣，产生更多的产品收益。如果没有丰富的积累，就难以捕捉灵感闪现的火花，所以，对于多数人而言，提升创造力是一个漫长而又细腻的过程。

6. 注重反馈

策划和学习一样，要注重复习。在策划行为中，复习可以理解成反馈。每一次的策划，不管好与坏，都应该记录反馈。有效反馈可以让不达标的预设工作及时修正，得到改善。策划工作和学习一样，都是动态的，也是没有尽头的。所以，在策划过程中，不管是小环节还是大策划，都应该注重反馈，并随时调整。

（二）管理与运营

经营运作是规划、组织、执行和控制运作的过程，是指一切与产品及服务生产紧密联系在一起的管理工作。企业管理是现代企业管理中最为活跃的一门学科。

而电子竞技行业内的管理与运营需求主要体现在电竞赛事运营维护与电子竞技运营推广上。在政府宏观调控和市场经济推动社会繁荣发展的总基调下，有序、有效地进行管理运营是每一款游戏或每一项赛事成功的关键。那么，市场对从事该领域的运营管理人员会提出哪些要求呢？

从行业人才招聘的渠道来看，运营管理人员任职要求主要体现在以下五点：一是具备本科以上学历，热爱电子竞技行业，能够主动积极加深对电竞赛事及电子竞技的理解；二是精通办公软件（office），具备较好的沟通合作能力；三是具备较强的语言组织能力和营销文案撰写能力；四是具备责任心，对用户和数据有敏锐的洞察力和分析能力；五是能够在运营或管理过程中梳理价值、流程和风险等方面的关键点。当然，不同规模的公司会因资金储备、技术实力和外部环境等因素对运营管理人员的职能进行适当的调整，以符合企业的实际情况和发展需求。从以上这些任职的要求来看，前两点是基础要求，后三点是核心要求。

基础要求中的第一点针对的是从业人员在岗位工作上的主观能动性，对行业是否热爱会在一定程度上影响工作积极性。第二点是个人与团队相融的能力，在团队合作无处不在的时代，与团队融洽相处，各司其职又能相互作用是每个公司都非常看重的员工素质。

1. 热爱行业并积极进取

在每个行业中，热爱行业、积极进取对求职者来说都是首要的一点。没有热爱就难以进取,更难以有所成就。而这一点在电竞行业中显得尤为突出,因热爱而追求本就是第一代电竞人所坚持的一种信仰,这种思想也得到了较好的传播。询问电竞行业不同岗位的从业人员为什么选择电竞行业,得到的答复会出奇一致——因为热爱,所以选择。

2. 融于团队并乐于奉献

团队合作是现代化工作的一种常态式,1+1>2 的效益产出正是团队合作被各领域广泛认可应用的主要原因。虽然每个领域的团队构成都会存在差异性,但是团队的精神是一致的。团队精神需要任职人员在做好本职工作的同时能为团队奉献更多,致力于成为团队运作中的万能齿轮。这也是推动团队有效做功甚至发挥最大作用的关键所在。

3. 语言表达和文字综合能力

具备较强的语言组织能力和营销文案撰写能力。良好的语言表达是岗位任职者与上下级、同级、其他业务往来对象进行有效沟通的一种保障;较强的文字综合能力能让运营与管理的每一个环节产出可视化、可读化的文件材料或演示文稿,这能让进行运营管理的环节变得更为清晰,执行运营管理的指令变得更为便捷。

4. 数据整合和数据分析能力

运营和管理人员需要为公司提供辅助性的决策信息,也需要掌控运营全过程的进度、成本、阶段性成果和风险,而对于接手项目的运营健康状况更需要进行全时间段、全方位的评估。这些行为都需要通过数据整合和数据分析来完成。游戏的推广、赛事的宣发都是长期的任务,运营管理人员需要将每一个时间节点的数据进行整合,站在公司的角度对其进行整体的分析,通过深度数据分析,找到存在的问题、潜在的风险,并适时提供可行的解决方案。而当公司规模达到一定程度,运营管理的难度和重要性都会随公司项目级别的提升而增长。有效地整合和分析数据成为运营管理人员的核心能力之一。

5. 统筹协调和服务全局能力

运营管理是与多个部门、环节产生交集的岗位,如何在项目进行过程中从各个环节获取准确信息,如何配合团队朝共同目标前进,如何发现问题并找到合适的人来解决问题,都考验着运营管理岗位的协调能力。运营管理同样也须具备服务全局的眼光。做好运营与管理需对电子竞技产业的全领域有一定程度的了解,熟悉相关项目的开发和各环节的运作,这要求岗位任职者具备极强的责任心。不管是电子竞技推广还是电竞赛事推行和维护,都有很长的周期。这就需要从事运营管理的人员有充足的责任心,要敢于提出问题,并协调各部门解决这些问题。

三、电子竞技艺术设计

电子竞技艺术设计方向主要接洽的是游戏美术市场和电竞内容美工市场,这个方向的教学内容和行业市场与现有的数字媒体艺术专业存在许多共同点。2017 年,中国传媒大学在动画与数字艺术学院新增了数字媒体艺术专业(数字娱乐方向),后更改为艺术与科技专业（数字娱乐方向）。教学目的是培养电竞主播、导播、游戏策划和游戏设计等数字娱乐方向的人才。

该方向的专业课程设置主要涉及三个方面，分别是游戏策划与创作（包括游戏分析、游戏创作、游戏叙事、游戏心理、游戏数据、游戏引擎、游戏编程和三维建模等）、电竞赛事策划与执行（包括电竞赛事策划、赛事数据分析和赛事导播等），以及行业内专业相关实践课程。

为学好这些专业知识，学生具备的专业素养主要包括以下几点：

①喜爱和熟悉数字娱乐产品，特别是电子竞技，对游戏内容、机制和用户黏性有一定的见解。

②热爱电子竞技运动，对电子竞技的运动方式和电子竞技赛事有一定的了解，且在学习专业课程的过程中，能够理论结合实践，积极参与赛事策划、执行的实践工作。

③不断提升学习能力，保持对新兴事物的探索欲和自我的创造力，在创作游戏作品或策划文案时能够与时俱进，勇于创造创新。

④养成发现美、创造美的能力。设计就是为了美化生活，提供精神愉悦，发现美、创造美的能力在设计作品的最终形态中具有重要意义。

⑤具备团队合作的能力。对于一项复杂的任务，进行团队合作，是比较好的选择，充分融入团队，发挥潜力是大学生步入社会前最需要重视的能力之一。

四、电子竞技解说与主播

近年来，电竞解说和电竞主播已成为备受关注的两个职业，丰厚的薪资、闪耀的舞台，让许许多多的电竞从业者都心生向往。南京传媒学院在2019年新增设了播音与主持艺术专业（电子竞技解说与主播方向）。

那么，一名优秀的电子竞技解说员或电子竞技主播需要哪些素质呢？

首先，要熟悉各大热门电子竞技的比赛项目，对游戏内英雄属性、装备物品、地图特征和游戏节奏有深度见解。在解说比赛时，能够深入浅出地分析讲解每一盘的局势走向。

其次，对解说项目的历史经典比赛进行深入复盘并熟悉各个版本的国内外主流战术。对这些历史经典战役的复盘及主流战术分析可以增强知识储备，让解说的发挥空间不会局限在当场比赛，得到较大扩展。这样不仅能够提升观众对解说的专业认可，还可以调动起更多观众的热情，得到共鸣。

再次，具备播音主持的扎实基本功，在讲解过程中能够发挥优秀的语言表达能力，让观众在观赛过程中获得更多的乐趣，才能更好地实现解说价值。这一点无论对电竞解说还是对传统体育项目解说来说，都属于基础素质。

最后，随机应变的反应能力。不论是传统竞技还是电子竞技，任何比赛项目进行的过程都随时有可能出现各种状况，甚至意外事件，优秀的解说需要具备应对突发状况的能力，让观众能够在愉悦中消耗掉这些时间。一名解说员要做到、做好这些，并非一朝一夕之功，而是需要通过长效的锻炼积累经验。

以上四点可以看作一名优秀解说员需要养成的基本素质，而在基本素质养成的过程中，还要形成属于自己的解说风格。口译风格的发展与普通口译技巧训练、知识学习是有区别的。其表现形式相对稳定、内在、深刻，从根本上折射出叙述者内在的思想、审美理想和精神气质。

第二节　电子竞技与领域渗透

2016 年，第一个冠以"电竞"之名的专业"电子竞技运动与管理"在高等职业教育体系中诞生，属于教育与体育大类的下设专业。随后不久，2018 年，教育部将高职教育中的电子竞技运动与管理专业推进至本科层次，属于教育学大类的下设专业。虽然电子竞技运动与管理在目前来看是一枝独秀，但是以涉及电竞内容的交叉学科而展开的专业（方向）在高校教学中已尝试颇多。

一、电子竞技与教育学

各大学科门类中，教育学与电子竞技最先结缘，教育学门类下分三个一级学科，分别是教育学、心理学和体育学。

在 2016 年，电子竞技运动与管理正式以"电竞专业"为名走进高校，划分在教育与体育大类下的体育类。不久后，在 2018 年，电子竞技运动与管理相继登场，通过毕业考核，学生可以获得教育学学士学位。电子竞技与教育学大有渊源，或许，在电子竞技概念被提出之时，就与该学科门类产生了不可割舍的联系。

我们先来看电子竞技的发展历程。"电子竞技运动"概念的提出，是因为有相当数量的人共同认可电子竞技运动是电子游戏达到竞技层面而产生的一种运动或行为，这种行为已经将休闲娱乐进行了体育竞技升华。而且，电子竞技运动员（职业选手）也是我国最早入行电子竞技行业的群体，他们的选拔模式和运动训练方式与传统体育有许多的相同点。

接下来看教育学门类下的心理学。心理学是人文社会科学发展到一定阶段的产物，其在各个领域都发挥了相当重要的作用，如广为人知的犯罪心理学、经济心理学和临床心理学等。

最后，我们来看教育学。相较于体育学和心理学，教育学可能不会那么直接地引起人们对电子竞技的联想，但从实际出发，一门新兴学科（专业）的发展壮大必然离不开良好的教育理念与模式，甚至在未来的发展过程中，还需要有大量既懂教育又懂专业的人去推动。或许在不久的将来，电子竞技教育方向会像已经成熟的体育教育专业一样，出现专门的专业（方向）。

目前，电子竞技与教育学门类下体育学类与心理学类相互渗透。体育学类已设立了电子竞技运动与管理专业，而心理学类还属于空缺状态，对这两个专业（方向）在下一节内容中会进行更深入的探讨。

二、电子竞技与文学表现形式

文学与电子竞技的交集主要是在电子竞技和电竞赛事方面，而它与电子竞技的渊源，更是由来已久。

文学的定义是以语言文字为工具，形象化地反映客观现实，表现作家心灵世界的艺术；而电子竞技被称为"第九艺术"，与其他艺术形态有一点不同。电子竞技更像是一个"领域黑洞"，通过不断吸收其他艺术形式和领域的元素进行融合再塑造。

早期的电子竞技就已经具备了叙事功能，甚至有的电子竞技在开发时就仅仅是为了表达开发人员想讲述的某一件事情或某一种想法。在1990年左右，角色扮演类电子竞技在游戏市场上广受欢迎，市场的火热催生了许多由经典的文学作品改编的电子竞技，同时，电子竞技使不少文学作品更广为人知。而到了今天，好的游戏世界观和叙事逻辑已成为一款优秀电子竞技作品的必备属性。

2017年，DOTA2亚洲邀请赛以"龙征四海，剑问东方"为主题展开，整个赛场在布置上采用了中国传统武术元素，服装也是如此。在比赛开始之前，代表每一个参赛队伍的表演者会身着传统武术服装进行兵器对抗表演。除电子竞技与电竞赛事以外，电竞内容衍生的影视、小说和综艺等文化作品更是层出不穷，电竞文化和相关的电竞文学作品已进入大众生活。

三、电子竞技与计算机技术

计算机科学与技术是工学门类下的重要学科，电子计算机的发展带来了信息技术革命，改变了人们的生活方式，也带来了电子竞技，还为电子竞技的出现提供了技术支持。

电子竞技中的"竞技"被认可为体育运动层面的行为，经历了漫长时间的讨论与探索，但是，对"电子"来说，没有太多争议，大众基本认可这是电子计算机和信息技术下的产物。

电子竞技研发处于电子竞技产业链的上游。电子竞技研发是一个漫长的过程，主要包括创意想法与策划、主题思路与设计、程序编码与测试，通过这些路径，一款游戏才会面向市场与大众。所以，研发游戏最后还是需要通过完成程序编码来实现。

（一）网络平台技术

单人游戏可能不会有对手的存在，甚至不需要连接网络，仅使用一台个人计算机即可进行游戏。但竞技类的电子竞技，除了入门新手，很少有人会选择和电脑机器人进行对抗，那么，让游戏参与者突破地域限制进行竞技的场地需求就出现了。

1997年，暴雪公司推出了暴雪战网。由于技术不够成熟，大多数中国玩家感到正常使用战网就已经是一个难题，超长的网络延迟更让他们难以接受。但是，这种对战平台的出现，让远隔千里的玩家进行实时交流和竞技成为一种可能。

（二）大数据

数据记录着人类的行为、自然的规律和社会的发展，数据可以看作自然和生命的一种信息化表现形态。将现实世界中的事物和现象以数据的形式存储到赛博（cyber）空间中，就是一个生产数据的过程。探索空间中数据的规律和现象，就是探索宇宙的规律，探索生命的规律，寻找人类行为的规律，寻找社会发展的规律的一种重要手段。大数据技术所衍生的产品已经渗透到人们生活中的各个领域。

电子竞技领域对大数据技术最早的需求来自顶尖的职业参赛选手，他们需要有目的地提升技术，到达极限。技术在不断发展，符合数据科学"4V"属性的数据分析产品也不断地进入选手与普通玩家的生活之中，通过大数据统计与分析，玩家做出决策的样本空间越来越大，效率也越来越高。

（三）人工智能

人工智能技术及其开发，用于模拟、延伸和扩展人的智能理论、方法、技术及应用，可以看作是人类不断追求极限的一种挑战。在早期的电子竞技中，游戏开发者一般通过增加敌人数量或提升敌方攻击力和防御力来提高游戏难度。"无聊的电脑"一直被致力于提升竞技水平的游戏爱好者所诟病，直到电子竞技中开始应用AI技术。该技术利用一定的计算机程序预设指令，使玩家在进行游戏过程中会感受到电脑行为的变化。游戏在提升难度的同时，大幅增强了趣味性和挑战性。

从某种意义上来说，电子竞技中的AI可能在街机游戏《吃豆人》上就有了雏形。随着电子竞技行业在硬件设备、算法和计算能力上的发展，热门项目也开始从街机转向个人计算机端，电子竞技中的人工智能对手（bot）进化速度明显加快。从1999年的《反恐精英》开始，再到后来的《求生之路》系列，维尔福集团（Valve）奠定了第一人称射击类游戏的人工智能对手的基础。

早期的人工智能对手在游戏中的主要责任是填补空位，基本都是按照容易被掌握的行为模式运动，但随着游戏版本的更替，第一人称射击类游戏中的人工智能对手正在发生变化。《反恐精英》系列游戏初期的人工智能对手除探路和预警以外，能起到的作用微乎其微。

在阿尔法狗战胜李世石之后，深度思考公司就宣布会在不久的将来挑战更多的人类顶级棋手，还会用新的人工智能去挑战《星际争霸Ⅱ》项目。综观各类电子竞技游戏，即时战略类游戏的难度可以说是最高的。而在这类游戏中，上手难度最大的是"星际争霸"系列，从对细微操作的精准和数量要求，到战术意识的预判和布局要求来看，都是如此。

在此，我们进一步分析打好《星际争霸Ⅱ》，以至超越职业选手，对人工智能来说为什么是一件极其不易的事情。

首先，对人工智能的算法和运行速度要求高。人工智能对手在游戏中进行的每一个动作和指令都是通过程序和算法实现的。在《星际争霸Ⅱ》中，地图可进行操作的空间较大，作为即时战略游戏，这会使每一个即时步骤的数量难以预计，也就是说，每一秒都会发生无数种改变局势的可能性。用数字来概括的话，在围棋的世界里，动作空间只有361种，而在《星际争霸Ⅱ》当中，这个数字大约为10的26次方。

其次，对人工智能处理未知信息的预判能力要求高。围棋博弈是可以一览全局的，对手的每一次落子都可尽收眼底，但是在《星际争霸Ⅱ》中，由于存在"战争迷雾"，最新的战时信息需要不断侦察和接触才能获取，人工智能对手是无法根据迷雾下的未知信息做出更多的即时计算并处理战局的。迷雾的存在，使在每一局中，双方需要接触或主动侦察才能探索到对手在进行什么战术布局和操作。在离开己方单位的视野后，敌人又会消失在迷雾之中。所以，在未侦察的时间段里，对手很有可能就已经通过获取的信息进行了新的战术和兵种布局，下次正面开战就会面临被克制的局面。人类这种把控局势、实时决策和预判局势的能力，人工智能对手是很难实现的。

也正是基于这些原因，早期研发的人工智能对手在《星际争霸》或其他电子竞技项目中都无法与高水平的人类玩家抗衡。阿尔法狗战胜人类顶尖围棋大师后，深度思考公司做出的挑战预告开始让许多人充满期待。

在此，我们看到了人工智能强大的学习能力和迅猛的进步速度。同时，人们开始对人工智能这样"没有感情的对手"产生敬畏。与阿尔法狗和阿尔法之星对弈过的选手们有着较为类似的感慨，李世石输掉比赛后接受采访时说："人会有心理上的摇摆，即使知道准确的答案，在下子那一刻还是有可能会选择另一条路，考虑其他的选择。阿尔法狗不会有任何的动摇，这就是我所面对的最大困难，面对毫无感情的对手是非常难受的事情，这让我甚至有种再也不想跟它比赛的感觉。"达里奥·温什在赛后表示："相信我，和阿尔法之星的比赛非常艰难，和人与人之间的对抗不同，有种手足无措的感觉，每一局的战术思维变化非常大，很难适应。"

人工智能学习是人工智能技术中的关键环节，需要一个足够大的样本空间，好让算法不断更新迭代。而电子竞技游戏，不论是古老的棋类游戏的棋谱，还是如今主流游戏庞大的数据库，都天然带有一个庞大的样本空间。尤其是现在的电子竞技游戏，通过版本和玩家构成的不断发展，其打法和战术的样本数也呈现快速上升的趋势。

回看过往，每个游戏中自带的AI机器人，一般来说，"简单电脑"难度的，新手都可以应付，即使是"疯狂电脑"难度级别，只要稍稍深入钻研过的玩家都能够对抗。对人类来说，在免除伦理风险的情况下，利用人工智能技术为玩家提供更好的游戏体验，给选手带来更多训练的机会和方式才是重点所在。

阿尔法狗击败李世石、柯洁等围棋大师后，人工智能并没有毁掉围棋运动，反而给人类打开了围棋世界的一扇新大门。在哪里失败，总结经验再战，体现出的正是不屈不挠的体育竞技精神，电子竞技也应如此。

（四）虚拟现实

网络平台技术给电子竞技提供了更为广阔的竞技场地，人工智能技术给电子竞技创造了更为强大的竞技对手，而虚拟现实技术的应用让电子竞技的表现形式更为丰富，也让在现实中无法实现的虚拟对抗开始无限接近现实。

虚拟现实技术是一种可以创建和体验虚拟世界的计算机仿真系统，它利用计算机生成一种模拟环境，是一种多源信息融合的交互式的三维动态视景和实体行为的系统仿真，使用户沉浸到该环境中。其主要具备感知性多、存在感大、交互性强和自主性高的特征。

除了一般电脑所具备的视觉感知能力，它还包含听觉、触觉、运动、味觉和嗅觉。理想的虚拟现实应当具备人人都具备的认知能力。在交互上，仿真环境中物体的可操作性和环境反馈的真实性非常高。存在感是指使用者在虚拟的情境中所感受到的真实感。一个理想的仿真环境应尽量使用户很难辨别出真实和错误。

虚拟现实技术主要包括模拟环境、感知、自然技能和传感设备等方面。模拟环境是由计算机生成的、实时动态的三维立体逼真图像。感知是一个人在一个理想的虚拟世界中所具有的知觉。除电脑绘图技术之外，还有听觉、触觉、动作和其他感觉，甚至是嗅觉和味觉，也就是所谓的多感觉。自然能力是指人的头部转动、眼球运动、手势或其他的人的动作。电脑会根据使用者的行动来处理资料，即时回应使用者的信息，并传回使用者的五官。探测装置是一种立体互动装置。

随着虚拟现实技术的逐步成熟，其价值日益凸显，目前已被广泛运用于社会发展的各个领域。在视频游戏中，采用虚拟现实技术的视频游戏种类不断增多，而且日趋成熟。

综观各类型电子竞技游戏，卡牌策略类是较早能够实现虚拟现实技术构想的一种。1996 年，日本漫画家高桥和希开始连载《游戏王》漫画。随后不久，该漫画派生出来的交换卡牌游戏（在当时是纸质卡牌）风靡世界。

《游戏王》里的战斗主要是以卡牌战术进行，漫画中的人物在竞技时，依靠设备将卡牌掷出，卡牌中的生物或道具即会成为现实一般展现并发动状态。这些漫画中所描述和展现的战斗方式和场景都类似于今天的虚拟现实技术。

在 2015 年 12 月，波士顿大学发起了一场黑客马拉松大赛，奥拉卢·伊曼纽尔（Olaolu Emmanuel）和沙汉·阿赫特（Shahan Akhter）把虚拟现实技术运用在了《游戏王》漫画中的怪兽上，并重现了类似于漫画中的战斗场景。

和《游戏王》里的情节一样，这个系统的工作原理是，团队在卡片背面嵌入近距离使用的近场通信（near field communication，NFC）卡，并在决斗盘中安装读卡器，将一张卡放到决斗盘里，放入的卡即可转换到虚拟竞技场里。

2013 年 8 月，暴雪公司开启了《炉石传说》内测。作为暴雪公司卡牌策略类游戏的精品之作，《炉石传说》以各具特色又颇具平衡的九大职业和职业卡组搭配中立卡组的丰富组合，在电子竞技赛事中成为首选的卡牌项目。

《炉石传说》这款游戏画面精美、卡组丰富、可玩性和竞技性强，从发布之日起，诸多玩家便对这款游戏的虚拟现实版本充满了期待。

相比回合制的卡牌类电子竞技，虚拟现实技术若要在类似于《实况足球》《反恐精英》或《英雄联盟》这样的即时类电子竞技中实现，会相对困难。

首先，即时类的电子竞技中，运动难以捕捉。从目前技术来看，想要在电子竞技中实现运动捕捉，仅依靠头戴式的虚拟现实设备是不够的，需要通过运动传感器捕捉全身的肢体运动。这可能需要借助包裹全身的套装设备，以实现在虚拟现实的环境中模拟用户的身体运动，从而为玩家提供数字虚拟化的数据。

其次，是触觉反馈系统的实现。在《游戏王》漫画中，战斗所带来的伤害和效果都可以传递给游戏者。而目前来看，在电子竞技中实现触觉反馈可能还不太现实，仅能在现实世界中实现。

最后，电子竞技游戏的未来发展路径将更趋向于职业体育，现实世界里人类奔跑的耐力和速度在游戏中是否会起到同步作用，还值得探讨。

同样，虚拟现实技术也在各大赛事中开始确立地位。美国职业篮球联赛（National Basketball Association，NBA）在不久前开始提供虚拟现实的直播观赛选择，这样可以使观众一定程度上随意更换自己的位置和视角来观看比赛。但是，虚拟现实的观赛体验在电子竞技项目上实现还需要一些改变和优化。首先，传统体育类项目常以观众为主观视角，不同位置、角度观赛体验都不一样，而电子竞技更多的是以导播、选手视角为主，在这样的状况下，虚拟现实的观赛可能会给观众带来更强的沉浸感。

基于其科技性和成本，虚拟现实的赛事在普及上比虚拟现实的电子竞技存在更多的技术难点，可以说才刚刚起步，甚至没有进入稳定发展阶段。

其一，在硬件方面，目前一整套虚拟现实设备所需要的花费远超大众消费层次。其二，在虚拟现实的内容方面，一个现象级游戏可能会带起一套设备甚至带动部分产业，而目前的现象级游戏还没有面向大众玩家的虚拟现实版本，基于各种原因，该市场可以说一直没有真正被打开。其三，虚拟现实的适用性也是需要克服的问题，传统的电子竞技比赛直播可以一连播放数个小时甚至一整天，但是许多用户在使用虚拟现实设备时往往几十分钟就会产生视觉疲劳；再加上玩家想要看到的内容和用虚拟现实技术和设备进行直播传达的内容是有差距的，这会让观众没有太多参与感。在以前，可能游戏厅中一个人玩《拳皇》就会有很多的爱好者围观，但把这种方式移植到虚拟现实中的话，其他人很难体会玩游戏的人的感受，自然无法对游戏产生兴趣，这就会让虚拟现实的传播效果大大减弱。

我们来看目前比较火热的第一人称射击类型的游戏项目——《绝地求生》，观众想要通过第一视角看懂选手思路本身就比较困难，更何况通过虚拟现实的视角，且不说理解，光是镜头晃动就够受的。考虑到以上问题，在目前阶段，虚拟现实技术观赛方面的先行者们提出了采用在地图关键点设置"悬浮摄像头"等方式供用户360°观看周围发生的状况。而在多人即时在线对抗类游戏方面也可以采取类似措施，让观众更加直观地，甚至以英雄视角观看团战。这样一来，总体感觉就像《英雄联盟》游戏的某些第三方插件提供的效果一样，可以支持用户改变自己的视角和视野范围。

虚拟现实技术在电子竞技领域有着广阔的前景，在发展与普及的过程中，解决硬件成本是关键。另外，在电子竞技赛事中，应用的虚拟现实硬件必须提供真实稳定的视觉效果，还需要无线缆的灵活体验。对绝大多数的游戏玩家和赛事观看者来说，性价比是考虑硬件购买的首要因素。

四、电子竞技与艺术表现形式

艺术是一种重要的文化现象，它以服务人民的心理和生活为中心。艺术的本质、目的、任务和方法的研究是一门理论的、学术的和系统的人文科学。

电子竞技所表现出来的艺术形态是多样的，其艺术表现的主要载体是电子竞技。电子竞技的虚拟本质和可无限拓展的空间维度为艺术家们提供了展现艺术的广阔平台。除电子竞技外，艺术同样存在于电子竞技赛事与电子竞技的衍生周边中。电子竞技是一个刚兴起的全新领域，而艺术却伴随人类在历史长河中共同成长已有上万年之久。可以说，艺术无处不在。

（一）电子竞技的艺术表现种类

人类在各个时代均会造就不同艺术形式的文化产品。绘画和文学盛行于农耕时代，摄影与影视活跃在工业时代。在信息社会飞速发展的今天，以多媒体数码技术为载体的电子竞技和电子竞技活动是一种重要的艺术表达方式，在视听、叙事、审美经验等方面进行了完善和丰富，并创造了一种新的审美经验方式。

电子竞技结合艺术能给人们带来精神上的愉悦。人们进行电子竞技游戏的对抗会沉浸其中，情绪也会随之起伏，通过发挥全身心实力，战胜对手并取得胜利，会带来强烈的精神愉悦感。

电子竞技结合艺术能启迪人们的智慧。人们可以在电子竞技游戏中感悟战争艺术和生活哲理。游戏制作人员以战争策略为核心创作的游戏作品，对人们在战场上如何运筹帷幄和排兵布阵可以起到积极的作用。更有许多蕴含逻辑思维的关卡和交互式体验，可以让玩家们从游戏中悟出很多做人的道理。

电子竞技结合艺术可以给予人力量，催人奋进，使人百折不挠。艺术家们为电子竞技游戏和电子竞技赛事所创作的激昂乐曲能够激起选手和观众的澎湃热情，有助于体育竞技精神的弘扬。

电子竞技结合艺术可以给人以美的享受。比如说观看一段精美游戏动画或欣赏一幅经典的游戏原画创作，会因其带来的视觉美感而陶醉，甚至不忍移目。

广义上来说，电子竞技中的艺术应包括电子竞技设计、电竞赛事编排、赛事舞美、俱乐部形象等；狭义上来说，则特指电子竞技中的艺术形式表现。电子竞技中的艺术表现种类也是多样化的，本书主要以艺术形象的审美方式来划分，分为电子竞技中的听觉艺术、视觉艺术和叙事艺术。

1. 听觉艺术

音乐是声音的艺术，各类型的音乐旋律、调式和作品都是经过人的创造性艺术活动而产生的，其中包含作者的思想与情感。音乐创作也是艺术创作者思想感情的一种艺术表达形式。

在电子竞技游戏与电子竞技赛事中，音乐是不可缺席的。没有音乐的加入，电子竞技游戏和赛事就如同白开水般无味。音乐是擅长抒发情感，能拨动人心弦的一种艺术形式，它借助声音这个媒介来真实地传达、表现和感受审美情感。

在表达感情方面，音乐比其他任何艺术都要好，因为它最适合表现感情的物质和审美形式。或庄严肃穆，或热烈兴奋，或悲痛激愤，或缠绵细腻，或如泣如诉……音乐可以更直接、更真切、更深刻地表达人的情感。

在《魔兽争霸》系列游戏当中，根据各种族背景，暴雪公司均设定了与其文化特征相匹配的音乐旋律来渲染不同的战斗环境，其中人族的音乐气势恢宏，兽族的音乐激昂磅礴，亡灵族的音乐阴森鬼魅，而精灵族的音乐则是灵动婉转。在战斗场面中，各种族兵器、魔法的击打音效真实还原现实或既定想象；在不同的场景中，不论是华丽的城镇中央还是贫瘠的野外荒漠，都会根据地图建筑风格和战斗激烈程度加入恰到好处的音乐，为人们的游戏体验带来更多的直观感受。

另一款暴雪游戏——《守望先锋》的音乐也同样备受好评。《守望先锋》游戏音乐主要出现在玩家等待游戏、准备游戏和结束游戏时，游戏过程中音乐较少，采用音效或环境声。游戏中的场景地图大多是根据真实地理场景设定的。例如，"漓江塔"这张地图中包含了许多中国著名景点，如"漓江"在广西，而地图夜景来源于重庆等，这一系列元素体现出了中国特色；"直布罗陀"（Gibraltar）是根据西班牙南部和非洲西部之间的"直布罗陀海峡"而设定的；而"66号公路"（Route 66）地图则代表着美国；"阿努比斯神殿"（Temple of Anubis）是根据埃及的沙漠而设定的。随着游戏地图的变化，音乐风格也会随之而变，但这些音乐作品有着共同的特点：节奏简短有力，旋律循环且能带动玩家情绪。游戏音乐作为游戏的从属，增强玩家体验游戏时的感受，可以省略丰富的变化，精练即可，时长在两分钟左右。游戏的开头与结尾要协调，没有明显的和声结束。开始和结束基本上是一样的，所以很容易就能联系起来，音乐可以不断地循环。在这个过程中，音乐会跟随着玩家的游戏状态，通过声音来重现现场，让玩家感受到与剧情相关的恐怖、欢乐、紧张等情感。

电子竞技和动漫、电影作品相比较更具有交互性。游戏中的音乐除了是交互式体验的组成成分，更是一种人文情怀。也许人们并不会一直去玩某个游戏，但每当听到游戏中的音乐，总能回想起自己在游戏中那些精彩热血的操作、肃穆壮烈的牺牲和团队的默契配合。一款游戏或许会随着一代人的退出而落下帷幕，但只要游戏音乐响起，就会激活尘封的记忆。

同样，在大型电子竞技赛事中，音乐是触动观赛者体验感的兴奋剂，也是展现该项目精彩程度的灵魂所在。在当下的电子竞技赛事中，赛事策划者可通过现代多媒体技术，将画面、光影与音乐巧妙融合，创造更丰富的效果。2017 年，北京鸟巢举办了《英雄联盟》游戏项目的 S7 总决赛。比赛在一曲气势磅礴的《传奇永不熄灭》（*Legends Never Die*）中揭开序幕。在精彩纷呈的比赛对抗中，直至比赛落幕，乐曲总是融合着台下观众的欢呼应景而起，让观众仿佛置身于一场盛大的音乐会。

2. 视觉艺术

所谓"视觉艺术"，就是利用特定的物质、材料和技术手法，创造出一种能够让人以不同的视角去观赏和欣赏的艺术。自人类文明诞生以来，语言就是人类用自己的视觉形象进行沟通的基础工具。他们深刻地影响着人类的历史、文化和精神生活。

视觉艺术是一种"语言"，它有它自己的构造和规律，也有我们平时所说的文字和口语。要用肉眼去接收和了解视觉艺术所传达的信息与含义，就必须要有某种认识和感觉的能力。

电子竞技中，视觉艺术的表达方式和在真实世界中并无太大差异，但是在范围和内容上会更丰富，许多现实生活中难以实现的视觉艺术表达技巧和形态，用电子信息技术却可以实现。经过多年发展，电子竞技在软件与硬件方面均有了长足的进步。最早期的电子竞技在画面上仅是一些简单的移动数据代码，而画面制作精良已成为今日精品电子竞技的必备要求。同时，画面也是提高游戏用户体验感的一项关键指标。电子竞技中的视觉艺术展现方式较多，主要以游戏画面和与其相关的美术创作为主。游戏画面一般包含游戏地图、游戏人物造型和技能特效；美术创作一般是指原画和其他相关美术作品。

而在电子竞技赛事中，视觉艺术的表达主要以舞美效果（包括舞台灯光、舞台布景、舞台造型、舞台服装、舞台道具和舞台妆容等）和衍生周边的方式展现。

舞台灯光发展至今，承担的不仅是纯粹的照明，还附有更多的艺术功能，如塑造舞台人物、画面形象；烘托情感，展现舞台幻觉；渲染舞台环境、竞技氛围；突出竞技矛盾冲突，强化竞技节奏，丰富艺术感染力；等等。可以说，舞台灯光效果是电子竞技比赛现场烘托气氛的关键所在。

电子竞技赛事在搭建赛场舞台时，灯光的强度、色彩，照明区的分布，灯光的运动等都具备较大的可塑性与可控性。舞台灯光的艺术效果应当是随着比赛进程和现场气氛的变化而贴合展现的，应景的舞台灯光会催化观众热情，提升现场气氛，从而优化观众的整体观赛体验。

舞台照明在整个场地中起着举足轻重的作用。这是一种基于剧情发展的整体视觉环境灯光，对舞台上的人物、图像和特定的场景进行全方位的灯光照射，并有意识地将其设计意图以可视化的方式展现给听众。在运用时，要对角色和场景进行空间模型化，并严格遵循模型规则。

同舞台灯光的发展一样，舞台布景也经历了一个从无到有、从简单到复杂的发展历程。良好的舞台布景可以为赛事项目竞技环境、观赛氛围增色不少，还能加强观众对比赛项目主题文化的认知，从而做到文化上的一定渗透和客户黏性的强化。舞台布景设计是一项综合性的复杂工作，通常会与建筑、材料、科技及美学等诸方面有所关联。设计师还需要仔细揣摩赛事进程和观众心理，在此基础上，根据整个赛事导演的创作思路，为整个赛事建构将来的表演空间，为其提供合理的调度，并用艺术手段揭示一些比赛项目的内涵和意蕴。

在早期的电子竞技赛事中，由于受众不多且比赛场地简陋，对舞台布景没有什么特殊的要求，单一形式的布景在营造观赛环境氛围上略显乏力，视觉效果不够理想，项目主题也难以得到突出。随着电子竞技受众的快速增长和电子竞技赛事规格的不断提高，人们对于电竞赛事的观赛体验需求自然也有了提升。舞台布景设计在其中的作用也就越来越突出，开始逐步从平面化向立体化、虚拟现实化方向发展。

2016 年，在《DOTA2》游戏项目的 T16 总决赛舞台上，主题元素的布景已经随处可见，如游戏河道元素划分开来的水晶对战台、巨幅的战队海报、洒落的彩纸、游戏标识、彩蛋礼盒、神秘商店和玩偶模型等。在传统的布景方式不足以满足所有需求的情况下，设计师们开始运用科技来增强舞台效果表现。平面式的幕布逐步被摒弃，取而代之的是栩栩如生的立体成像和舞台道具所营造的逼真环境。

3. 叙事艺术

在电子竞技赛事中，叙事艺术主要运用于整场赛事的赛程编排。编排时要考虑如何让一场赛事进行顺畅，如何让赛事的主题得以贯穿，甚至是让观众产生观影感受。

在电子竞技游戏中，叙事艺术更偏向于如何讲好一个故事，这个故事既包含静态的世界观大背景，也包含动态的游戏交互体验。

（二）电子竞技的艺术表现特征

艺术来源于生活，却高于生活，艺术作品往往是创作者基于对生活积累的感悟，通过想象赋予其的新生命。不同的时代造就不同的艺术形式，不同领域的艺术形式表现特征也存在差异性。电子竞技中的艺术表现特征主要体现在虚拟的真实和交互式体验上。

1. 虚拟的真实

虚拟的真实这一特征主要存在于电子竞技游戏之中，随着 AR、VR 技术的成熟，其在电子竞技赛事中的应用也逐步得到实现，如《英雄联盟》S7 总决赛开幕式上用 AR 技术制作的巨龙。

电子竞技作为电子竞技的载体，以软硬件设备为器械，依赖信息技术营造的虚拟环境。在游戏中，会有一种在虚拟观感下前所未有的"真实性"。游戏依赖代码来实现，它可以在显示器上将小说中描述的一场激烈的战争，由抽象的符号转变为无比真实的画面，并让游戏者直接参与其中。这不仅是以观众的姿态品阅文学或影视作品，电子竞技可以说是超过了以往任何一种艺术形态，表现出一种前所未有的"真实性"，或者称为"虚拟的真实"。

2. 交互式体验

电子竞技的另一特征就是交互式体验，也可以说，它是一种交互情感艺术。这种交互式的体验赋予游戏参与的体验感要远超其他艺术形态，因为它使参与者不再受限于艺术欣赏者的角色，而是切身体会甚至是融入游戏中。

在传统艺术中，艺术形式的创作者与欣赏者会处于两个完全不同的角度，欣赏者多是"被动接受"。在电子竞技中，游戏参与者所做出的不同选择，可能导致人物、战场、局势出现不同的结局，这就赋予游戏参与者极大的再创造余地。这种交互式的参与感是以往任何一种艺术形式都望尘莫及的。

第五章　电子竞技赛事及运营

电子竞技赛事既是电子竞技运动发展的核心事件，又是整个电子竞技产业最核心的内容，抛开电子竞技的制作因素，可以说没有电子竞技赛事就没有现在电子竞技运动及相关产业的蓬勃发展。本章首先是电子竞技赛事概述，然后讨论电子竞技赛事体系、电子竞技赛事策划和运营管理架构，最后介绍大型电子竞技赛事。

第一节　电子竞技赛事概述

电子竞技赛事归属体育赛事的范畴，具有一般体育赛事的共性；电子竞技又是一种特殊的体育赛事，具有与其他体育赛事不同的性质。

一、电子竞技赛事的定义

为了更好地理解电子竞技赛事的概念，下面梳理一下一般性体育赛事的概念。

体育竞赛是一种公平、合理的竞赛方式，利用运动员的身体素质、智力和技能，以特定的形式进行比赛。这种传统体育竞赛由三个子系统组成，即"运动员、裁判员和组织管理者""比赛场地"以及"组织管理"。

学者将体育竞赛视为体育赛事，重点是把体育竞赛视为一种特殊事件。

约翰·艾伦（Johnny Allen）将"特殊事件"定义为用来描述特定的仪式、表达、表演或庆祝活动的词语，它是有计划地发生的，用以表示特定的场合。"特别的活动包括国庆节和一些庆典，重要的城市集会，独特的文化表演，大型的体育比赛，团体仪式，贸易推广和产品发布。"

利奥·肯尼斯·贾戈（Leo Kenneth Jago）认为特殊事件是"一次性的或不经常发生的且具有一定期限的事件。它不仅可以吸引更多的旅游者到事件发生地，并为他们提供一种超越日常生活的休闲或社交的机会，还能增强外来游客对事件发生地的认知度，提高事件发生地的品牌及形象。"

格茨（Getz）则认为，特殊事件有两个方面的定义：以组织方定义，即"特殊事件是一次性的或很少发生的事件，不同于惯常的节目或赞助商和组织主体的活动"；以消费者定义，即"对于消费者，特殊事件是个休闲、社会或文化经历的机会，不同于惯常范围的选择，超出了日常经历。"

王晓东等国内学者认为，体育赛事是"以体育竞赛为核心的特殊活动，是指运动员在规定的时间、地点按照规定的竞赛规则进行的具有一定社会影响的体育活动"。

黄海燕在《体育赛事管理》中指出，体育赛事是"以体育竞技为主题，一次性或极少发生，持续一定时间的体育赛事"。它不仅可以促进举办地旅游业的发展，提高举办地的知名度，改善城市形象，同时也会影响到举办地的经济、社会和环境。"大型体育赛事指的是具有国际知名度、集中承办城市、承办国家，乃至国际关注，受城市公共资源约束，反过来影响城市资源的特殊事件。"

陶卫宁认为，从体育竞赛到体育赛事的这种转变，意味着体育赛事从传统阶段发展到了现代阶段。体育赛事这种特殊事件不仅包含了传统体育中的体育竞赛，还包含了影响体育竞赛的各种元素。具体而言，体育赛事呈现出"节庆化"，即围绕体育赛事补充活动节事，将体育竞赛和经济、社会、文化和科技等元素融为一体，从而使中心节事（体育赛事）的效益最大化。此外，在网络经济发展的背景下，体育赛事也成为社会网络的一个中心结点。

本书借鉴陶卫宁对体育赛事的定义，将电子竞技赛事定义为：电子竞技赛事是以智能运动竞争为主题，一次性或经常发生的集众性活动平台。具体内容如下：

①电子竞技赛事是以人的智能对抗为主的竞争性活动，即智力体育竞赛。与传统体育竞赛一样，其活动要素包括竞技者、竞技目标、竞技场、竞技规则和竞技裁判等。

②电子竞技赛事的主要目的在于显示智能运动竞争性活动能力的大小。虽然与传统体育赛事以人体运动竞争为主的形式不同，但是电子竞技赛事和传统体育赛事在"公开竞赛"这一本质上是一致的。

③电子竞技赛事是一次性或经常发生（一系列）的集众性活动。这是指赛事在一个特定的时间点或时段内一次性（例如一场比赛）或经常发生（例如参加一个职业联赛期间的一系列比赛），将赛事的有关各方（例如选手、教练员、裁判员、观众、赛事主办者及其他人员）集合（线上和线下）在一起，形成一个或一系列的竞赛活动。

④电子竞技赛事是一个平台。这里的平台主要是指其作为一种连接或媒介方式，而不是一种具体的实体性质的平台。进一步理解，电子竞技赛事是一种平台型活动。一方面，赛事为实现集众性提供了方式，即赛事把电子竞技赛事的各方连接在一起；另一方面，赛事把经济、社会、文化和科技等元素连接在了一起，通过这种连接，赛事才具有派生性，派生出以赛事为核心的赛事产业，或者派生出更为广泛的电子竞技产业、泛娱乐产业等。

二、电子竞技赛事的类型

在电子竞技运动的具体实践中，常见的电子竞技赛事分类标准有以下几个：

①按电子竞技赛事的影响范围划分。电子竞技赛事的影响范围主要是指电子竞技赛事对观众、媒体、赞助商和选手等利益相关群体的号召力。据此，电子竞技赛事可划分

为国际级电子竞技赛事（例如《DOTA 2》的 Ti 系列赛、《英雄联盟》的 S 系列赛，以及美国暴雪公司的暴雪嘉年华等）、国家级电子竞技赛事（例如 NEST、LPL、全国高校联赛等）、区域级电子竞技赛事（例如华北地区或者一个省份的区域性赛事活动）以及地方级电子竞技赛事。

②按电子竞技赛事的参与主体划分。电子竞技活动的参与者主要为职业选手和业余选手。据此，电子竞技赛事可分为职业电子竞技赛事与非职业电子竞技赛事（如全民电子竞技、高校电子竞技等）。

③电子竞技赛事按照主办方的身份性质，可以分为第一方赛事和第三方赛事。由电子竞技项目开发商或运营商主办的电子竞技赛事称为第一方赛事，其他电子竞技赛事则称为第三方赛事。第一方赛事和第三方赛事对比见表5-1。

表5-1 第一方赛事和第三方赛事对比

对比项目	第一方赛事	第三方赛事
赛事奖金额	单项奖金池极高√	综合奖金额度高，单项奖金池相对于第一赛事较低
项目种类	项目种类单一，以厂商有限的电子竞技游戏为主打	项目种类丰富，涵盖了时下流行的所有电子竞技游戏，包括移动电子竞技游戏√
赛事覆盖时长	一般为一年一次，时长较短	以赛事为单位，时长会更长
用户获取成本	赛事多为游戏内的年度盛事，用户积极参与，获取成本低√	赛事在用户的培养上需要更多时间与成本
用户覆盖面	用户多来自同一款游戏	用户来自多款游戏，覆盖面更大√
赛事持续性	与游戏本身的相关性高，若游戏遇冷，赛事就将没落	赛事项目灵活性较好，易于根据情况改变赛事持续时间，从而形成长久的品牌√

注：表中"√"表示比较优势。

④电子竞技赛事按项目划分可分为单项赛事和综合性赛事。

⑤按电子竞技赛事的竞赛形式划分。竞赛形式是指比赛通过何种方式或平台进行。据此，电子竞技赛事可以分为线上（互联网）比赛、线下（局域网/场馆）比赛两类。其中，线上比赛是指所有参加比赛的选手根据赛事主办方提供的网络平台进行在线比赛，其比赛结果由计算机自动统计并确定比赛胜负方；线下比赛是指所有参加比赛的选手前往由赛事主办方搭建的场地参与比赛。起初，线上比赛更多地运用在非职业赛事中，线下比赛更多地运用在职业赛事中。由于时间与空间的限制，越来越多的赛事采用线上、线下相结合的方式进行。

⑥电子竞技赛事按持续时间可分为短期赛事（1~7天）和长期赛事（7天以上）。一般情况下，锦标赛（杯赛）的时间较短，可以认为是短期赛事；而联赛的持续时间较

长，可以认为是长期赛事。

⑦电子竞技赛事按目的和任务划分，可分为电子竞技俱乐部联赛、邀请赛、锦标赛（杯赛）、表演赛（友谊赛）、选拔赛和冠军赛等。

电子竞技俱乐部联赛。这是指某个国家或某一地区的电子竞技俱乐部所举办的比赛，主要目的是提高俱乐部的竞技水平，创造更好的社会效益和经济效益，同时根据俱乐部的比赛成绩划分等级。例如，我国的 LPL、《DOTA2》职业联赛等都属于电子竞技俱乐部联赛。

邀请赛。邀请赛主要以相互学习、相互提高为目的，辅以奖金作为激励。近年来，随着电子竞技运动的不断发展，各个地方的邀请赛数量在逐渐增加，例如 Ti 系列赛、《CS：GO》亚洲邀请赛等。

锦标赛（杯赛）。举办锦标赛（杯赛）的目的是了解当前电子竞技运动的整体水平，推动电子竞技运动的发展，培养后备力量。另外，主办单位会为优胜的队伍或个人提供奖杯与奖金。《炉石传说》项目中著名的中韩对抗赛与中欧对抗赛就是这种形式的赛事。

表演赛（友谊赛）。表演赛（友谊赛）以相互观摩学习为主，促进参赛队之间的友谊和团结，是在宣传和普及电子竞技运动的同时，为了丰富群众的节假日文化生活而进行的电子竞技赛事。

选拔赛。举办选拔赛的目的是选拔优秀队伍或选手，并组成代表队参加某项比赛而举行的竞赛。例如"2004 年中国电子竞技国家队选拔赛"。

冠军赛。冠军赛是指以争夺某一类项目的冠军而举办的比赛。需要指出的是，精准合理的电子竞技赛事分类，对于细致而深入地了解和研究电子竞技赛事运营管理具有重要意义。但是，对于电子竞技赛事的分类，目前在业界并没有统一的标准。

三、电子竞技赛事的特征

从基本的法律角度来看，电子竞技与传统体育比赛的构成要素是一样的，即竞争对手、竞争目标、比赛场地、规则和裁判。这五大要素相互作用使电子竞技赛事呈现出和传统体育赛事一致的主要特征：

1. 竞赛目标的竞争性

竞争是一种以击败特定竞争对手为目标的特殊社会竞争。在这场比赛中，对手可能是纪录，也可能是一支队伍。这场竞赛具有很强的排他性。一场竞赛只能有一名优胜者，而产生多名优胜者的竞赛往往是失败的。这就需要运动员在体能、技术、心理、战术意识和团队合作等方面不断地提升自己。但是，竞争是建立在合作基础上的，它倡导的是平等的竞争。通过参与竞争，共同提高竞技能力，推动竞赛的发展，因此合作是对竞赛中竞争的一种理论上的平衡。

2. 竞赛目的的综合性

竞赛最直接的目的就是通过选手的高水平竞赛，推动竞技运动本身的发展。但是，竞赛本身具有多样化的功能，例如，丰富文化生活的社会功能，弘扬爱国主义精神的教育功能，增进国家之间、民族之间交往和促进世界和平的政治功能，推动体育产业及相关产业发展的经济功能等，因此，竞赛的目的往往具有综合性。

3. 竞赛对抗的激烈性

①随着现代科技的发展和信息收集技术的完善，任何提高成绩的方法已难以保密，某一先进的训练方法很快就会得到传播和推广。

②科学训练的程度有了质的变化，过去被称为"极限"的成绩被屡屡超越。

③竞赛的社会功能所带来的效益如此之大，以至一些国家专门制定特殊的政策措施来推动竞技运动的发展。例如，韩国政府在1998年亚洲金融危机爆发后，制定了特殊的政策来扶持电子竞技运动的发展，这对后来韩国涌现出一大批优秀的电子竞技选手起到了重要的推动作用。

④竞技参赛者（例如选手、教练员）如果在竞赛中获胜，可望获得丰厚的奖励。有时，一场比赛的胜负就可以决定竞技参赛者的一生。

上述原因共同强化了竞赛对抗的激烈性。

4. 竞赛结果的不确定性

竞赛可以视为一个复杂系统，因为构成竞赛的因素有很多，更重要的是这些因素往往又是随机地相互连接的，难以用分析的方法加以分解，这就导致它们相互作用的结果往往出乎预料，这意味着竞赛的结果（即取得的成绩）很难控制，即使是具备拿金牌实力的选手，也难以保证拿到金牌。例如，在传统竞技领域存在着克拉克现象（又称"克拉克魔咒"），是指在重大赛事中，优秀运动员往往不能发挥出应有的实力，并出现不正常的竞技状态。但是，这就是他们对比赛结果的不确定。预测、期待和等待是一种重要的心理激励因素。这在电子竞技比赛中尤为明显，因为它的不确定性更大。在这种情况下，电子竞技更具吸引力。

5. 竞赛结果的可比较性

尽管竞赛发生的具体时间、地点不同，但是竞赛规则是一致的，对参赛双方的参赛条件的规定（例如选手的年龄、资格等）是相同的，竞赛过程中的裁判也是公平的，那么比赛的成绩就具有可比较性，即能够区分竞赛双方竞技能力的高低。

电子竞技赛事不仅具有上述的与传统体育赛事一致的特征，还具有本身的个性化特征：

（1）观赏性

电子竞技运动项目脱胎于电子竞技游戏，因此观众对于电子竞技赛事的关注度不局限于竞技的激烈对抗，还会关注游戏规则的趣味性和游戏的娱乐性。不仅如此，电子竞技赛事选择的游戏项目在美学上也是十分优秀的，例如《魔兽争霸Ⅱ》《英雄联盟》等在人物造型、画面设计、色彩和谐和三维效果等方面都力求出色，使选手在竞赛过程中享受游戏设计者对美感的追求,观众在观赏电子竞技赛事时也能大饱眼福,感受到电子竞技赛事画面带来的震撼美。此外,解说战队的专业性表演、比赛时现场或者直播的观看体验等,也是构成电子竞技赛事观赏性的要素。

（2）文化性

电子竞技赛事也是一种社会文化现象,它是社会文化中重要的组成部分。如前所述,电子竞技运动项目脱胎于电子竞技,而电子竞技设计本身就含有重要的文化元素,例如游戏背景、英雄、道具、皮肤和规则等,无不体现某种文化倾向。在这个意义上,电子竞技赛事的构成实际上就是一种文化展示过程。更进一步理解,许多重大电子竞技赛事的主题同时也是重大的文化主题。在现实中,随着电子竞技运动的发展,不同的国家、城市所举办的电子竞技赛事都会带有当地的文化特征。通过电子竞技赛事的举办,向参加赛事的选手、观看赛事的观众传播当地的特色文化,加强了文化宣传。同时,正因为赛事所具有的文化特征能够获得更多玩家的认同,反过来进一步促进了电子竞技运动的发展。

（3）娱乐性

电子竞技赛事本身就是一种娱乐活动,无论人们是参加赛事的选手,还是观看赛事的观众,都能在参与电子竞技赛事的过程中感受到电子竞技运动项目带来的娱乐性。

四、电子竞技赛事的价值

（一）经济价值

电子竞技赛事的经济价值是指电子竞技赛事能够带来的经济效应。电子竞技赛事本身不仅是电子竞技的场所,还是一种经济活动。通过电子竞技赛事,赛事主办者在推动电子竞技运动发展的同时,也取得了自身的经济利益。此外,赛事还可以带动经济发展。对赛事举办地而言,举办赛事对当地的消费有着直接的影响;对赛事相关产业而言,举办赛事可以带动自身品牌价值的提升,促进产业发展。

（二）社会价值

电子竞技赛事的社会价值是指为人们提供了一种新的有益身心健康的活动方式,满足人们多元化的体育健身需求,同时创新了社交模式。在信息社会,人们需要全面提高自己的身体素养,这就是说,不仅要提高自己的体能,还要提高自身的智能和心理水平。电子竞技赛事通过电子竞技选手之间的高水平竞争,向人们展示了电子竞技运动在提高人的身体素养方面的独特价值,推动了电子竞技运动的普及,为全社会提供了一种提高身体素养的新方式。同时,通过电子竞技赛事,为不同国家、不同地区、不同职业的人们提供了一种全新的社交场景,促进了彼此的社会交往。

（三）文化价值

电子竞技赛事的文化价值是指,通过打造电子竞技文化,向社会传递积极的价值理念。电子竞技赛事可以促进不同文化的交流，可以宣传电子竞技赛事的内涵，可以充分地向社会传递电子竞技运动提升国家荣誉感、民族自豪感的独特价值。

第二节　电子竞技赛事体系

电子竞技赛事体系是围绕电子竞技赛事形成的一个系统。其中，赛事的赛制和竞赛规则是两个十分重要的内容。

一、电子竞技赛事的赛制

赛事的赛制是确定竞赛选手（个人或战队）比赛名次的方法和规则的总称。同理，电子竞技赛事的赛制是确定电子竞技选手（个人或战队）比赛名次的方法和规则的总称。和传统体育赛事一样，电子竞技赛事也属于对抗性竞赛。对抗性竞赛是指参赛各方在尽可能机会均等的条件下，相互之间捉对较量，以比赛的胜负来区分高下、选优排名的一种竞技活动。对抗性竞赛所采取的赛制主要有淘汰制、循环制和混合制。

（一）淘汰制

"淘汰制"是指运动员根据已有的竞赛次序，与两个邻近的选手或团队进行竞争。输家将被淘汰，胜利者将继续进行下一轮的角逐，直至最终获胜的选手或团队被淘汰。这种比赛方式叫作单场淘汰赛，也就是所谓的淘汰赛。

1. 淘汰制的优点

其一，对抗性强，比赛结果不受其他选手的影响，也不会影响其他选手，可防止弄虚作假。其二，比赛分区进行，竞技水平越高的参赛者在赛事最后会轮次相遇，比赛逐步进入高潮。其三，适用于参赛者人数众多、时间紧且比赛场地不足的赛事。

2. 淘汰制的缺点

其一，局限性。淘汰制下，比赛场次较少，选手上场锻炼的机会较少，不易发现选手或某些战队的真实水平。其二，名次规律分布不合理，以局部胜利取代 1/2 部分的胜利。其三，比赛的机遇性较强，竞赛结果的偶然性较大。其四，比赛顺序的不完整性。

淘汰制的基本分类有：单淘汰制和双淘汰制。双淘汰制的主要缺点是比赛场次比单淘汰制显著增加。在电子竞技运动竞赛的赛制中，淘汰制采取的具体模式有：

①预选赛。预选赛适用于任何形式的电子竞技赛事。这一赛事模式主要是为了服务于各个电子竞技赛事的正赛，为主体赛事筛选参赛者，即预选赛通常会在主体赛事之前举行。其作用就是淘汰弱者，选拔出优秀队伍进行比赛。

②双败赛。双败赛之所以成为电子竞技赛事中常用的模式，源于它的全面性，适用于任何规模和类型的赛事，而且无论是和其他比赛模式一起使用还是单独使用都可以胜任，灵活性较大。

（二）循环制

循环制是指参赛者与除自身以外的每一位对手轮流捉对比赛，每名参赛者都参加相同的比赛场次，根据结果判定比赛名次。

1. 循环制的优点

其一，由于每个参赛者都两两相遇，比赛的安排不影响比赛结果，其偶然性较小，能正确反映参赛者的竞技水平。其二，比赛轮次、场次多，能给参赛者更多的交流机会，共同提高竞技水平。

2. 循环制的缺点

其一，如果参赛队伍比较多，总比赛时间可能会拉得很长。其二，循环制中，每一名参赛者的名次都要在比赛结束后统计，所以一旦比赛开始，参赛者是不能增减的，否则会影响到每一名参赛者的成绩，这也是一种不公平的行为。其三，循环制下的每一场比赛，除决定双方的成绩外，还会影响到第三方的排名，这会给任何第三方的利益都埋下隐患，影响比赛的公平性和公正性。

由此可以看出，循环制是一种封闭的、易受干扰的竞赛体系。为了避免循环制运行中可能出现的问题，可以采用排位制代替。

循环制的基本分类有：

①单循环制。如果参赛者相互比赛一次即决出比赛名次，为单循环制。

②双循环制。如果一次循环完毕，各参赛者再循环一次，每对参赛者直接相遇两次，名次根据两次比赛的结果确定，为双循环制。双循环制还可以进一步分类：

集中赛会制双循环。它是指各参赛队（或选手）集中到某一赛区，在一定时间内进行双循环比赛，它适用于参赛队（或选手）较少且时间和经费又允许的情况。

主客场制双循环。它是指各参赛队（或选手）在进行双循环比赛时，需分别与所有对手在主场与客场各赛一场，最后以各参赛队（或选手）全部比赛成绩排定名次。

分组循环。分组循环的特点在于它既保留了循环制中各参赛队（或选手）相遇机会较多的优点，又可以缩短比赛时间。但因其只能确定各参赛队（或选手）在分组赛中的名次，所以一般在非单循环复合赛及混合制复合赛中采用。分组循环制下，为了使分组比较合理，能反映比赛的实际水平，一般采用种子队或蛇行排列分组方法。

（三）混合制

混合制是指将赛事分成两个环节，一是循环，二是淘汰；按照淘汰赛—循环赛—循环赛—淘汰赛的顺序进行。混合制将循环制和淘汰制的优点相结合，既能弥补两种赛制的弊端，又能兼顾赛事需求。这有助于参赛队伍互相学习，互相沟通，提高选手的工作热情，尽量降低比赛中的淘汰概率，让排位更公平、更客观。而在这期间，比赛也渐渐进入高潮。

专栏 5-1：瑞士制（瑞士轮）

瑞士制已经被运用于电子竞技赛事中，成为一种新兴比赛模式。例如，在《CS：GO》项目中，瑞士制已经逐渐成为主流赛制。2017 年的《DOTA2》基辅特锦赛小组赛中，因为双淘汰制和小组赛制等赛事模式的公平性饱受争议，所以主办方就尝试使用瑞士制来取代传统的赛事模式。

瑞士制又称为积分循环制、瑞士轮（勿与循环赛相混淆），它本是棋类比赛的专用赛制之一。由于这种赛制最早出现在 1895 年的瑞士，因而被命名为瑞士制。

瑞士制和淘汰制不同，瑞士制通常是不会淘汰选手的，所有选手都可以享受完整的比赛轮次，感受比赛带来的快乐。瑞士制的计分方式有很多种，但总体思路是每轮比赛都尽量让高分与高分相遇，低分与低分相遇，这一思路比较通俗的说法是"高碰高"。

瑞士制的原理是第一轮随机，之后每结束一轮比赛就将所有选手排名；然后下一轮就是 1 对 2、3 对 4、5 对 6……一般会保证同一对选手不比赛 2 次，比如第 1 名和第 2 名之间比过了，和第 3 名之间没比过，则会出现 1 对 3、2 对 4 这样的对阵。

下面是完全瑞士制赛制的一个例子：共 16 支战队，小组赛采用瑞士制，一共进行 5 轮比赛，其中 8 支战队被淘汰。

第一轮：通过抽签决定所有战队对阵形势，有 8 支战队的战绩为 1—0，其余战队为 0—1。

第二轮：8 支 1—0 的战队之间通过抽签决定对阵情况，本轮结束后将有 4 支战队的战绩变为 2—0，4 支战队为 1—1。8 支 0—1 的战队之间通过抽签决定对阵情况，本轮结束后将有 4 支战队的战绩变为 1—1，4 支战队为 0—2。

第三轮：4 支 2—0 的战队之间通过抽签决定对阵情况，本轮结束后将有 2 支战队的战绩变为 3—0，2 支战队为 2—1，其中 3—0 的战队直接晋级。8 支 1—1 的战队之间通过抽签决定对阵情况，本轮结束后将有 4 支战队的战绩变为 2—1，4 支战队为 1—2。4 支 0—2 的战队之间通过抽签决定对阵情况，本轮结束后将有 2 支战队的战绩变为 1—2，2 支战队为 0—3，0—3 的战队被淘汰。

第四轮：本轮剩下的 12 支战队中，有 6 支 2—1 的战队将会通过抽签决定对阵，本轮结束后，3 支战队将变成 3—1，3 支战队 2—2，3—1 的战队直接晋级。6 支 1—2 的战队将通过抽签决定对阵，本轮结束后，3 支战队的战绩为 2—2，3 支战队为 1—3，3 支战队被淘汰。

第五轮：本轮剩余 6 支战队，战绩均为 2—2，通过抽签决定对阵情况，胜者 3—2 晋级，败者 2—3 淘汰，最终出线 8 支队伍。

由上可以总结归纳出瑞士制的几个特点：战绩相同战队之间互相进行比赛，保证了比赛的相对平衡性；下一轮对阵由上一轮的结果决定。

瑞士制和淘汰制相比，有一个好处，那就是缩短了赛程，每一场比赛都会根据前一轮的成绩来决定胜负，以保证强队不会遇到弱队，从而保证比赛的公平性。但瑞士制在使用上也有严格的限制：

①参赛队数量要是特定的数字，例如在广泛采用瑞士制的国际象棋比赛中，参赛选手的数量必须为 2 的对数，才能使用瑞士制。

②中间选手数量过多，可能会导致排名比较粗略，出现各种并列的情况。

③每轮比赛的对阵均为抽签决定，还是存在一定的偶然性。

二、电子竞技赛事的竞赛规则

电子竞技赛事竞赛规则是指各电子竞技运动项目自身的技术、战术规范和在竞赛过程中的行为准则。电子竞技赛事竞赛规则的主要特点有：

①电子竞技赛事竞赛规则是由体育单项协会制定的电子竞技运动项目的技术要求、比赛方式以及违规的处理等方面的规定，其目的是规范竞争并控制选手的行为。

②电子竞技赛事竞赛规则是所有参与人必须遵守的行为准则。参与人对规则的遵守包括对技术要求的尽可能符合和对行为要求的严格遵守。

电子竞技赛事竞赛规则的基本内容包括：

裁判员的名称和职责，具体包括总裁判、裁判长和各种裁判员的职责。

比赛通则，又称为比赛总则。它是电子竞技赛事竞赛规则的核心，其主要内容包括技术规范、时间规定、分组办法和比赛顺序、选手的服装要求、器材规格等。

评定成绩和决定名次的方法。这也是电子竞技赛事竞赛规则的关键性内容，包括评定个人和团体成绩的名次。

对犯规选手（战队）的处罚，即对违反技术规范的处罚。

场地器材和设备规格。电子竞技赛事竞赛规则中对不同项目的场地器材和设备规格都有明确规定。

各种评分和记录表格。在规则的最后部分，通常会附有有关竞赛的评分表和各种记录表格，供裁判员和选手查阅。

电子竞技赛事的竞赛规则有以下三个主要功能：

1. 制约功能

电子竞技赛事竞赛规则迫使参赛有关各方共同遵守，违反规则将受到警告或处罚。也就是说，选手的技（战）术只有符合规则，才能在竞赛中加以运用，并得到承认。例如，2004 年的中国电子竞技国家队选拔赛中，《CS》项目的竞赛规则规定，比赛中只有队长可以使用公共通信模式，其他选手只能使用队内通信模式。这条规定在队长的游戏中角色死亡后依然有效。另外，腾讯公司发布的《腾讯 2018 电子竞技运动标准》对电子竞技赛事选手的不公平竞争行为进行了较详细的规定，包括合谋、黑客行为、利用漏洞、窥屏、代打、作弊和故意断开等。

2. 协调功能

李少丹和惠民指出，竞赛活动在某种意义上讲，是在合理的组织下，通过选手之间的竞争、较量，由裁判员裁决、判定成绩，使运动成绩得到承认的过程。在这个过程中，参赛各方之间由于利益冲突和出发点不同，必然会在竞赛过程中产生一定的矛盾。例如裁判员之间判决成绩的差异，选手与裁判员之间关于技术规范的看法不同等，都会使竞赛活动出现矛盾。解决这些矛盾的基本依据就是竞赛规则。在这种情况下，竞赛规则就发挥了协调功能，通过这个协调功能，参赛各方各在其位，各尽其职，保证竞赛顺利进行。

3. 促进功能

合理调整竞赛规则，有利于促进技术进步，提高战术水平。不同时期的比赛规则在一定程度上反映出该时期的技战术特点，而不同时期的比赛规则又会对某一时期的技（战）术形成制约。因此，通过修改、完善项目的竞赛规则，一方面能够更好地反映一定时期的该项目的技（战）术特点，另一方面也能够促进该项目的技（战）术的发展与提高。在某种意义上，电子竞技领域中的"一代版本一代神"的说法，正是对电子竞技运动项目竞赛规则的促进功能的生动解读。

> **专栏 5−2：电子竞技赛事竞赛规则的发展趋势**
>
> 目前，电子竞技赛事的竞赛规则有以下发展趋势：
>
> ①缩短赛程、加快赛程以适应竞赛商业化趋势，这是当今电子竞技运动商业化发展的必然要求，也是竞赛规则发展变化的主要趋势。例如，《星际争霸》的竞赛时间越来越趋向于中位数，因为比赛时间的安排要考虑广告播出时间，特别是在电视转播时，必须平衡比赛时间和广告转播时间。
>
> ②更加重视比赛的观赏性。在电子竞技运动中，竞赛规则如何促进比赛观赏性的提高，一直是制定竞赛规则时考虑的重点内容。例如，《魔兽争霸》的竞赛规则趋向于1V1、2V2的模式，主要原因之一就是这种模式的比赛可以提高观赏性。
>
> ③追求比赛技术运用的稳定性和对抗的激烈性。在电子竞技项目中，大多数比赛规则的制定与变更都必须考虑到比赛技术运用的稳定性、对抗性的激烈程度，特别是在比赛技术运用的稳定性、对抗性和观赏性等方面。这就是电子竞技项目的平衡性问题，它关系到电子竞技项目的成败。
>
> ④加大反兴奋剂的力度。国际奥委会和各单项联合会都加大了反兴奋剂工作力度，防止运动员使用兴奋剂。在电子竞技赛事竞赛规则的制定中，也存在着反兴奋剂的问题。此外，窥屏、代打等问题，也是在制定电子竞技赛事竞赛规则时需要考虑的问题。

第三节 电子竞技赛事策划和运营管理架构

严密、高效的赛事组织管理可以为选手高水平的竞技表现创造良好的条件，而高水平的竞技表现则会给人留下深刻的印象，并使竞赛活动的社会功能得到充分的发挥。

一、电子竞技赛事策划

电子竞技赛事策划是指举办某一赛事方案的一种创造性的活动。一个完整的电子竞技赛事策划活动包括明确赛事背景、确定赛事目的、制定竞赛规程、制定场地规划、制订推广计划、制订赛事成本计划等。

（一）明确赛事背景

赛事背景是指对赛事的发生、发展和变化起重要作用的客观情况或信息。对电子竞技赛事而言，重要的赛事背景信息主要包括赛事主办方、协办方以及合作单位的背景介绍，还可以包含一些赛事优势资源（例如国家的政策支持、游戏开发商授权等）的介绍。

（二）确定赛事目的

赛事目的是指举办赛事的宗旨。例如，国家体育总局体育信息中心举办的2018年全国电子竞技公开赛，其宗旨就是"为全国电子竞技爱好者提供一个公平、公正、公开的竞技平台，面向社会宣传电子竞技运动、传播电子竞技正能量"。由于电子竞技赛事具有商业性，因此一些商业性目的也成为赛事目的，例如将某一赛事的收入提高20%，或者将赛事中的废弃包装材料减少50%等。

（三）制定竞赛规程

竞赛规则是竞赛组委会或筹备组根据竞赛计划制定的具体政策和规则。竞赛规程既是竞赛组织者和参加者的基本文件，又是竞赛工作的基础。竞赛规则与规则是保证电子竞技竞赛组织与实施的重要依据。竞赛规则由主办单位在竞赛前制定，事先发给有关单位，以便做好准备。竞赛规则一般包括以下内容：竞赛名称、竞赛目的（任务）、时间和地点、主办单位（或承办单位）、竞赛项目和组别、参赛单位和单位参加人数、参赛人员资格、竞赛办法、录取名次和奖励办法、报名办法、抽签日期和地点等。

竞赛规则和竞赛规程都是保证组织、实施电子竞技运动竞赛的重要依据，也是竞赛组织者和参赛者共同遵守的规章。李少丹和惠民指出，竞赛规则和竞赛规程是两个密切相关却又有所区别的概念。

1. 竞赛规则和竞赛规程的共同点

①两者都是竞赛不可缺少的具有强制性的基本文件，任何竞赛都必须有与之相适应的竞赛规则和竞赛规程，缺一不可。

②两者共同制约和协调竞赛过程。根据竞赛规则和竞赛规程的规定，竞赛组织者、

参赛者和裁判员都必须遵守竞赛规程的具体要求和竞赛规则规定的技术规范和准则，参赛者要以公平竞争的方式战胜对手或提高运动成绩。

2. 竞赛规则和竞赛规程的区别

①内容不同。竞赛规则是对某项（类）运动技术的统一规范和准则；竞赛规程则主要是对某次竞赛的具体要求。

②着重点不同。竞赛规则着重对裁判员的职责、技术规范、选手的服装、使用的设备的规格作了详细而准确的规定；竞赛规程则是着重对参赛单位和选手的条件、比赛项目和方法、个人和团体名次的评定及报名手续等进行规定。

③制定、使用的时间不同。竞赛规程通常是对某次竞赛而言的，随着这次竞赛的结束，竞赛规程也就失去了价值；竞赛规则是对某类（项）运动技术而言的，在竞赛规则未作修改或改动之前，举办的各种竞赛的技术规范都应符合该类（项）运动的竞赛规则，使用的时间较竞赛规程要长。当然，竞赛规则也会随着项目的发展和技术的进步向前发展，逐步完善。

④制定主体不同。竞赛规程通常由赛事主办者制定。竞赛规则在传统竞技体育领域，主要由相应的国际单项体育联合会制定，我国的竞赛规则一般由国家体育总局审定和颁发；在电子竞技体育领域，则主要是由电子竞技运动项目开发商制定。

（四）制定场地规划

制定场地规划是指选择电子竞技赛事举办的地点，这个地点主要包括空间位置（例如在哪个城市举办）和场馆。在哪个城市举办需要综合考虑其网络基础设施、电子竞技场馆建设、交通便利状况、酒店接待能力、电子竞技人口规模、社会文化环境和政府支持力度等因素。例如，许多重大的电子竞技赛事的举办地一般选择在上海，就是因为上海具备举办电子竞技赛事所需要的各种条件。给定了赛事的举办城市，还需具体选择举办电子竞技赛事的场馆。电子竞技赛事场馆包括室内场馆和室外场馆、永久性场馆和临时性场馆，具体选择时需要考虑的重要因素是合适性、容量和成本。其中，合适性主要包括选择的场馆是否会对周边的社区环境造成负面影响，是否适合改造成电子竞技赛事场馆等；容量是指场馆可以容纳的观众规模及人流量；成本是指使用场馆的成本支出。

（五）制订推广计划

赛事推广是指以赛事为核心，通过各种渠道进行传播，以营销活动等形式提升赛事的关注度。赛事推广的重要性在于：有利于增加电子竞技赛事的品牌价值和商业价值；有利于提升电子竞技赛事的公信力和电子竞技赛事品牌的塑造；有利于提升电子竞技赛事的经济效益。

孙博文等指出，制订电子竞技赛事推广计划的主要工作包括：

①赛事人群的定位。该工作具体包括以下两点：参赛人群的定位，例如什么样的电子竞技战队或选手参赛；观众人群的定位，例如游戏项目玩家的规模、地区分布，以及参赛人数对观众规模的影响等。

②赛事传播渠道的选择。电子竞技赛事的传播渠道主要分为线上渠道和线下渠道。线上渠道主要是新媒体，包括直播平台、微博等；线下渠道主要包括网吧、校园、电子竞技场馆、商场和俱乐部（游戏公会）等。

③赛事营销活动的组合。赛事营销活动的组合是指赛事（或产品）、价格、分销和促销等营销活动及策略的组合。在策划赛事营销活动的组合时，需要考虑以下问题：赛事产品（门票、相关的衍生产品或服务）的构成有哪些，哪些是实现赛事核心价值的基础产品（例如赛事本身），哪些是赛事的附加产品（例如赛事纪念品、赛事标志使用权和广告权等），赛事产品的结构如何等。

（六）制订赛事成本计划

制订赛事成本计划也就是要进行赛事成本控制。简单理解，赛事成本是指举办某一赛事所需的各种费用。从赛事成本要素的角度，以一个线下电子竞技赛事成本为例，大致可分为推广费用、服务器费用、赛事工具费用、人力成本、舞美费用、场地费用、氛围布置费用、演职人员费用、交通及住宿费用、奖金池，以及备用金等。准确制订赛事成本计划的基础工作就是赛事成本预测。进行赛事成本预测有助于减少赛事成本计划的盲目性，优化赛事成本决策。

必须强调的是，电子竞技赛事策划还必须重视电子竞技赛事的风险预测和风险管理。电子竞技赛事风险是指导致电子竞技赛事偏离其预定目标的概率或可能性。例如，不可预见的因素使赛事不能举办，或在赛事进行过程中发生停电、机器卡顿等事件导致赛事中断，这些都会使赛事偏离预定的目标，导致赛事的损失。因此，在进行电子竞技赛事策划时必须对赛事风险进行预测，做好管理预案。

二、电子竞技赛事运营管理架构

一般而言，体育赛事运营管理主要是指将人、商品、货物和设备设施等各种赛事所需的资源在正确的时间内顺利、准确地移动到正确的位置的过程，是一个规划、实施与控制产品及其相关信息的存储，以及根据消费者的需要向消费端流动的过程，是组织机构根据预先的规划设计，将赛事活动呈现出来的过程。经由这个过程，赛事主办方将有关资源与相关投入转化为一系列期望的结果。进一步理解，体育赛事运营管理的核心就是把体育赛事作为一个产品销售给赛事消费者，以获取一系列期望的结果。期望的结果的主要内容是赛事的经济效益（赛事收入），也包括社会效益、文化效益甚至政治效益等。电子竞技赛事运营管理也是如此。

（一）电子竞技赛事运营管理的组织

樊智军认为，无论何种类型的竞赛管理，都涉及配备人员、建立组织管理机构，制定工作规范，授权和总体指挥四个基本内容。

①配备人员、建立组织管理机构。组织大型比赛前，组织者要对组织体系中的人员进行全面的规划与设计，即人员配备、组织管理机构。人员配备和组织管理机构的一般

要求是：目标任务、需要和可能、择优选用、机构精简。

②制定工作规范。制定工作规范是竞赛管理组织优化和竞赛运行的基本保证。在电子竞技赛事运营管理的组织实施过程中，重要的工作是制定各岗位职责、工作流程、考核与奖励制度等，并通过制定各项工作规范和评价标准等来优化控制的有效性。

③授权。授权是指上级给予下级一定的责任和权力的过程，以使下级在一定的监督下拥有在职责范围内处理问题的自主权。授权的基本原则是：

<u>权责对等，</u>即自主权根据职责确定，两者保持一致。

<u>盯住目标，</u>即授权应围绕着既定目标进行，按照取得预期成果进行。

<u>划清边界，</u>即明确规定授权的实施范围和等级层次的边界。

<u>适度控制，</u>即在授权的同时，对其权力的实施保持有效的监督控制。此外，授权时还要注意不同部门和不同层次的岗位主体的职责、权力和利益之间的相互协调、相互贯通。

④总体指挥。总体指挥是指竞赛组织者对竞赛运行全过程的各项具体工作进行领导和指导，合理、高效的综合经营是成功举办竞赛的重要因素。要实现全面的有效指挥，就需要构建强大的指挥体系和信息网络控制体系，合理地利用指挥官的指挥权，将多种管理手段与管理经验相结合，始终监控整个竞争进程。。

（二）电子竞技赛事执行过程管理

电子竞技赛事的执行过程可以分为三个阶段：赛前筹备阶段、赛中管理阶段和赛后结束阶段。

1．赛前筹备阶段

赛前筹备阶段的中心任务是根据赛事策划的方案做好竞赛所需的各项准备工作，保证赛事能够按照预定的计划举办。这一阶段的主要工作包括：成立组织机构和招募相关人员；根据竞赛方案、竞赛规程规定的竞赛日期，各部门根据自己的职责范围拟定出具体的筹备工作计划，以便做好赛前各项准备工作；启动赛事申办程序和赛事招商等。

2．赛中管理阶段

赛中管理阶段的中心任务是制订赛事执行方案，保证赛事的实际进行。赛事执行方案是对赛事的执行时间、工作人员的工作职责和赛事的执行效果进行规划的方案，主要内容是把赛事策划的设想转化为具体的、可操作的事项和措施。赛事执行方案一般由赛事执行方制订并负责具体落实，同时对整个赛事的执行过程进行跟踪和监督。

3．赛后结束阶段

赛后结束阶段的中心任务是做好赛事的收尾工作。收尾工作是指按照赛事执行方案完成赛事的各项组织工作和相关活动后，对赛事进行总结和做好其他剩余工作，直到提交赛事总结报告和财务报告为止。其主要工作包括赛事评估和总结、固定资产处理、赛事资料档案整理和归档、财务决算和审计、表彰、奖励及答谢等。

（三）电子竞技赛事的主要职能管理

电子竞技赛事涉及的主要职能管理包括电子竞技赛事的营销管理、财务管理、宣传管理和后勤保障。

1．电子竞技赛事营销管理

电子竞技赛事营销是指赛事主办方从赛事消费者的需求出发，创造对赛事消费者有价值的赛事产品，并有计划地通过策划、组织和利用一些赛事活动来与赛事消费者交易赛事产品和价值，从而获得赛事主办方期望的效益。在市场高度发达和竞争日益激烈的环境中，赛事主办方必须制订周密的市场营销策略和相关计划，将赛事更好地营销出去，从而最大限度地实现期望的目标。不仅如此，赛事的营销职能是赛事规划和设计的重要延伸，因为赛事的营销职能可以从如何营销的视角进一步完善赛事的规划和设计。电子竞技赛事营销活动的主要内容包括两个方面：

①直接向赛事消费者营销电子竞技赛事本身，例如赛事门票销售、纪念品销售等。

②借助电子竞技赛事对其他企业的产品或服务进行营销，即把电子竞技赛事作为一个广告载体的赛事营销，例如企业赞助、场内外（包括线上和线下）企业广告宣传、赛事的各种衍生产品销售等。

电子竞技赛事营销管理是指对电子竞技赛事的各种营销活动进行分析、计划、实施及控制，从而实现电子竞技赛事的营销目标。电子竞技赛事营销管理的主体一般是企业的商务部门。

2．电子竞技赛事财务管理

电子竞技赛事财务管理是电子竞技赛事运营的重要组成部分，是赛事运营商围绕赛事组织财务活动，处理财务关系的一项经济管理工作。赛事财务管理主要是对赛事的资金筹集和成本两大方面的管理，在电子竞技赛事运营中导入赛事财务管理，有利于更好地对赛事的财务活动进行管理，为电子竞技赛事的成功举办建立必要的前提条件。电子竞技赛事财务管理一方面要为赛事活动提供资金保障，另一方面要减少赛事成本、提高赛事的经济效益。电子竞技赛事财务管理的主要内容包括赛事预算、成本管理、赛事资金募集和财务资源配置等。电子竞技赛事财务管理有两个特殊的问题需要解决：一是如何与商务部门合作来提高赛事收入，因为广告和赞助活动主要由商务部门负责；二是如何实现收入多元化。

3．电子竞技赛事宣传管理

赛事宣传是指运用各种符号传播赛事资讯，以影响赛事相关方的思想和行动的一种社会行为。赛事宣传的重要性主要表现为：赛事宣传是塑造赛事品牌外部形象的主要渠道，是创造良好发展环境的主要手段，是与利益相关者沟通的主要方式。电子竞技赛事宣传管理的主要工作包括：赛事宣传方案的策划、管理赛事及相关活动的消息发布、与各类媒体合作、保持与赛事各有关部门之间的沟通、推进赛事品牌形象的塑造等。电子竞技赛事宣传管理的主体是赛事的宣传部门。

4. 电子竞技赛事后勤保障

电子竞技赛事后勤保障是指以电子竞技竞赛为核心的赛事活动所涉及的物质、服务以及安全等方面保障的总和。随着电子竞技赛事的发展，赛事的复杂性逐步增加，涉及的专业门类也更多，这对后勤保障提出了更高的要求。因此，后勤保障也是整个赛事管理的重要组成部分。电子竞技赛事后勤保障的主要工作包括：参赛人员的接待服务、赛事交通运输安排、赛事的安全和医疗管理、赛事的物资和物流管理等。电子竞技赛事后勤保障的主体是赛事的后勤保障部门。

第四节　大型电子竞技赛事

电子竞技赛事既是电子竞技选手相互竞技的平台，又是电子竞技面向大众的窗口，电子竞技赛事的出现极大地推动了电子竞技运动在全世界的发展。

一、国际三大电子竞技赛事

国际三大电子竞技赛事的出现，拉开了电子竞技赛事发展的历史帷幕。

（一）CPL

CPL 由安吉尔·穆洛兹（Angel Munoz）在 1997 年创立，最初是为了报道电子竞技职业比赛和电子竞技职业比赛。美洲、亚洲、欧洲都有 CPL 的比赛，不同地区的选手都会在自己擅长的项目上进行比赛。根据娱乐软件分级委员会（ESRB）的要求，CPL 比赛面向公众报名。CPL 的目标是使电子竞技成为一项真正的体育赛事，并将其提升到体育的层面。

CPL 是世界上最具影响力的电子竞技联盟之一。CPL 也有一个名为"业余网游联盟"的成人玩家联盟（CAL）。CAL 一般持续一年，包括一周一至两场的常规八周赛季和一场单淘汰制赛季。对《CS》来说，CPL 是根据战队在 CAL 比赛中的表现来确定种子队顺序的。然而，随着在线游戏中作弊的趋势越来越明显，参加 CAL 比赛的队伍也越来越少，因此杜绝作弊成了在线游戏中的一个重要任务。1997 年 10 月 31 日，CPL 举办了第一次正式赛事，比赛选择了在当时十分流行的电子竞技游戏《雷神之锤》，奖金总额达到 4000 美金。顺应当时流行全美国的《雷神之锤》的潮流，CPL 打出了不错的一枪。随后的两年，CPL 接连为《雷神之锤》《雷神之锤Ⅱ》《雷神之锤Ⅲ》举办了一系列的线下赛事，把自身和《雷神之锤》系列推向了新的高度。在赛事举办的过程中，CPL 也逐步建立了夏季赛和冬季赛的传统，并制定了许多沿用至今的电子竞技赛事规则。

2000 年，在《CS》还未发售的时候，CPL 就已经在美洲地区的比赛中引入了《CS》项目。《CS》综合了 FPS 游戏传统的设计优点，相较于《雷神之锤Ⅱ》上手难度更低，对大众来说观赏门槛较低，更通俗易懂，凭借这些特点，《CS》迅速成为欧美地区电子竞技玩家的"新宠"。随着之后《CS》在世界范围内的大规模流行，CPL 的知名度水涨船高，之后 CPL 的规模越做越大，吸引了众多赞助商和媒体的关注，奖金额度也屡次创下纪录。

到 2005 年，经过多年的努力，CPL 与当时的 WCG、ESWC 并驾齐驱，成为当时的世界三大电子竞技赛事之一。但是由于多次的决策失误，CPL 开始逐步走向衰落。首先，CPL 为迎合赞助商，放弃了当时十分流行的《CS1.6》而选择了《CS：S》作为团队比赛主打项目。接着，同样是为了迎合赞助商，CPL 将《恐惧杀手》作为世界巡回赛的单人比赛主打项目，甚至将其确定为冬季总决赛的唯一比赛项目。2006 年，由于某些原因，CPL 的重要赞助商美国英伟达公司和美国英特尔公司选择撤资。

到了 2007 年，美国雪乐山公司和法国维旺迪公司成为 CPL 的主要赞助商，携手举办了 50 万美元的世界巡回赛。这时的 CPL 已经完全变味了，由于失去了其他赞助商，只能仰仗雪乐山公司的赞助，因此 CPL 和雪乐山公司达成交易：2007 年 CPL 总决赛的项目采用雪乐山公司发行的两款产品——恐怖 FPS 游戏《F. E. A. R.》和 RTS 游戏《冲突世界》。然而毫无人气的世界巡回赛让 CPL 陷入了严重的财政赤字，2008 年 3 月，CPL 正式宣布停运。同年 8 月，CPL 被阿联酋的一家投资集团收购，并继续在全世界举办游戏比赛，但 CPL 的影响力已经大不如前。无论结果如何，CPL 对于电子竞技行业以及电子竞技赛事的推动作用依然值得肯定。

（二）ESWC

ESWC 的前身是欧洲电子竞技赛事 Lan Arena（局域网竞技场），由赛事运营公司 Ligarena 于 2003 年在法国创立。ESWC 与 CPL、WCG 一起，在当时并称为世界三大电子竞技赛事。2003 年，ESWC 主办方在法国未来世界主题公园举办了首届电子竞技世界杯，并设立中国赛区。2004 年，ESWC 推广到了 49 个国家，比赛获得了空前的成功。从当时的数据来看，共有 10 万名现场观看决赛的观众、150 万名在网上观看视频的观众、25 万欧元总奖金、5500 万次网页浏览量，这个数字即使放在现在也是一个很了不起的成绩。2005 年，ESWC 总计吸引超过 60 个国家参赛，巩固了其行业领跑位置。ESWC 中国区预选赛在当时一举成为我国举办规模最大、水平最高的电子竞技盛会，有超过 1 万名玩家报名参赛。

随着 2008 年世界经济危机的到来，ESWC 经历了盛极必衰的过程。在 2006～2008 年，由于多次拖欠选手奖金，ESWC 饱受争议，其后在 2008 年宣布破产。2009 年，ESWC 被 Games Solution 公司收购，但之前的奖金却不了了之。之后，Games Solution 公司利用银行保证书作为保证，成功举办了 ESWC2010 年世界总决赛，但是奖金拒付问题依然存在。2012 年，ESWC 所有权再度易手，Oxent 公司正式宣布从 Games Solution 公司手中购得 ESWC 所有权，并将 ESWC 重新带回法国。重启之后的 ESWC 更加规范，吸引了更多的队伍前来参赛，再加上奖金发放及时，ESWC 再度成为世界顶级赛事。

（三）WCG

WCG 由韩国国际电子营销公司主办，由韩国三星和美国微软提供赞助（2006 年）。

WCG 成立于 2000 年，于 2001 年正式举办，曾在六个以上的国家举办过总决赛。WCG 是当时世界上最大的电子竞技盛会，每年都有上百万观众观看，全世界的电子竞技玩家都会齐聚一堂。各参赛国家或地区自行组织分组预选赛，选出最佳选手代表参赛。正是因为 WCG 在举办初期的超大规模以及丰厚的奖金，才让它真正走上电子竞技的历史舞台。电子竞技选手们分别代表各自的国家出战，同时，WCG 也是当时世界上最高水平的电子竞技赛事，被誉为"电子竞技奥运会"。

2000 年在韩国举办了一个名叫"World Cyber Game Challenge"的电子竞技赛事，这是 WCG 的前身。主办方邀请了 17 个国家及地区的职业电子竞技选手参赛，当时的比赛项目有《星际争霸》《雷神之锤Ⅲ》《帝国时代Ⅱ》和《FIFA2000》。作为当时电子竞技水平并不发达的中国，依然有 6 名选手受邀前往韩国参加这次赛事，但是由于当时电子竞技技术水平有限，并没有取得任何成绩。

由于 World Cyber Game Challenge 的成功举办以及韩国三星公司的大力支持，第一届 WCG 得以在全世界范围内开展起来。从 2001 年开始，WCG 在全世界各个国家设立预选赛，开始向"电子竞技世界的奥运会"这个目标迈进。WCG 著名的口号"Beyond the Game"也是在当时出现的。

与 2000 年的 World Cyber Game Challenge 不同，2001 年的 WCG 比赛新增了一个全新的团体竞技运动项目《CS》。中国选手马天元和韦奇迪获得了 2001 年 WCG《星际争霸》2V2 项目的冠军，这是中国第一次在知名电子竞技国际赛事中夺得冠军。除马天元与韦奇迪拿下《星际争霸》2V2 项目冠军外，中国选手林晓刚和阎波也在《FIFA》团体赛上夺魁。这次比赛的夺冠极大地鼓舞了中国电子竞技玩家的斗志，回应了"中国人也会电子竞技？"的质疑。

2004 年的 WCG 总决赛移步美国旧金山，开始迈出国际化的脚步。与此同时，WCG 的规模进一步加大，除 PC 端游戏外，两个主机游戏也被加入了正式比赛项目之中，WCG 作为"电子竞技世界的奥运会"的地位被进一步巩固。

2005 年与 2006 年是中国电子竞技玩家们永远铭记的两年，中国《魔兽争霸Ⅱ》选手李晓峰连续两年，分别在新加坡和意大利夺得《魔兽争霸Ⅲ》项目冠军，创造了 WCG 的历史。

2008 年的 WCG 盛况空前：78 个参赛国家或地区参与了竞赛，其中有 800 名参赛选手参与了 9 款 PC 端游戏、4 款主机游戏和 1 款手机游戏共 14 个比赛项目，总奖金高达 47 万美元。

2008 年以后，随着金融危机对资本市场的冲击和全球电子竞技趋势的改变，电子竞技行业开始进入隆冬。由于商业模式的缺陷，赞助商韩国三星公司与 WCG 主办方的矛盾逐渐加深。2009～2013 年，WCG 的关注度和规模一届不如一届，WCG 整体开始走下坡路。2014 年年初，WCG 首席执行官李秀垠通过官方邮件对外宣布"WCG 组委会将不再举办任何赛事，包括 WCG 世界总决赛"。

2019 年，WCG 2019 年总决赛在中国西安隆重回归，本届大赛共有来自 111 个国家和地区的约 4 万名玩家报名参赛，最终来自 28 个国家和地区的 198 名选手进入总决赛。

二、国内外大型的第三方赛事

（一）IEM

IEM 是欧洲电子竞技组织 ESL 旗下由美国英特尔公司独家赞助的第三方赛事，其中包括 GO4 系列赛。ESL 成立于 1997 年，总部位于德国科隆。IEM 是第一个具有全球规模的电子竞技精英锦标赛。2006 年，美国英特尔公司与 ESL 合作创立了 IEM，目前的比赛项目有《CS》《魔兽争霸Ⅲ》《星际争霸Ⅱ》《雷神之锤》《英雄联盟》《绝地求生》等。GO4 系列赛包括 GO4《魔兽世界》、GO4《星际争霸Ⅱ》、GO4《英雄联盟》等。值得一提的是，《CS》项目世界总决赛的冠军奖金为 5 万美元，《星际争霸Ⅱ》项目世界总决赛的冠军奖金为 10 万美元，而根据 IEM 的奖金分配制度，亚军无奖金。2018 年 12 月 13 日，ESL 与美国英特尔公司宣布，两家公司已延长了合作的时间，签署了 1 项为期 3 年、价值 1 亿美元的协议，旨在提升电子竞技在全球的知名度。

（二）DreamHack

DreamHack 既是具有北欧特色的大型局域网赛事，也是瑞典地区颇有规模的电子竞技玩家社区之一。作为世界上规模巨大的电子竞技线下聚会（LanParty，特指局域网游戏者的聚会），从 1994 年举办第一届后直到现在已经有了数十年的历史，其特色是鼓励选手带着自己的计算机一起来玩。2014 年的 DreamHack 总共有 2 万多台计算机接入局域网，参加人数更是达到了 26000 多人，所以也有人戏称这是世界上最大的网吧。DreamHack 在欧洲地区举办的赛事有 DreamHack Open European eSports 锦标赛、《DOTA2》项目 Dream League 国际电子竞技联赛以及 Esport SM 瑞典国家电子竞技锦标赛等。DreamHack 赛事的比赛项目主要是《CS》《炉石传说》《DOTA2》《绝地求生》等。

（三）职业游戏大联盟（Major League Gaming，MLG）

MLG 成立于 2002 年 9 月，总部位于美国纽约。2006 年，《光环 2》成为 MLG 第一个比赛项目；2010 年的比赛项目有《铁拳 6》《任天堂大乱斗》等格斗类项目；2011 年举行了《光环：致远星》《使命召唤：黑色行动》《星际争霸Ⅱ》的巡回赛。MLG2012 年冬季常规赛总决赛的比赛项目包括《星际争霸Ⅱ》《英雄联盟》《真人快打 9》《格斗之王》等项目，奖金总计 20 万美元。

（四）CEG

CEG 由中华全国体育总会于 2004 年创办，是我国的一个国家级电子竞技联赛。其宗旨是规范和普及电子竞技运动，提高中国电子竞技运动水平，向国际市场推广中国电子竞技运动，使中国成为全球性的电子竞技市场。首届 CEG 的比赛项目包括对战类和休闲类两种，对战类项目包括《CS》《FIFA》《魔兽争霸Ⅲ：冰封王座》《星际争霸：母巢之战》；休闲类项目包括围棋、中国象棋、桥牌、四国军棋、升级、拱猪、二打一（斗地主）。

（五）WESG

WESG 是阿里体育在 2016 年打造的一项世界级赛会制电子竞技赛事，2018 年赛事覆盖全球 137 个国家和地区。WESG 的比赛项目主要包括《CS：GO》《DOTA2》《星际争霸Ⅱ》《炉石传说》。有别于其他电子竞技赛事，WESG 制定并发布了一套以奥运会项目为标准，充分结合电子竞技运动特质的管理规定，包括选手年龄与国籍认定、道德礼仪准则、处罚申诉条例等，以此推动世界电子竞技运动的良性发展。此外，阿里体育还创办了其他电子竞技比赛，并将赛事各个环节在其电子竞技平台上进行整合，同时紧密结合阿里生态体系，建设包含电商交易、赛事执行供应链服务、线上数字营销等一系列功能强大的电子产业平台。赛事启动的同时，阿里体育还向北京、上海和杭州等城市的首批 20 家电子竞技场馆，授予"阿里体育电竞中心"证书。

（六）中国电子竞技大会（China Internet Gaming，CIG）

CIG 是由人民邮电报社牵头，联合信息产业部、文化部、国家体育总局、共青团中央等部门的相关单位于 2002 年共同发起，中国互联网协会、各大电信运营商、新华网等单位参与支持，是国内具有较大规模及影响力的综合数字竞技类盛会。2002 年举办首届CIG，之后每年定期举办。CIG 赛区覆盖中国多数省区，除与当地政府紧密合作外，还与网易公司、完美世界公司、腾讯公司等众多游戏厂商达成战略合作。CIG 的比赛项目包括《DOTA2》《英雄联盟》《逆战》《炉石传说》《风暴英雄》《FIFA Online3》等电子竞技运动项目。

（七）世界电子竞技大赛（World Cyber Arena，WCA）

WCA 成立于 2014 年，是一项由银川市政府和银川圣地国际游戏投资有限公司主办的国际性电子竞技赛事。同时，依托自身成熟的赛事体系，围绕赛事生态打造电子竞技生态圈，以促进电子竞技、电子竞技产业蓬勃发展。WCA 的主要比赛项目包括《DOTA2》《炉石传说》《穿越火线》《坦克世界》《魔兽争霸Ⅲ》《英雄联盟》《风暴英雄》等。

（八）IEF

IEF 是全球首个由多个国家政府共同发起的、跨国界的数字娱乐盛会，是全球化的数字娱乐与数字体育综合赛事品牌。2005 年，共青团中央和韩国文化观光部精诚合作，成功举办了 2005 年中韩电子竞技大赛，并于 2006 年改名为国际数字娱乐嘉年华（IEF）。IEF 的活动内容包括国际电子竞技大赛、国际高校电子竞技邀请赛、网络歌曲大赛、博客比赛、机器人比赛、网络动漫比赛和数字擂台挑战赛等。

三、国内外大型的第三方赛事

（一）S 系列赛

S 系列赛由美国拳头公司主办，创办于 2011 年，是《英雄联盟》一年一度的盛大比赛，S系列赛是所有《英雄联盟》比赛项目中荣誉最高、含金量最高、竞技水平最高、知名度最高的比赛。每年比赛的时间为9~10月，比赛赛制包括入围赛、小组赛和淘汰赛，有24支参赛队伍。冠军奖杯是召唤师杯。

到2019年，S系列赛已经举办了9届的比赛。S系列赛的参赛者均是来自各大赛区最顶尖水平的战队，只有在每年的职业联赛中表现出色的队伍才有资格参赛，每个赛区根据规模和水平决定了其在总决赛当中的名额。

（二）LPL

LPL是指《英雄联盟》的职业比赛，主办方是美国的拳头公司和中国的腾讯公司。

每年的LPL由春季赛和夏季赛组成，春季赛举办的时间为1~4月，夏季赛为6~9月，举办地点包括北京、上海、成都、杭州、重庆和西安。LPL的比赛赛制有BO3循环积分赛和BO5淘汰赛。2018年LPL的参赛队伍达14支。每个赛季分为常规赛和季后赛。常规赛积分榜前八的队伍，将会进入季后赛，争夺赛季冠军，以及丰厚的奖金。春季赛的冠军将代表LPL赛区参加每年五月份的季中冠军赛，而春季赛的前四名将参加每年7月的洲际系列赛。夏季赛冠军将直接保送到LPL赛区S系列赛，全年积分最高的队伍作为第二种子进入S系列赛；排名靠后的四支队伍进行预选赛，胜者将作为第三名获得S系列赛最后一张入场券。

（三）GSL

GSL由韩国GomTV电视台从2010年9月开始举办。GSL采用等级制度，让选手们进行善意的竞争，年末进行活动赛，决出真正的冠军。另外，GSL会通过GomTV向全球转播，让全世界玩家可以观看比赛。

作为全球首个进行直播的常规性《星际争霸Ⅱ》联赛，GSL在2010年成功举办了三届，并吸引了来自全球各地的《星际争霸Ⅱ》职业选手来到韩国参加比赛。2011年，GSL升级为GSL赛事联盟。

2012年，美国暴雪公司在全球发起WCS，每一位《星际争霸Ⅱ》玩家可以通过当地的预选赛参加WCS，计划通过国家杯—洲际杯—世界总决赛的形式晋级世界电子竞技之巅。2013年4月，美国暴雪公司宣布了2013年的WCS系列赛计划，其中由韩国GomTV电视台主办的GSL与由韩国OGN电视台主办的《星际争霸》个人联赛（OSL）并入WCS韩国区的系列赛。两大赛事轮流举办WCS的韩国区预选赛。2014年，美国暴雪公司再次对WCS进行了改制，GSL用回本身的名称，而非2013年的"WCS韩国区"官方名称。

2017年的GSL相较以往有较大变动，先是赛事规模扩大，2017年的GSL由两个赛季扩充为三个赛季；此外，赛事方还举办了两次GSL超级锦标赛，每一赛季的冠（亚）军与14名进入资格赛的选手，都会被邀请参与GSL超级锦标赛。

（四）Ti

Ti是一个全球性的电子竞技赛事，每年一届，由美国维尔福公司主办，在2011年8

月 17 日于德国科隆国际游戏展上首次进行。比赛由 16 个受邀队伍比赛竞技，奖杯为"V 社"特制的冠军盾牌，每一届冠军队伍及人员将记录在游戏中泉水的冠军盾中。Ti 到 2019 年已举办了 9 届。

一直以来，Ti 系列赛事都以其高额的奖金闻名，被誉为全球奖金额最高的电子竞技赛事。2018 年，Ti8 赛事总奖金额度超过 2400 万美元，2019 年，Ti9 总奖金为 3430 万美元。Ti 规定冠军能拿到总奖金池的 45.5%，2019 年冠军 OG 战队独得超过 1560 万美元，亚军和季军也分别得到约 445 万美元和 308 万美元。

Ti 的前 8 届都由维尔福公司主办，2019 年首次落户亚洲，选办地是中国上海，由完美世界公司协助举办。这也是 Ti 这个全球电子竞技品牌首次在中国落地。

（五）KPL

KPL 创办于 2016 年 9 月，由腾讯互娱主办，量子体育承办。KPL 是《王者荣耀》官方最高规格的职业赛事。KPL 全年分为春季赛和夏季赛两个赛季，春季赛每年的 2～5 月举办，夏季赛每年的 6～8 月举办。每个赛季又分为常规赛、季后赛及总决赛三个部分。2023 年 2 月，KPL 春季赛在上海正式打响。

2017 年 7 月举行的 KPL 春季赛总决赛，有 13500 多名观众购票入场，现场邀请到 VGL（Video Games Live，一个以游戏音乐为主题的交响音乐会）交响乐团、逃跑计划乐队倾力演出，融合高科技、沉浸式的增强现实技术，赛事体验更是令人震撼无比。这次 KPL 春季赛总决赛是当时世界上规模最大、观众人数最多的一次移动电子竞技大赛，将移动电子竞技赛事提升到了一个全新的高度。

（六）电子竞技职业选手联赛（Pro Gamer League，PGL）

PGL 由北京数字娱乐产业示范基地主办，华竞互动（北京）科技发展有限公司承办，中华体育总会赞助，是一项正式的国际性电子竞技职业联赛，也是国内最早出现的一项电子竞技赛事，被业界视为中国电子竞技的一面旗帜。目前 PGL 的赛事项目有：《CS：GO》《DOTA2》《魔兽争霸 II》《穿越火线》《王者荣耀》等。

四、小结

电子竞技赛事归属体育赛事的范畴，具有一般体育赛事的共性；电子竞技又是一种特殊的体育赛事，具有与其他体育赛事不同的性质。

电子竞技赛事既是电子竞技运动发展的核心事件，又是整个电子竞技产业最核心的内容，抛开电子竞技的制作因素，可以说没有电子竞技赛事，就没有现在的电子竞技运动及相关产业的蓬勃发展。

精准合理的电子竞技赛事分类，对于细致而深入地了解和研究电子竞技赛事运营管理具有重要意义。

电子竞技赛事体系是围绕电子竞技赛事形成的一个系统。其中，赛事的赛制和竞赛规则是两个十分重要的内容。

赛事的赛制是确定竞赛选手（个人或战队）比赛名次的方法和规则的总称。同理，电子竞技赛事的赛制是确定电子竞技选手（个人或战队）比赛名次的方法和规则的总称。与传统的运动项目类似，电子竞技也是一种竞争。竞技是一种竞争行为，在此过程中，当事双方都在尽量公平的情况下，通过比较来选出最好的名次。对抗性竞赛所采取的赛制主要有淘汰制、循环制和混合制。

电子竞技赛事竞赛规则是指各电子竞技运动项目自身的技术、战术规范和在竞赛过程中的行为准则。

严格有效的竞赛组织与管理，能够为运动员提供高水准的竞技发挥提供有利的环境，而高水准的竞赛则更能吸引观众的眼球，发挥其社会作用。

电子竞技赛事策划是指举办某一赛事方案的一种创造性的活动。一个完整的电子竞技赛事策划活动包括明确赛事背景、确定赛事目的、制定竞赛规程、制定场地规划、制订推广计划、制订赛事成本计划等。

体育赛事运营管理的核心就是把体育赛事作为一个产品销售给赛事消费者，以获取一系列期望的结果。期望的结果的主要内容是赛事的经济效益（赛事收入），也包括社会效益、文化效益甚至政治效益等。电子竞技赛事运营管理也是如此。

无论何种类型的竞赛管理，都涉及配备人员、建立组织管理机构，制定工作规范，授权和总体指挥四个基本内容。

电子竞技赛事的执行过程可以分为三个阶段：赛前筹备阶段、赛中管理阶段和赛后结束阶段。

电子竞技赛事涉及的主要职能管理包括电子竞技赛事的营销管理、财务管理、宣传管理和后勤保障。

电子竞技赛事既是电子竞技选手相互竞技的平台，又是电子竞技面向大众的窗口，电子竞技赛事的出现极大地推动了电子竞技运动在全世界的发展。

第六章　电子竞技赛事的标准、制度与管理

当一些赛事初具规模后，举办方出于多方面因素的考虑，将该赛事赛程中那些比赛质量较高、赛事结果影响重大的比赛放置在线下进行。例如，WESG、WCA、CIG 等国内诸多赛事的后半程比赛——八强赛、四强赛和决赛等，均采用线下赛的模式，也有些国外赛事直接邀请参赛人员，赛事的全部赛程均选择线下赛模式。而在线下赛环节，由于场地、设备和安保的成本负担，以及人员背后存在的流动性、不确定性等潜在困扰，线下赛环节通常需要相应的与竞赛有关的管理。因此，本章讨论的是关于电子竞技赛事的标准、制度与管理。

第一节　赛事级别的评价标准

赛事级别的评价标准是一个综合性的指标，需要从赛事的内部状况、外部环境等多项内容进行分析。

一、赛事自身的规格

（一）赛事规模

现阶段，人们对电子竞技等赛事规模的界定比较模糊。市场中既有以不同人群从自身理解出发的大、中、小型赛事这种通俗分类，也有举办方、媒体口中带有宣传、推广性质的新秀赛、商业杯赛等，甚至有业余赛事、半职业赛事和职业赛事这种以参赛者身份作为界定标准的赛事分类。因为普通电子竞技玩家及观众很难深入接触到赛事中，所以他们除了对一些最知名、最热门的电子竞技赛事有一定了解，对其他赛事的规模状况缺乏足够认识。为了让读者对赛事规模有一定的理解，本节从几个重要方向出发，试着为读者构建赛事规模的概念雏形。

1. 赛事的地域状况

赛事的地域状况主要是指赛事辐射地域内包括的赛区数量、赛区活跃表现等，主要以赛事的辐射、影响的地区状况为重要依据。

①赛事级别。根据参赛队伍的主要来源、赛事宣传的影响地区与赛事相关人员、地域的差异，赛事也有级别之分，通常可以将其划分为地区赛、全国赛和世界赛。

<u>地区赛</u>：国内电子竞技赛事中，地区赛是指赛事从市这一级设立赛点，"市点"的

上一级是省或多省联合的更大面积的地域，这种地区赛的特点是既重视"市"一级赛事在商业或赛事规模中的持续构建，又积极增加组织和参与比赛的受众，以力求获得更高的影响力。关于比赛涉及的是单一省市还是多省市，是由举办方在组织能力上的影响力范围决定的，因为这类地区赛通常是以城市赛点为基本组成，所以地区赛在宣传、报道中的正式称呼通常是"城市赛"或"省赛"。

全国赛：在地区赛之上的是全国赛，不少地区赛事都是全国赛下辖的次级选拔赛。例如，《英雄联盟》中国赛区次级联赛的 LDL，在 2017 年首届比赛中，将全国城市海选赛赛点分为华北赛区、华东赛区、华西赛区和华南赛区，每个赛区之下的赛点多以省会城市为主。全国赛与地区赛有众多的显著区别，全国赛的代表性特征如下：

·独立的体系。全国性比赛出于商业独立性或未来的投资期许，其赛事制度与规模相对独立，通常不需要依附于其他以官方赛事为代表的一系列大型赛事，但也会与一些其他同类比赛有交集，或者直接组建自身的选拔赛。

·稳定的规模。全国性比赛由于举办方实力等原因，相对地区比赛更稳定，不少全国比赛有较久的举办年限。例如，全国电子竞技大赛（National Electronic Sports Tournament，NEST）由国家体育总局体育信息中心主办，由上海华奥电竞信息科技有限公司、浙报传媒集团股份有限公司、厦门建发集团有限公司承办，从 2013 年到 2021 年已经连续举办 9 届。

世界赛：世界赛通常是指某一项或多项电子竞技项目中最高规格的比赛。在 WCG 停办后，第三方主导的电子竞技赛事风潮已经过去，越来越多的世界级比赛都由游戏开发商主导或授权举办，如《英雄联盟》《CS：GO》等项目下的世界赛事。当赛事的级别上升到世界级时，为了达到选拔参赛队伍的需求，主要是以亚洲、欧洲等大区选拔制为代表。在具体比赛项目中，由于开发商的运营策略不同选拔形式有所差别。例如，在《DOTA2》的赛事体系中：

·主办方会根据不同国家和地区玩家数量、职业队伍数量、地区比赛规模甚至是地理与人文历史等条件作为划分赛区的参考依据，随后将职业队伍划归到相应的赛区下。

·将除国际邀请赛（简称 Ti）外所有官方授权的赛事分为 Major 和 Minor 两种，参加比赛的战队和个人将会获得一定的赛事积分，这个积分将用来确定赛季国际邀请赛的直邀名额。

·全年有多个 Major 和 Minor 级别赛事。例如，在 2017—2018 赛季中，总计 11 个 Major 级别赛事、11 个 Minor 级别赛事，世界各地参赛队伍能充分交流。

总体而言，《DOTA2》的赛制是名为赛区实力积分排名的"全球联赛"，实力排名完全取决于一支队伍的长期比赛表现，其联赛制度更为开放。因此，历届 TI 的最终邀请名额时常出现某一赛区实力强于其他赛区的状况。而与《DOTA2》赛制差别较为显著的《英雄联盟》全球总决赛则选择彻底贯彻赛区制度，拳头公司参与各大赛区联赛的构建，最终参加全球总决赛的队伍由地区联赛选拔而来，每个赛区有一定的名额，保证了不同赛区的参赛权利。此外，拳头公司也会允许各赛区的变动，保证联赛内的竞技水平和赛区内不同声音的表达。

②赛区数量。为了高效管理，必须划分多个赛区，同时，赛区数量也是体现赛事规模的一个变量，当一项赛事的赛区数量众多时，表明了该赛事规模较大。赛区数量也是举办方实力的佐证。而对于参赛者而言，划分多个同级赛区更能调动他们的积极性。例如，在普通赛事中，参赛者可能因往返赛区便利，在多个赛区参赛，而在职业赛事中，参赛区依靠一套较为完备的赛事体系保障参赛者权利。

赛区的划分让电子竞技用户有了共同的交流平台，而赛区又因为用户植入的相近价值和情感被不断改变，形成不同赛区的文化，这种现象在以《CS：GO》《英雄联盟》等为代表的主流电子竞技项目世界赛区中表现明显。这既是因为大维度地域间的文化迥异，也是由于借助互联网传播的大用户量级带来更大的集聚效应。

③赛区活跃程度。赛区数量并不是体现赛事地域状况的唯一指标，赛区内的活跃程度也相当重要。由于电子竞技赛事多以主办方主导市场运营，主办方在过于重视整体市场策略时会忽视赛事内部可能产生的一些问题。例如，一些比赛看似赛区众多，但单一赛区活力不足，这是赛事主办方与协办方没有充分利用电子竞技环境中各项资源的结果。事实上，如果主办方合理使用电子竞技周边的场地、人力等资源，既能减少赛事资金成本，也能为赛事储备人才，并激发本地的电子竞技氛围。当一个赛区活跃时，通常有以下表现：

<u>利用现有场地优势</u>。以最基层比赛为例，它的竞赛环节中经常包括"网吧赛"。在电子竞技赛事中，"网吧赛"通常被各项赛事定义为基础的选拔赛，也是一般电子竞技用户最喜闻乐见的竞赛形式。网吧以及配置服务更为优秀的网咖与电子竞技有着密切的联系。这些场所内有符合竞赛需求的电子竞技设备，有为数众多的资深电子竞技玩家，此外，玩家级竞赛或围观等多种方式能为赛事做自发的宣传、推广。可以说，网吧是一个集场馆、服务、宣传于一体的综合性场所。早在中国电子竞技萌芽期，"网吧赛"就为电子竞技事业的发展贡献颇多，因此在电子竞技赛事蓬勃发展的新时期，依旧应当重视这种基础赛事。

<u>各类用户自发地加入赛事</u>。除竞赛选手外，还有可能有一些赛事志愿者、媒体宣传者、小型或个体商户等。用户自发的参与不仅带来了电子竞技赛事资讯信息的传递，也在间接中帮助赛事成长。一些有宣传渠道、本地资源的小团体也会随赛事一同成长。

<u>当衡量一项电子竞技赛事的活跃程度时，赛事中所需求的人力、资金、设备、技术等各种资源使用频率的高低成为评价指标</u>。高频次的赛事既在潜移默化中增加社会传播度，也在促进赛事管理经验的积累。

2. 赛事项目的状况

电子竞技项目作为电子竞技赛事的核心，一直受媒体、用户关注，因此赛事项目的状况是评测一场赛事的重要依据。虽然不同类型、不同级别赛事的运作方式有所差别，但在项目选择上有一些简单的标准。

①竞赛中所选用的项目热度。热度是一个相对综合但又相对笼统的概念，它的原意是指在一时间段内，用户对某一事物、词汇、现象产生浓厚兴趣，并借助搜索引擎或社交软件对相关内容进行搜索、评论、参与和关注等行为，最终成为人们的日常生活中的重要话题或娱乐方式。在电子竞技赛事中，对所选竞技类游戏热度标准要求极高。其一，需要强调的是该游戏的用户数量、用户黏性等市场相关数据，以保证赛事的参赛人数与观赛人数。其二，要求游戏有稳定的游戏寿命，因为只有长期运营的游戏才能不断更新、迭代并取得进步，最终在与其他产品的竞争中保持稳定。其三，需要考虑游戏的类型与游戏模式，经一些专业人员的测评，确定其是否适合作为竞赛项目。

除基于以上对项目热度的认知外，也有一些更为直观的方法。一是从搜索相关游戏的各项数据入手，同时为了保证对游戏有真实、准确的认识，要有多重衡量指标，如App下载量、游戏在TOP100榜单的周数、游戏的月销售额、游戏的活跃用户数量等，这些数据可以从不同角度反映游戏的运营现状。虽然电子竞技与游戏行业有着细微的差别，但是随着电子竞技行业的逐渐扩大，一些有关电子竞技项目的数据也有团队在积极统计，如《英雄联盟》项目的月活跃用户、玩家对英雄的使用率、红蓝阵营胜率等。二是从用户反馈出发的市场调研，当一些游戏热度一直保持并有不断扩大的态势，最终极有可能成为现象级作品，如《CS：GO》《英雄联盟》《王者荣耀》《绝地求生》等游戏。因为这类游戏通常能够做到跨越游戏圈，甚至影响社会整体。它们既引领风潮，又在不断地塑造出新的潮流。无论是这类游戏借助朋友圈的日常社交，还是偶尔因赛事夺冠、知名选手转会等事件登上微博榜首，这都说明现象级游戏已经以自身独特的魅力被众多用户所接纳，主办方可以借助现象级游戏，简化赛事宣传、赛事组织等原本需要投入巨大人力与资金成本的过程，迅速举办赛事。

赛事通常选择那些较为容易获得授权的现象级游戏来作为竞赛项目。例如，维尔福公司旗下的《CS》系列游戏，该系列游戏最初就是由MOD改编而来，并因为维尔福公司在游戏设计、赛事授权管理等方面相对宽松的理念，让《CS》系列能成为电子竞技中一款历久弥新的项目。该系列最新作品《CS：GO》无论是在比赛规模、奖金数额还是市场影响力上均与《英雄联盟》等其他顶级电子竞技项目不相上下。

②项目的奖金状况：

单项赛事的高额奖金。针对单项赛事而言，由于玩家受众、比赛参与方数量和规模等固有条件的限制，单项赛事的奖金数额相对较高，因为高额的奖金既是激励众多顶级队伍参加比赛的一项重要手段，又是作为赛事宣传中易于引起用户阅读兴趣的话题。虽然在不同电子竞技项目或不同电子竞技赛事中，有众多其他数据作为评判赛事的标准，但是对多数电子竞技参与者而言，高额度的奖金更容易给人最直观、深刻的印象。同时，在一项合格的单项电子竞技赛事中，高额度奖金能在一定程度上反映举办方的综合实力和用心对待的积极态度。在电子竞技单项赛事奖金中，最为典型的就是《DOTA2》

国际邀请赛以高额的奖金吸引了世界各地选手参加，它的奖金数额已成为电子竞技赛事中的一类独特代表，玩家甚至在每年比赛开始前就不断关注该年的比赛奖金状况。

　　<u>多项目的奖金积累。</u>除单项赛事的高额比赛奖金外，多个项目的奖金积累也证明了举办方对赛事的重视程度。因为主流电子竞技项目的开发商不同，所以多项目的赛事通常由第三方赛事主办，主办方为了显示出其不弱于官方赛事的信心和实力，也很重视比赛奖金，希望以此收获大量优秀参赛队伍和观众。例如，2016 年 3 月 10 日，落户于银川的 WCA 2016 发布会在北京隆重召开，会上宣布 WCA 2016 总奖金再创新高，达到了 2 亿元人民币，比上年整整翻了一倍。WCA 2016 包括《DOTA2》《魔兽争霸Ⅲ》《炉石传说》《星际争霸2》《英魂之刃》和《CS：GO》6 个主要项目。除此之外，还会有棋牌、手游等项目的赛事，涵盖了各个平台。

　　除了总奖金池这一特点外，多个项目的赛事还表现出对不同赛事的包容性。不同电子竞技用户的喜好、追求和期待各不相同，因此类似 WCA 的第三方赛事会有极强的包容性，并勇于尝试一些尚不能被所有电子竞技玩家认可的手游项目。赛事方通过为这些项目积极推广、运作，让其经历市场、用户的检验，从而拓展出"移动电子竞技""VR 电子竞技"等世界电子竞技大赛。这是一种奇特的现象，虽然赛事项目因为成本、创新性等原因落后于游戏开发等领域，但是在推广、影响力扩散等传播过程中，赛事又有可能领先于市场，而这正是赛事在整个产业中不可替代的作用。

　　③项目的联动。赛事项目联动是指，原本两个互不关联的电子竞技赛事发生交集，这种交集既可以发生在第三方赛事与第三方赛事之间，也可以发生在官方赛事与第三方赛事之间。例如，获得第三方赛事 NEST 2018 中《英雄联盟》项目前三甲的队伍，将同时获得直通该年"德玛西亚杯"的名额。"德玛西亚杯"则是由《英雄联盟》中国区代理腾讯游戏举办，旨在加深国内顶级联赛"英雄联盟职业联赛"（LPL）与次级联赛"英雄联盟发展联赛"（LDL）以及职业联赛与非职业联赛体系职业队伍间的交流。这是一种典型的第三方赛事与官方赛事的联动，这种联动方式在游戏领域的联动更为常见，也更为成熟。例如，由于动漫与游戏之间在视听、剧情上的联系，游戏和动漫的版权产品往往都能相互"借力"，某款游戏会在游戏的一个版本中加入其他版权元素，以增加用户的乐趣。又或者是一家游戏厂商对旗下不同作品做出的大胆尝试，如知名游戏厂商任天堂的《任天堂全明星大乱斗》。

　　在未来，一些较为成熟赛事可以借助运营商、电子竞技俱乐部和其他赛事，实现更有价值的联动，拓展市场或者实现短期的项目创意。在跨界合作方面，俱乐部已经做出尝试，如以某俱乐部真人真事改编拍摄的网络大电影，以及以俱乐部的形式参加的地方卫视娱乐节目。

　　（二）赛事组织

　　1. 官方实力

　　官方在电子竞技产业内的地位在一定程度上决定了赛事的实力。官方在电子竞技产业中的重要性越高,它所连接到的资源、集合的人员要素也就越丰富。在 WCG 这样的第三方综合赛事停止继续申办后,开发商或代理商主导的官方赛事逐渐在市场中占据重要地位,因为这些官方是当前市场中不可忽视的一股力量,本文就以此为例进行简单展开。

①官方逐步构建的赛事体系。例如,腾讯游戏是《英雄联盟》的中国区代理,完美世界是《DOTA2》的中国区代理。在整个电子竞技赛事体系中,职业赛事是竞技水平和观赏性最高的比赛,最大限度地扩大职业赛事的影响力是赛事成功运营的关键。

《英雄联盟》:构建联赛为主,杯赛为辅的联赛体系。

拳头公司(《英雄联盟》研发商)花了 5 年时间在全球各地建立了职业联赛体系,包含韩国 OGN/LCK、中国 LPL、北美 LCS、欧洲 LCS、东南亚 GPL、巴西 CBLOL 和土耳其 TUR 等不断增补和完善的赛区,并辅之以每年数次的锦标赛(全球总决赛、季中邀请赛和洲际对抗赛)以及一次表演赛性质的全明星赛,做到地方联赛和区域或世界范围比赛互为补充,从而使《英雄联盟》的职业赛事遍布全年,其影响力经久不衰。

以中国赛区为例,LPL 春季赛从 1 月初持续到 4 月末。在 5 月初春季赛结束后,拳头公司会举办一次世界级的锦标赛(MSI 季中赛),参赛战队是来自《英雄联盟》全球五大赛区当季度各自联赛的冠军队伍和国际外卡赛冠军,以此来调动全球玩家的观赛热情。接下来,玩家可以继续观看从 5 月至 8 月末的夏季赛,其赛制和春季赛相同。

在职业联赛的休赛季,观众对《英雄联盟》赛事的关注度会出现明显下滑。每当这个时候,拳头公司和地区赛事主办方都会利用职业锦标赛、全明星赛等多种比赛形式弥补赛事空档期,最终保证了《英雄联盟》职业比赛在全年 12 个月都能获得充足的关注度和影响力。

《DOTA2》:奋起直追,打造全年四大锦标赛,效仿网球赛事体系。

与《英雄联盟》相比,《DOTA2》在国内的职业赛事起步较晚,体系比较松散,全年覆盖时间短,官方所主办的职业赛事屈指可数,已经成熟的赛事主要包括 2011 年成立的 TI 和 TI 中国区预选赛、2014 年成立的《DOTA2》次级联赛(DSPL)和 MDL 国际精英邀请赛等。虽然 TI 赛事每年的奖金池吸金能力和奖金噱头十分巨大,但其归根到底是一个杯赛,从中国区预选赛到 TI 全球总决赛总时长不足一个月,和全年 365 天相比,简直就是昙花一现。少了其他职业联赛和杯赛的铺垫,TI 赛事虽然在奖金上世界第一,但其在国内的影响力依旧比不上《英雄联盟》的 S 总决赛。

为了解决这个问题,维尔福公司(《DOTA2》研发商)在 2015 年开始对职业赛事体系进行全新布局,宣布在 TI 的基础上每年再加入三次锦标赛,即秋季赛(11 月初)、春季赛(4 月初)和冬季赛(3 月初),四次比赛组成一个完整的比赛体系,贯穿全年,夏季锦标赛(8 月初)即为原来的国际邀请赛。新增的三项赛事将由维尔福公司赞助,由第三方主办,在全球的不同地方举行。在国内,国家体育总局也联合完美世界在 2016 年成立了《DOTA2》职业联赛(DPL),赛季覆盖 5~7 月以及 10~12 月,以填补全年大量的赛事空白。

②官方赛事在赛场外的长期运营。官方除积极探索赛事体系外，也试图在赛场外构建一套完善的服务，以保证市场的活力和稳定性。现阶段，赛事主要与俱乐部和赞助商这两个重要参与方产生合作、互助。

俱乐部。电子竞技俱乐部作为一个有盈利期望的公司，更追求稳定性和盈利前景，因此当官方赛事能够给予上述条件时，越来越多俱乐部参与其中，甚至组成俱乐部联盟。2018 年 1 月 16 日，Rogue Warriors（中文名"侠盗勇士"，简称 RW）电子竞技俱乐部在上海浦东陆家嘴丽思卡尔顿酒店举办队伍成立仪式，俱乐部首先参与的项目是《英雄联盟》LPL 联赛，该俱乐部由华硕的 ROG（Republic of Gamers，玩家国度）赞助。虽然在此之前，华硕也曾频繁投资电子竞技，但多以短期投资为主。在发布会上，RW 俱乐部负责人称，有两件事情促使他们正式成立自己的电子竞技俱乐部。一是 LPL 俱乐部联盟成立，取消了原有的升降级制度，这让更多追求稳定环境或期待长远盈利的传统企业加入电子竞技行业，这是促使 2017 年 LPL 进行改革后，京东、苏宁、哔哩哔哩等越来越多企业加盟其中的一个重要原因；二是 2017 年韩国三星旗下的战队在重新组建后迅速夺得《英雄联盟》全球总决赛冠军，一些厂商、赞助商也从中看到电子竞技更大的市场商机，也会在未来投入更多的预算。

赞助商。赞助商积极投资赛事的原因更多是电子竞技产业背后巨大的用户市场。企鹅智酷《2017—2018 中国电子竞技发展报告》显示，当前中国电子竞技用户达 2.5 亿，其中 25 岁以下人群占六成。普华永道发布的《2018 体育产业报告》显示，电子竞技取代足球成为最具增长潜力项目，也是唯一一个所有体育行业领袖们一致认为需要去重点发力的项目。

例如，在 2018 年《英雄联盟》世界赛后，LPL 联盟给各个俱乐部下发了一份官方服饰公告。公告称 LPL 已经与某国际一线体育品牌达成了战略合作，新赛季该品牌方将为联盟所有俱乐部的选手、教练、领队、翻译和分析师等代表性人员提供服饰、配件、鞋产品，而作为联盟成员，所有俱乐部需遵守联盟与品牌方关于队服的全新协议，合作模式相当于联盟队服的总冠名。预计该品牌将花费 10 亿元人民币签下 5 年合约，每年投入高达 2 亿元的广告费，还包括提供所有战队队员及主要工作人员的服装。这项合作的深度和广度在世界电子竞技行业内甚至体育行业都是开创性的，它将为职业联赛未来发展带来巨大的帮助，也为电子竞技产业在体育领域的立足提供了参考和借鉴。

2. 非官方优势

虽然官方赛事在市场中占有相当的优势，一些大型俱乐部、顶级赞助商纷纷与其合作，但是非官方赛事依托于一些外部资源，依旧具有一定优势。

①技术。近年来，随着互联网带来的深刻变革，人们的休闲娱乐发生了显著变化。受其影响，影视传媒行业也在经受挑战，迎来机遇。而电子竞技赛事则随着互联网的发展及传媒领域的技术进步而获益颇丰。例如，在由完美世界承办的《DOTA2》2017 年亚

洲邀请赛中，比赛现场充分利用虚拟现实增强技术、跟踪传感技术、地屏技术和飞猫技术，以高超的视觉效果向观众展示了《DOTA2》比赛中的对阵、比分及现场环境效果。比赛中转播团队巧妙结合场馆因素，将体育馆的顶棚变为与游戏匹配的乌云密布的天空效果，更以 AR 技术将每场比赛的对阵双方队标和比分实时展现，在 iG 战队胜利夺冠时，更以地屏技术在奖杯阶梯上以数据形式回顾 iG 战队的夺冠之路。中文转播团队正是通过对各种高端技术的运用以及对细节的把握，成就了 2017 年亚洲邀请赛的完美表现。

②人员。由于电子竞技行业自身的性质，赛事可以充分吸纳其中的精英人才。虽然官方形式的赛事内容和服务较为重要，但在一些三线城市和高校学区等地域，依旧有巨大的空白市场，这些都可供第三方赛事进行市场探索。参与电子竞技的人员数量十分众多，其主要原因如下：

行业进入途径众多：除了成为电子竞技职业选手，玩家可以尝试成为解说、赛事执行、网站编辑、俱乐部领队，还可以成为在电子竞技赛事或其他部门工作的幕后人员。

电子竞技已经有一定的历史积累：一些早期进入行业的优秀人才纷纷脱颖而出，他们或建立自己的团队，或加入已有的电子竞技部门。例如，国内知名赛事机构 Imba TV 的创始团队成员均是最早一批接触或从事电子竞技的人，像这样的资深从业者更容易抓住行业"痛点"，或是生产出优质的内容，或是组建新的团队，成为改变电子竞技赛事的重要力量。

③本地资源。一些主办方依托地域优势，在整合各项资源后，这样的电子竞技赛事有着场地、资金和政策等方面的优势。2014 年，银川市政府主办 WCA 2014，目的是汇集全球电子竞技团队同台竞技。这是国家倡导发展文化体育产业和地方政府鼓励引领创新的结果，借助电子竞技等新兴体育产业实现在文化娱乐产业中的弯道超车。截至 2017 年，WCA 在海外赛区方面通过品牌授权，与 LNEe（美洲赛区）、UCC（中东及北非赛区）、ESME（亚太及欧洲赛区）三家赛事合作伙伴展开海外赛事，努力搭建与世界其他地区电子竞技沟通的桥梁。

二、赛事在社会中的影响力

电子竞技赛事在社会中的影响力是一种活跃的动态表现，通常是用户在专业论坛、直播平台、社交软件的用户群等互联网群落中传递、交流对于某些事情的态度，再经由人数在意见上的趋同，形成不同派系的观点。以上方式与互联网上的其他舆论情况（以下简称"舆情"）状况有些类似，因此如果按照互联网上官方舆情的数据分析，可以从电子竞技赛事的"媒体传达量"，即视频网站、新闻媒体、直播平台的传播方，以及评论、转发、衍生创作为代表的"用户参与量"两个角度阐述赛事在社会中的影响力。

（一）媒体传达量

媒体传达量主要是指媒体报道的各项数据结果，既包括媒体报道数量、媒体报道的频次，也包含媒体报道质量。

1. 媒体报道量

在媒体报道数量上，主要是指借助社交平台、主题网站和自媒体等多种方式报道比赛，并且在一定程度上要求报道的资讯来源较为丰富。不同的团体或个人在亲身参与的过程中撰写文稿，为观众带来不同的视角、不一样的资讯。一项赛事的报道越丰富，说明其在用户间的话题度越高。

在报道的频次中，以电子竞技世界赛的报道最有代表性。因为可能存在比赛主场所在时区与部分观众所在时区差别较大的情形，所以这类报道既要保证直播观众的同步资讯，也要重视赛后报道整理、内容的上传和下载。一项赛事的报道频次越密集，说明媒体越重视。

就赛事报道质量而言，单纯有电子竞技赛事相关媒体报道是不够的，需要借助一定的契机传播到电子竞技行业外。究其原因，不同媒体的影响力、辐射范围不同，这又与它们的受众、行业地位，以及报道机构和电子竞技相关性等多个因素有关。例如，游戏专题网站的主要用户就是玩家，很少有非玩家群体关注此类网站，因此在这个网站刊登的新闻、资讯只会被同类型站点转载，很少有机会将新闻传播到其他领域。而一旦以公共领域为代表的其他报道开始关注电子竞技赛事，就说明赛事可能无论是在成就还是在影响力等方面都已成为主流社会不可忽视的声音。

由于电子竞技赛事彰显出的公平竞技的体育精神，其他类型的媒体在报道电子竞技相关新闻时往往优先报道大量赛事资讯相关新闻。这是赛事在报道方面具有的天然优势，赛事举办方和参与者等实际参与者应当学会积极借助它们为电子竞技宣传。

2. 赛事的直播与转播观看量

赛事的网络观看占相当大的观看比例。其中，直播端口的数量代表赛事受欢迎，直观依据就是一个赛事在线上平台中的站点数量，通常一些具有一定规模的线下赛事都会有网络直播端口。一些知名直播平台都已经参与到赛事报道中，如虎牙直播、龙珠直播、熊猫 TV、火猫 TV 等平台赛事都在不断投入赛事版权的购买，各平台将其视为某一时间阶段里流量最高的内容。例如，火猫 TV 最初的兴起就是得益于《DOTA2》第一届亚洲邀请赛的赛事转播，在这之后，火猫 TV 也致力于成为《DOTA2》的专业户。

转播端口的长期留存说明用户市场庞大，直观依据就是视频等内容的收视率和点击率，它与传统电视的点播较为类似。传统电视点播的收视分析中另一比较常见的现象，是将收视率高低与内容好坏简单挂钩。当收视率走高或走低时，便时常可以看到诸如"这是因为节目内容好（或不好）"之类的断言。在电子竞技赛事中，节目内容大致等同于比赛质量。

综合而言，赛事直播和转播既是赛事推广的重要方式，也是直观体现赛事影响力的重要数据。

（二）用户参与量

虽然观众在赛事期间的一般行为（如查阅新闻、观看赛事和回顾赛事周边动态）都是一种参与，但是在这个过程中一部分观众少有互动，并不是真正意义上参与。因为用户参与度是一个表示程度的词语，所以此处重点讨论的是用户深度参与电子竞技赛事的行为，按照参与的程度分别是评论、转发和衍生创作。

①评论。评论是赛事中较为常见的单项传播方式，玩家用户通过弹幕和评论对视频或事件做出表态。但是大量的信息无法正常传递给赛事相关人员，更多的是被其他用户快速阅读。评论通常很难达成统一性，除非赛事中的某些事件在价值、情感上高度统一，如某电子竞技选手（运动员）在赛场作弊，或者是做出辱骂他人等恶劣行为等，肯定会招致众人的批评。

②转发。虽然在现有的社交软件的功能中，转发是一件比较容易的事情，但是这一行为本身是值得研究的。通常而言，转发比评论更具有互动性，例如，转发过程中涉及该用户的社交圈，引起其他用户的回应；或者是用户在转发中加入的个人情感、文字作为一种公共言论行为被记录下来，这种亲身参与和反馈说明用户的参与度比评论更高。

③衍生创作。赛事庞大的用户群体使赛事成为信息交流、传递重要的平台之一。当部分用户对于赛事评价意见较多时，会选择采用创作的形式来表明自己的态度。由于相关创作过程中会采用大量赛事相关素材作为背景，因此这里将其称为基于赛事内容的衍生创作。一些赛事中发生的事件极具话题性，这让这类衍生创作成为一种较为有深度、有讨论余地的主题内容，部分专业的交流、讨论网站将其归类在一起，用户再进行浏览、评论和转发，这就是某一事件发酵的一个侧面。

三、赛制的具体规则

电子竞技产业的发展促进电子竞技赛事发展迅速。如今的电子竞技赛事与其他类型的体育赛事一样，有着重要的社会影响力，对产品的宣传甚至地方经济的发展都有着十分重要的作用。电子竞技赛事的举办和其他传统体育赛事也有着许多的相似之处。电子竞技赛事早期的举办基本都是利用传统体育的场馆进行改造升级，融入电子竞技元素，利用传统体育场馆的基础设施稍加改造，打造适合电子竞技比赛的场馆，进行赛事举办工作。随着电子竞技赛事越来越规范，电子竞技赛事也越来越成熟，电子竞技赛事不断走向成熟，也在迅速的发展中形成了众多的规则。

四、赛事规章

电子竞技赛事目前已经处在一个十分成熟的阶段。和传统体育相似的是，电子竞技赛事几乎继承了传统体育赛事所有的特质，重视竞技比赛中的公平、公正。同时，由于电子竞技赛事的特殊性，其也在长期的赛事运作中形成了独特的赛事特点。

（一）注重公平、公正的体育精神

竞技体育重视体育精神，电子竞技作为体育项目，也十分重视体育精神。竞技体育可以为广大的观看者带来很好的观看体验，这都是建立在竞技体育公平角逐的基础上

的。短跑、游泳等竞技体育的成绩计算中精确到毫秒，在职业选手高水平的角逐中，极其细微的误差对于选手的成绩都有着十分重要的影响。因此，比赛中的公平性受到越来越严格的把关。同时，严格的裁判制度也是赛事公正性的有力保障。电子竞技赛事是新兴的竞技体育赛事，经过较长时间的发展，加之电子竞技赛事在发展中学习和吸收其他传统体育赛事发展过程中的丰富经验，电子竞技赛事基本形成了比较完善的赛事体系。公平、公正的体育精神也是电子竞技赛事在发展中始终坚持的竞技体育精神。为了保障电子竞技赛事可以公平、公正地开展，电子竞技赛事借鉴传统体育的方式，也开始逐步引入反兴奋剂系统。

2015 年，C9 俱乐部的《CS：GO》队伍就被指控使用阿德拉（一种控制中枢神经的西药），最终，该队的队员也在采访中承认使用了该药物。国际奥利匹克奥委会将兴奋剂定义为：参加竞赛的运动员使用任何异体物质，或以不正常的量和不正常进入机体的途径使用生理物质，试图人为地以不正当的方式提高其在竞赛中的比赛成绩。由于兴奋剂在人体生理机能上的显著效果，很多传统体育项目中都曾出现过这种旁门左道的投机方式。兴奋剂的使用违背体育和医学科学的道理规范，对于运动员的身体健康同样是一种摧残，更蔑视了体育精神，受到了全世界人民的一致反对。随着电子竞技赛事影响力的日益增强，有些战队或选手在平时的训练中缺少努力，导致成绩比较一般，转而希望通过一些兴奋剂来提升自身的反应能力以及身体机能。因此，为了保障电子竞技赛事的公平和公正，电子竞技赛事中的反兴奋剂系统势在必行。

（二）重视团队合作

电子竞技比赛一般都是团队项目，因此对于选手的团结合作能力有着十分严格的要求。目前，主流的电子竞技项目大多是多人共同完成的游戏项目。《英雄联盟》《DOTA2》《王者荣耀》需要 5 名选手共同参与到游戏中去，并且各个选手都有着比较明确的位置和对线位置，选手一方面需要在线上展现自己卓越的操控能力，另一方面也需要积极和队友进行互动，开展不同的战术策略。在《英雄联盟》《王者荣耀》等电子竞技项目中，十分流行"中野联动""'四一'分推"等战术体系，这些战术体系的使用除选择十分合适的英雄角色以外，更加需要全体成员在游戏中严格执行系列战术，保持紧密的联系，从而保证战术的实际价值。

电子竞技比赛对于团队合作的要求甚高，选手们在比赛中需要保持积极的交流，做好战术布置。首次面对不同俱乐部执行的不同战术，选手往往应接不暇，这就更加需要全体队员随机应变，然后进行良好的交流，在较严峻的游戏局势中做出最正确的判断，灵活应对对方的战术。这对于整个团队的要求都非常高，对于团结合作也提出了高要求。

（三）比赛环境的完善

电子竞技比赛对于网络以及计算机设备的要求较高，导致了赛事主办方需要为战队提供十分稳定的网络条件以及高质量的外部设备。传统体育赛事在直播等过程中为了获得更好的节目效果，需要提供较好的网络条件，而体育项目本身是不需要技术条件作为支撑的，甚至根本不需要其他硬件等设备。例如，篮球、足球等体育项目只需要提供完善的基础设施便可以顺利开展体育运动项目，即使在直播中出现信号中断的突发情况，赛场的对决局势也不会受到影响。而电子竞技赛事对于网络、外设设备等要求十分高，职业选手在高水平的对决中，尤其在千钧一发的对决时刻，网络延时、卡顿对于其操作都是十分致命的。为了保障电子竞技赛事的顺利开展，电子竞技赛事的主办方在网络条件、直转播、外设设备等方面都有着十分翔实的制定标准，用这种方式来保障良好的网络条件，为观众提供最优的游戏观赏体验。2018年，腾讯电竞出台了《腾讯2018电子竞技运动标准》，对腾讯电竞电子竞技项目做出了明确的指示。例如，该文件中对电子竞技赛事直转播标准就规定了传输部分、视音频部分、虚拟及包装设备、集成服务和其他部分五个方面65个小项的具体内容。

除此之外，为了满足电子竞技赛事的顺利进行，对于赛事中的电子计算机也有一定的要求。2017年，中国体育场馆协会出台了一项电子竞技场馆建设的公示标准，旨在规范电子竞技场馆建设，保障电子竞技赛事顺利进行。其中关于电子竞技计算机的使用就有十分明确的要求，严格按照标准执行，可以保证电子竞技比赛中运动员计算机正常稳定运行，保证整个比赛顺利进行。

五、赛程计划

和其他成熟的传统体育赛事一样，电子竞技赛事逐渐形成完善的赛事体系和赛程计划。如今的职业电子竞技比赛赛制基本完善，赛程安排缜密，对于比赛的计划有着重要的导向作用。

完整的赛程计划需要囊括关于赛事的所有信息。整个赛程计划需要包括赛事介绍、组织结构、邀请比赛项目、选拔组比赛项目、裁判与仲裁、组队与报名、总决赛时间、总决赛地点、比赛办法、各地区选拔赛赛制、选拔赛举办流程、总决赛赛制和奖励办法等重要信息。通过赛程计划的浏览，社会人员可以及时了解关于该项赛事的所有信息，对比赛有着较高热情的爱好者可以通过赛程计划获得报名等方面的信息，确定自身擅长的项目是否在该项比赛中，最后确认是否参加比赛以及自身是否符合比赛条件。本节将以国家体育总局信息中心主办的全国电子竞技大赛作为案例进行剖析。

（一）赛事介绍

赛事介绍往往指赛事信息的简单介绍，这部分内容中包含赛事的名称、主办单位、承办单位和意义等内容。电子竞技赛事的发展对于现阶段的电子竞技产业发展都有着十分重要的意义，电子竞技目前成为大众认可的体育竞技项目，电子竞技的比赛精神也成为体育精神中的重要部分，不断丰富着体育精神。同时，电竞比赛的举办，为广大的电竞爱好者和职业选手提供一个公平、公平、开放的交流平台，推动电子竞技运动的发展。

（二）组织结构

一个完整的赛事体系必然有着完整的赛事组织结构。组织结构是一项赛事的中枢，负责赛事运营环节中各个方面的工作，对整个赛事的运作进行指导、监督以及执行，保障赛事的顺利开展。一个完善的赛事组织结构基本由赛事组委会、综合部、竞赛部、宣传部、技术部和市场开发部等部门组成，各部门各司其职，同时彼此之间相互紧密联系，共同促进赛事的良好发展。

各部门各司其职，同时彼此之间相互紧密联系，共同促进赛事的良好发展。各部门在整个赛事的运作中有着十分明晰的职责划分，有着独立的负责项目和工作重心。

①综合部：主要负责组委会的综合协调工作。

②竞赛部：主要负责竞赛工作的组织和实施，包括审核、制定、印发竞赛规章及竞赛规程；提出各项目竞赛承办地点及各项目竞赛场地设备及器材规格要求；制定、安排各项比赛秩序册、成绩册；制定技术官员、裁判员、运动员参赛资格的审定标准；运动员参赛资格的审查和报名注册工作。

③宣传部：主要负责新闻宣传报道方案的制订及实施、电视广播的宣传策划、转播开发工作组委会新闻发布工作。

④技术部：主要负责竞赛电子计算机系统的审核工作，按照电子信息服务系统的整体方案，做好注册登记、多媒体查询、电子商务和新闻信息发布的各项准备工作及电子信息系统联合调试、软件开发、系统服务与场馆之间的技术协调工作。

⑤市场开发部：负责组委会市场开发方案的策划及实施，综合协调组委会的集资工作，负责组委会无形资产的开发工作，办理各种专利、广告、比赛器材招标和购置等事宜。

（三）赛制安排

体育赛事的赛制比较丰富，各种不同的体育竞技项目往往也有不同的赛制。一项公平、合理的赛制对于整个赛事的赛程有着重要的意义，可以科学地选拔出成绩优秀的选手，同时为广大的电子竞技爱好者提供众多精彩的比赛，博得众多玩家的眼球。

在电竞比赛中，通常采取的是淘汰制、循环制和混合制。关于这三种赛制的具体说明，可参看第五章第二节中的相关内容。

知名的电子竞技项目《DOTA2》，每年都会由官方组织国际邀请赛，届时全球各地的职业俱乐部将会蜂拥而至。《DOTA2》国际邀请赛采用的是双败淘汰制，第六届国际邀请赛一共有 16 支战队参赛，根据小组赛排名决定首轮对阵情况，胜者进入胜者组，败者进入败者组，随后胜者组的胜者继续晋级，败者掉入败者组；败者组的败者被淘汰，胜者则继续来到下一轮，直到最后胜者组的冠军和败者组的冠军争夺总冠军。

严格意义上说，这种双败赛事是"不完全双败赛制"，它有一个缺点，即胜者组的冠军在总决赛中失败则只能成为亚军。这与严格意义"双败"是有一定的差异的，所以这种赛制被冠以"不完全"的称谓。与之对应的是"完全双败赛制"，即决赛之后，再加赛一场决定冠军的归属。但是这对于败者组的冠军也不公平，因为败者组的冠军需要击败胜者组冠军两次才能夺冠，而胜者组的冠军赢一场比赛就可以赢下整届比赛。所以考虑到胜者组冠军比败者组冠军少赛几场比赛的原因，"不完全双败赛制"目前还是比较公平的淘汰赛制，也是目前电子竞技赛事中应用最为广泛的一种赛制。

在我国举办的电子竞技赛事中，联赛的赛制已经比较成熟。众多的赛会制赛事可以借鉴世界上顶级电子竞技赛事的赛制，采取分组循环制和单败淘汰制相结合的方法，具体场次可以根据情况采用一局定胜负、三局两胜制或五局三胜制。但要注意以下问题：

①"种子"选手的设定方法要做到公正合理，克服部分比赛的不合理性。

②采用"定位抽签"的技术，解决比赛机遇性强的缺陷。

③安排好循环赛的秩序，尽可能解决好循环赛计算名次的复杂技术问题。

（四）裁判制度

成功的电子竞技赛事需要保证公平、公正、公开的同台竞技，裁判制度能够保障赛事的公平开展，也是对于职业战队和职业选手权利的良好保障。裁判是体育比赛中负责维持赛场秩序、执行比赛规则的职位或人物。

裁判制度是体育赛事中重要的保障制度，一场体育赛事中的裁判是神圣、权威的象征。许多国际比赛中的裁判必须从比赛双方之外的第三国中选出，以示独立、公正和无利益冲突。电子竞技赛事中的裁判同样是公平、公正的代表，在比赛中严格执行比赛的规则，不受金钱、权力等左右，坚持公平、公正的态度，保证赛事顺利开展，为广大观众献上精彩绝伦的竞技赛事。

2015年11月，江苏省镇江市体育局主办中国电子竞技二级裁判员培训班，此次培训使用了"全国电子竞技裁判员教材"，该教材由国家体育总局电子竞技部摘编，着重讲述"体育竞赛裁判员管理办法""电子竞技赛事的构成""比赛设备、软件的调试""电子竞技裁判员工作细则""判罚和各项裁判方法""编排与抽签"等专业内容，让参加培训的人员丰富裁判方面的知识，并可以参与到实际的电子竞技赛事裁判工作中去。

（五）组队和报名

组队和报名也是电子竞技赛事赛程计划中重要的组成部分，建立良好的组队和报名渠道，拓宽民众参与赛事的广度，从而带动更多的人参与到赛事中。组队和报名需要给出明确的限定条件，选手报名截止时间、报名的方式、报名的规则以及其他要求都需要在这部分内容中体现。

2018年，国家体育总局在官网上发布了《关于举办2018年全国电子竞技公开赛的通知》，宣布拟于2018年12月在四川成都举办2018年全国电子竞技公开赛总决赛。其中，《绝地求生》被列入表演赛名单，《英雄联盟》《星际争霸2》《炉石传说》则是正式比赛项目。在该项赛事通知中，对于选手的组队及报名有着十分明确的要求。2018年全国电子竞技公开赛采用网上报名的方式，网上报名系统有选手信息提交、赛程分组等多项功能，全国各地的意向选手可以通过网络平台进行网络报名。网络报名之前，想要参赛的选手需要在当地注册，非注册选手不得报名参加此次比赛，凡是违反此项规定的选手，将被取消一切参赛资格。报名过程中，参赛选手需要确认自己参赛的项目，了解清楚比赛的详细要求。例如，在移动电子竞技赛事中，比赛用移动设备需要统一系统版本，这些都是选手在报名的时候需要掌握的重要信息。

六、赛事的储备与升级

建立起完整的赛事系统，给予不同层次的玩家通道入口，这是完整赛事制度建设的重要步骤。目前，在世界范围内影响广泛的电子竞技游戏，基本都拥有比较完整的赛事体系。同时，这些赛事的举办也保证了这些电子竞技游戏有着相对稳定的玩家群体。比较完整的赛事体系，都会对赛事进行一定的分级，并不断完善自身。

（一）赛事储备和升级方式

电子竞技赛事储备和升级的方式与其他传统体育赛事的储备和升级方式大同小异，在充分借鉴其他体育赛事补充方式的基础上，电子竞技赛事结合其自身的特点，利用现代网络、新媒体等技术，将电子竞技赛事进一步完善和升级。

1. 电子竞技赛事的储备方式

电子竞技赛事的储备方式也是进一步完善电子竞技赛事赛制的重要举措。运营者根据不同电子竞技项目的自身特点加以改进，结合市场信息和玩家用户的相关信息，制定新的赛事模式，吸引电子竞技玩家参与到该项赛事中。电子竞技赛事的储备方式常常有次级联赛、城市争霸赛和网吧赛，它们都是电子竞技赛事重要的储备赛事。这些储备赛事对于职业赛事是重要的补充。它们使不同水平层次的玩家都可以参与到钟爱的电子竞技项目中，从而进一步地拓宽了玩家群体。同时，普通玩家可以借由这些储备赛事参与到赛事的竞技中，电子竞技因而真正成为所有普通大众的体育项目。

①次级联赛。次级联赛是职业联赛最重要的储备方式之一。次级联赛中的选手水平也是高于普通玩家很多的，大部分次级联赛的选手经历过顶级联赛的历练或者是从业余赛事中层层选拔而来的，代表着联赛的高级水平。

《英雄联盟》职业联赛建立了最为完善的次级联赛制度，对于整个项目的发展都有着十分重要的意义。《英雄联盟》职业发展联赛（简称 LDL）是《英雄联盟》于 2018 年推出的全新职业赛事体系，旨在促进《英雄联盟》职业电子竞技生态稳定健康发展。《英雄联盟》发展联赛取代了原先的《英雄联盟》甲级职业联赛次级联赛（简称 LSPL）。原先的《英雄联盟》甲级职业联赛和城市英雄争霸赛将会退出历史舞台，与《英雄联盟》甲级职业联赛组成了《英雄联盟》游戏项目比较重要的两级职业赛事体系。《英雄联盟》职业发展联赛由拳头公司和腾讯公司联合主办，每年的 3～5 月举行春季赛，6～9 月举行夏季赛，两个赛季成绩最优的 8 支队伍可以晋级年度总决赛，最后决出的冠军将有机会获得晋级《英雄联盟》职业联赛的资格（联盟将对冠军队伍俱乐部综合资质进行审核，若通过审核，冠军俱乐部将正式进入联盟）。LDL 每年会为 LPL 固定贡献一支优秀的职业战队，在 LDL 联赛中发挥优异的选手，也会得到联盟中其他职业俱乐部的关注，通过转会的方式将这些优秀的选手交易到其他职业战队，这些顶尖的人才就会通过这种渠道进入联盟，为广大的电子竞技玩家带来最为精彩的表演。

《CS：GO》赛事中也有比较成熟的次级联赛制度，这也是该项赛事成熟的赛事体系中最为重要的组成部分。对于全世界的《CS：GO》选手而言，《CS：GO》特级锦标赛意味着终极目标和无上荣耀，职业电子竞技选手都渴望在特级锦标赛中获得冠军。而次级锦标赛是通往特级锦标赛的重要一步。早期的特级锦标赛队伍都是直接由主办方进行邀请的，主办方会设置比较完善的赛制，被邀请的队伍将会参与到冠军的角逐中。随着该项目的赛事日益完善，次级联赛对于整个系列比赛的影响越来越重，众多在次级联赛中脱颖而出的选手也成了联赛中最优秀的选手。

②城市争霸赛。城市争霸赛的赛制也是电子竞技赛事赛制的补充和完善。一般电子竞技项目的城市争霸赛的门槛设立得比较低，基本都是实行零门槛的报名准则，报名者只要对于电子竞技有着足够的热情，都可以报名、组队参加相应的项目比赛。

城市争霸赛赛制的特点。城市争霸赛是赛事中参与度最广的赛事类型之一。一般的城市争霸赛可以分为网吧赛、市赛、省赛、大区赛和全国总决赛等赛事，基本构成了一个由地方到全国的完整赛事体系。由于参与的玩家群体过大，也导致了城市争霸赛的选手水平差异巨大，不同水平层次的选手都会因为对于游戏的兴趣，报名参加城市争霸赛。

城市争霸赛的重要作用和意义。城市争霸赛的举办丰富了电子竞技赛事的赛制，使整个赛事构成了比较完整的赛事体系。同时，城市争霸赛也是重要的人才储备方式，众多优秀的电子竞技人才通过城市争霸赛的途径脱颖而出，成为行业中顶尖的人才。

2. 电子竞技赛事的升级方式

电子竞技赛事的发展，为广大的玩家用户提供了大量的可以消费的内容。除专业的电子竞技职业联赛之外，主办方出于扩大游戏影响的目的，对游戏项目进行更深层次的开发，往往都会举办全明星比赛、洲际赛和 PK 赛等新颖的赛事模式。这些新颖的赛事模式都是电子竞技赛事的升级模式，而这些赛事模式往往也会得到玩家们的广泛关注，带来同样可观的商业价值。

①全明星比赛。全明星赛事是十分成功的电子竞技赛事的升级方式，也是电子竞技项目效仿其他体育项目十分成功的模式。电子竞技全明星比赛是近些年兴起的一种比赛模式，这种模式主要通过玩家网络票选的方式，挑选游戏中各个位置最受玩家支持的选手，票选得出各位全明星选手，重新组队进行比赛，为玩家表演精彩的比赛。全明星比赛往往出于娱乐目的，选手在比赛中压力比较小，选用的英雄角色也和玩家平时游戏娱乐中的十分相似，与平时的游戏有着很高的契合度，没有过分重视战术，普通玩家也比较容易理解，往往可以给玩家带来很好的视觉体验。

②洲际系列赛。《英雄联盟》洲际系列赛是十分成功的一种赛事升级方式，对于《英雄联盟》项目的推广和发展都有着十分重要的意义。这种赛事模式是拳头公司于

2017 年新增的电子竞技赛事，该项赛事将《英雄联盟》14 个赛区分为 5 个不同的对抗赛区，来自每个对抗赛区的队伍代表各自的赛区进行角逐，每个对抗赛区的受邀队伍数量、比赛场馆和赛制都会不同，但是所有的对抗赛都将在不同赛区间相互比拼。

（二）赛事储备和升级的重要意义

建立完善的赛事储备和升级的体系，对于电子竞技赛事的发展有着十分重要的意义。对于一些电子竞技项目，完善的赛事体系也是留住玩家的重要方式之一。电子竞技游戏除了给用户带来比较愉快的游戏体验，也为用户提供了丰富的视频资源。随着玩家年龄的越来越大，有很多游戏玩家没有足够的时间去娱乐，因此观看游戏视频成为他们重要的娱乐方式。各种电子竞技游戏的城市争霸赛、全明星赛事同样吸引了不计其数的观看人数。足够的观看流量也为这系列的赛事带来了可观的经济利益，因此各种类型的赞助依旧很多。完善的体系也为电子竞技赛事商业利益的开发提供了比较科学的途径。同时，完善的赛事体系也为众多的人才提供了进入职业联赛的通道，优秀的电子竞技选手可以在这些比赛中获得关注度，甚至表现自己对于游戏的深刻理解、战术认知，来捕捉专业人士的眼光，这些都为人才选拔开辟了道路。

赛事储备方式的完善是人才梯队保持新鲜活力重要的方式，次级联赛以及城市争霸赛都为俱乐部提供了发掘人才的舞台，也是职业俱乐部锻炼新人的重要平台，是新人职业电子竞技选手进阶顶级联赛重要的练兵场。

完善的赛事升级方式则是推动职业电子竞技选手不断提升自身水平，为俱乐部争取更高荣誉的重要手段。

第二节　电子竞技竞赛管理的主要内容

一、竞赛中的流程执行与人员管理

在竞赛过程中，因为需要协调赛场内外的各项事宜，需要有一定的章程及方法，主要包括流程的落地执行与流程中人员的管理，其中流程规划的主要目的是建立科学、合理的赛事赛程安排。这既能保证举办方合理有效地进行时间、场地和人员的安排，也有助于与参赛方、媒体和观众进行信息交互，减少在实际运作环节中的沟通成本。关于竞赛管理的内容，既可以按照一般活动的时间顺序进行流程规划，也可以从电子竞技赛事人员构成——办赛人员、参赛人员，以及观众与媒体组成的观赛人员这三类差别显著的群体出发，既考虑赛事活动的组织流程，也关注各类参与人群的心理预期和他们在赛事中的角色定位。

（一）流程执行

虽然赛事流程在赛事筹备阶段就已经基本制定，但是在实际操作过程中，因赛事规模、级别和要求等原因，需要工作人员贯彻执行对应的策略。因此，按照文娱演出或体育赛事的方式，将电子竞技赛事的活动大致分为赛事启动、竞赛组织和竞赛维护三个部分。

1. 赛事启动

赛事启动承接赛事的前期宣传，某种意义上它既是赛事宣传环节结束的标志，也是竞赛环节的开始。虽然该环节的时间周期相对较短，但是一些以主题宣传、商业演出为代表的赛事依旧会较为重视这一形式。例如，选择在赛事启动环节加入开幕式剪彩、赞助商品牌宣传等内容。就赛事自身的功能需要而言，赛事启动则为场地、设备和人员的调度预留了缓冲的时间段，因此赛事启动通常包含人员入场与赛事开幕仪式两部分。

①人员入场。人员入场主要是指在比赛前赛事筹备事宜完毕后，允许观众、参赛选手进入相应的场地就位，准备迎接比赛的开始。选手通常从赛前入住的宾馆直接由专用通道（通常参赛选手的入场通道与观众的入场通道是区分开的）进入候赛区，由专业的工作人员负责引导入场。通常，在电子竞技比赛的后台场区有专门用于参赛选手或战队休息、训练和观赛的场区。赛事方对于入场的准备主要是应对观众。在电子竞技赛事的历程中，观众入场观赛的方式大致可以分为三种，分别是免费观赛、持证或签到观赛，以及凭票观赛。

免费观赛通常是指举办方以一种欢迎的姿态，在场地环境允许的前提下希望更多普通人参与其中，一般的网吧赛、小型商业表演赛等普通赛事通常采用这种观赛方式。

持证或签到观赛是指观众有必要持证件或以签到等形式准许观赛（也可以是获得举办方主观认可进入观赛区），通常应用在高校电子竞技联赛、城市选拔赛等初具规模的比赛中，这类比赛的人员数量已经较大，有必要进行一定的人数限制。但通常因为主办方身份依旧带有明显的民间组织特性，也不存在盈利目标，所以对于喜欢电子竞技的非持证或非签到玩家的观赛许可不会过于严苛。

凭票观赛多指观众在赛前提前购买比赛门票，在比赛中凭门票进场观看比赛的入场方式。门票收入是赛事商业化的一项重要环节，它的良性运作通常意味着赛事在向盈利方向发展。凭票观赛这一机制既说明了观众对相应赛事的认可，也显示出赛事举办方在管理、宣传和赛事质量等各方面的底蕴。

三种不同的入场方式说明在赛事发展过程中不断变换的运营策略。在最基层的赛事中，首要目标是以娱乐的方式宣传、推广，并且由于规模较小，基本不存在管理问题。在中小型赛事中，主要源于参与赛场活动的人数剧增，管理的需求随之产生，因此会对人员进行一定的限制。在大型赛事或官方举办的职业联赛中，则能够以售卖门票的方式来管理观赛人员，因为这类赛事已经有稳定的队伍、海量的用户，同时为了实现赛事自身盈利的预期，所以售卖门票是这类赛事较为重要的运营环节，而且售卖门票能使电子竞技赛事的发展愈发正规化、精品化和商业化。

从上述事实可以看出，在赛事走向正规化、精品化和商业化的过程中，赛事管理方面的投入也随着赛事规模的增加而相应增长。但是，当赛事受众数量的增长趋于停滞时，对于管理的进一步投入所带来的效果就是在赛场内外为观众带来更为精致的服务。一般而言，越是高规格的赛事，就越能为观众提供超出基本观赛的服务内容。例如：

合理的场地设计。具体做法可以是，为保证相同票价观众的观赛体验，例如设置更多、更高分辨率的观赛屏幕，以满足各区域观众的基本观赛体验。

在赛场内外为观众提供各类便捷性服务，包括但不限于私人物品存放、场地公共网络、设立休息区与吸烟区等特殊区域等。

附加活动，例如，在接待、安检、观赛和赛事周边服务中，可以设立免费抽奖、免费线下体验、现场赠品等彰显赛事组织方人文关怀的有趣互动。

赛场中举办方派遣的工作人员应熟悉场地布局，做好适宜的引导。例如，观众可能是第一次光临某电子竞技场馆，对于所持票的座位、出入口、洗手间、休息区等均不了解，当他们向工作人员询问这些信息时，工作人员的回答必须准确，以免给观众造成不必要的麻烦。

②赛事开幕仪式。电子竞技赛事本身是一种宣传性活动。因此，一些商业性质比较显著的电子竞技赛事会较为重视开幕式环节。虽然不同主办方的操作差别明显，但从开幕仪式的环节、电子竞技的特色等方面出发，通常考虑的是开幕式的仪式感、主题特色、表演艺术等。

开幕式的仪式感。仪式感是指在特定的场景中，人们用庄重、正式的礼仪传递情感。这在以奥林匹克为代表的体育赛事中有着广泛应用。仪式内容多种多样，包括开幕式倒计时、赛前致辞和象征物传递等。例如，奥林匹克火炬接力就是一项有着悠久历史的仪式。奥林匹克火炬接力是奥运会的前奏，是古代奥运会和现代奥林匹克运动之间强有力的连接，是仅次于奥运会本身的最重要的传播工具。在100多天的传递活动中，火炬接力传播奥林匹克精神、传递友谊与和平的信息，点燃人们对奥运会的激情。奥林匹克火炬接力是奥运会主办国组委会提升公众对奥运会认知度和创造宣传点最有力的传播活动。火炬接力使主办国人民有机会全面感受奥运会的力量，也为举办国家和城市提供了展示自己的机会。

相较于传统体育赛事，电子竞技赛事的仪式感尚不浓厚，更多的是以游戏运营商代表或赞助企业代表揭幕、政府参与或主导的电子竞技赛事的赛前致辞等方式，而缺少一种让所有参与者印象深刻、感同身受的宣传，需要各赛事组织者更大力度的开发和探索。造成这一现象的原因主要有以下两方面：

·限于历史、社会等原因，缺乏代际竞技精神的传递，难以实现真正意义上的社会共鸣。

·赛事受限于商业形式不完善、依附于电子竞技主体产业等原因，无法践行完全独立自主、平稳高速发展的有效路径。

开幕式的主题特色。开幕式的主题感主要是结合赛事特色的现场主题。例如，在北京鸟巢举办的《英雄联盟》2017全球总决赛（简称S7）开幕式中，官方的赛事团队大胆地采用了增强现实技术。虽然在体育直播界，AR 的应用早已常见，并且同为电子竞技赛事的《DOTA2》国际邀请赛等其他电子竞技赛事都运用过这项技术，但 S7 开幕式的巨龙依旧给所有人留下了深刻的印象。其实，巨龙形象并非凭空杜撰，而是早已存在于游戏内的为玩家与观众所熟知的游戏元素。在开幕式中，巨龙在决赛场上翱翔，观众发出阵阵惊呼，所有人都为之兴奋。无论是现场观众还是正在观看直播的互联网用户，都能够感受到巨龙咆哮的震撼，也更加期待后续的精彩决赛。这就是电子竞技类赛事开幕式特色的完美展现。随后，在 2018 年的艾美奖（美国电视界的最高奖项）评选中，《英雄联盟》的赛事团队也因此获得了"最佳直播画面设计"这一极具分量的奖项。

<u>开幕式的表演艺术</u>。除必要的仪式感、主题特色外，通常开幕式还有针对观众的音乐、舞蹈等形式丰富的演出类节目，一些知名的文体娱乐明星会应邀参加开幕式的表演。在舞台整体设计上都会适当加入电子竞技元素，无论是舞台设计、道具选择、人物服饰，还是歌曲、舞蹈，都在表达竞技、拼搏的体育精神和全民互动的娱乐氛围。近年来，随着电子竞技规模的扩大，一些游戏厂商也会筹备相应的与赛事有关的宣传视频或动画，或者邀请歌手演唱原创游戏主题曲，这些都可以作为表演环节中展示自我的一部分。

2. 竞赛组织

竞赛组织是指为满足比赛要求而做出的计划安排，通常偏重于以下几点：

①安排赛程。

②对战赛制。对战赛制是指在电子竞技比赛中，客观公正地评判两支队伍胜负关系所需的对战场数，通常会采取 BO1（单局制）、BO3（三局两胜）、BO5（五局三胜）等不同的比赛方式。在非联赛的赛制中，举办方应当考虑以下几项可能影响比赛的因素：

<u>参赛队伍数量</u>。多数比赛在线下赛开始前已经基本确定参赛队伍数量，并且参赛队伍数量往往与赛事的周期相互影响。赛事周期长，则参赛队伍相对较多；赛事周期短，那么举办方也会相应地缩减邀请队伍的名额。

<u>不同项目的差异</u>。不同项目的单局竞技时长不一，这将直接影响赛制。当单局比赛用时过长时，会直接影响后续比赛安排（如 BO5 中的 3∶0 与 3∶2 两种都可能出现的情况之间的巨大时间不确定性）。单局对抗场次过多，也会增加赛事主办方的人员负担和场地支出成本，同时过多场次的比赛会对参赛队伍产生较大负担。

<u>整体赛程随比赛队伍数量而改变</u>。随着比赛的逐步进行，比赛质量越来越高，因此很多电子竞技比赛更重视半决赛、决赛等环节。即使同为线下赛环节，首轮淘汰赛的赛制常常比决赛更为精简。例如，《DOTA2》《英雄联盟》等很多项目的各项决赛都采用 BO5，而首轮若为淘汰赛则更倾向于 BO3，或者采用循环积分赛等较为精简的对抗方式。

<u>成本</u>。随着电子竞技环境的良好发展，越来越多的赛事为了保证比赛质量，愿意邀请更有名气、竞技水平较高的战队或是更多地承担队伍出行费用，这一点在各大型第三方赛事上表现明显。虽然不同级别赛事对于成本的估算与预期不同，但是无论主办方是否为队伍"买单"，他们的决策都会因受邀队伍而改变，从而会在一定程度上影响电子

竞技赛事的具体赛制。

3. 竞赛维护

在电子竞技竞赛过程中，需要做好维护工作，并按照不同的功能区特点分为赛场治安维护、赛事进程督导，分别对赛场观众、参赛选手负责。

①赛场治安维护。大型赛事需要在活动前向有关部门申请。通常，赛场治安维护会交由专业的安保公司负责，同时为了保障大型活动的顺利进展，在场地布置和彩排、比赛使用、赛后人员疏散等各个环节也会有当地公安、消防部门参与。赛事组织方在比赛期间应当积极听取专业警务人员的意见，尤其是在遇见突发状况、天气变化、赛事延期导致的种种问题时，要积极配合专业人员及时、有效地维护现场治安。

在一些中小型赛事的治安维护中，因为活动规模较小，并不一定需要向有关部门递交正式的活动申请，通常是向场地使用方提出申请，如在学校礼堂举办比赛应向所在学院申请，而在商场举办活动应向场地安保和邻近商家沟通，等等。

中小型赛事具体维持治安的人员会因成本原因由举办方自行组织，维护人员可以是员工、志愿者和赛前聘请的迎宾接待人员等。如果赛事周期比较长，既需要考虑对相关人员的短期培训，也需要顾及工作人员的作息、食宿和出行。

②赛事进程督导。赛事进程督导主要指以裁判、现场协调员和场外调度人员构成的赛事工作人员团队，他们在提供帮助的同时也负有督导运动员比赛的职责，其中以裁判的工作最为重要。中国电子竞技赛事的重要构建者之———腾讯电竞发布的《腾讯2018电子竞技运动标准》，对裁判职责有相应描述。裁判是电子竞技赛事的官方人员，负责判断在赛前、赛中以及紧跟赛后发生的比赛相关问题、疑问和情况。他们监管的方面包括但不限于以下内容：

<u>赛前检查队伍阵容</u>。主要是确认参赛人员信息，为了方便管理，若有人员的替换或变动，应当在比赛开始前的规定时间内报备。

<u>检查并监督参赛选手的设备和比赛区域</u>。在比赛开始前，了解选手的设备是否调试正常，在《英雄联盟》等一些项目中，对选手操作以外的策略环节（游戏角色使用的BP环节）的行为有正确判断。

<u>控制比赛进程</u>。指挥比赛中的暂停/继续，在比赛暂停期间禁止或限制参赛选手做出规定以外的行为。

<u>对赛中违反规则的行为进行处罚</u>。在现行游戏系统较为完善的情况下，裁判也可对参赛选手的恶意言语、挑衅动作和奇异装束等做出处罚。

<u>确认比赛结束以及比赛结果</u>。向赛事机构上交所执裁比赛的相关记录，以便后续查阅。

（二）电子竞技选手的管理原则

在电子竞技赛事中，由于参赛选手的相对稀缺性，现阶段电子竞技选手在一些赛事中除必要的义务外，还可享受赛事方提供的各项权益和权利。

1. 电子竞技选手的义务

①在比赛期间公平竞技。电子竞技赛事作为一项体育运动，应当做到公平、公正，因此赛事方有权要求参赛选手公平竞技，这是竞赛环节得以有效展开的前提。《腾讯2018电子竞技运动标准》中列出的部分要求如下。以下行为会被认为是不公平游戏，并将由赛事官方自行裁定处罚：

合谋：合谋的定义是两名或两名以上选手达成协议，使对立选手处于不利局面。合谋包括但不限于：串通比赛，指两名或两名以上选手达成协议，不在游戏中伤害或阻止对手，或是没有在游戏中以合理的标准进行竞争；事先安排分割奖金或任何其他形式的报酬；向一名同谋者发送或者接收暗号、电子信号或者其他东西，反之亦然；由于奖金或其他任何理由，有意在某局游戏中失利，或是唆使其他运动员如此行动。

竞技公平性：任何队伍都应在游戏中时刻秉承良好的体育精神，尽全力参与比赛，始终保持诚实，并保证公平游戏的原则不被破坏。需要说明的是，在确定是否违反此规则的时候，队伍阵容以及选择/禁用阶段是不考虑在内的。

黑客行为：黑客行为的定义是任何选手、队伍以及代表选手或队伍的个人对游戏客户端做出任何修改。

利用漏洞：利用漏洞的定义是故意使用任何游戏内的系统漏洞以获得优势。利用漏洞包括但不限于如下举动：购买装备时的小故障、与游戏中立元素互动中的小故障、技能表现中的小故障或者任何由赛事官方认定的、没有按照预期运作的游戏功能。

窥屏：观看或者试图观看观战者屏幕。

代打：使用其他选手的账号比赛或者教唆、怂恿及指引其他人使用另一名选手的账号进行游戏。

作弊方法：使用任何种类的作弊设备或作弊程序，或者任何相似的作弊方法（例如信号装置和手势信号等）。

故意断开：在没有正当以及明确阐明原因的情况下故意断开连接。

拒绝服从：任何队伍成员均不得拒绝或者不听从赛事官方的指令或决定。

假赛：任何队伍成员不得提出、同意、策划或者尝试以任何法律或此份规则禁止的手段，影响游戏或者比赛结果的行为。

②基本的行为与礼仪：

亵渎及仇恨言论：队伍成员不得使用中伤他人的、具有攻击性的或者令人厌恶的语言，也不得在比赛区域内或附近的任何地区采取鼓动、煽动仇恨或歧视他人的行为。

干扰、无礼行为：队伍成员不可以对其他队伍成员、观众或者官方人员采取任何动作或者打任何手势，也不可以煽动其他任何人做同样的内容，包括嘲笑、干扰以及敌视行为。

侮辱行为：对赛事官方、其他队伍成员或者观众的侮辱是无法容忍的。多次违反礼节，包括但不限于接触其他参赛选手的设备、身体以及物品的，将会受到处罚。队伍成员以及他们的嘉宾（如果有的话）必须有礼貌地对待所有参加比赛的个人。

<u>故意损毁或盗取主办方所持有的设备。</u>

③对赛事传播的积极支持。参赛选手或队伍应当积极支持赛事传播，有效避免因团体或个人对赛事传播带来的不良影响。

<u>禁止参赛选手做出干扰演播的行为或使用未经许可的通信。</u>

<u>队伍成员禁止穿着、携带虚假宣传广告或含有任何诽谤的、亵渎宗教的或带有攻击性的内容，或者其他一些不被公众认为是可接受话题的事项。</u>禁止含有任何在赛事区域被认定为非法活动的组成或相关内容，包括但不限于煽动、协助或者宣传赌博行为的彩票或企业、服务或产品；禁止为任何色情网站或不法产品做广告。

<u>身份：</u>参赛选手不可以遮挡其脸部，或者采取任何试图向赛事官方隐瞒其身份的行为。赛事官方必须可以在任何时候辨别出每名选手的身份，并且可以命令选手移除任何会妨碍其身份辨认或者会分散其他选手或赛事官方人员注意力的事物。受这条规则影响，将禁止戴帽子。

<u>遵循规则的义务：</u>除非另有明确规定，否则侵犯或者违反赛事官方正式规则及游戏用户协议的行为都会被处罚，无论是否有意为之。尝试违反或者侵犯规则也可能经受处罚。

<u>不负责任的公开言论：</u>队伍（包括选手、教练及经理等）有责任和义务对于其在公开场合的言论及行为（包括在微博等社交媒体）负责，并应严格监督审核任何出现在其官方社交媒体或选手个人社交媒体的文章、视频等，避免在任何公开场合违反本规则的相应行为守则。特此说明，任何与客观既定事实不符的虚假报道将被视为造谣行为，赛事官方将对其做出相应处罚。

<u>保密义务：</u>队伍成员不得以任何通信手段，包括所有社交媒体的渠道，公开任何由赛事官方或开发商及任何附属机构所提供的保密信息。

2. 电子竞技选手的权利

1978 年，联合国教科文组织通过的《体育运动国际宪章》第 1 条指出，从事体育训练和体育运动是一项基本的人权。因此，电子竞技选手在赛事中享有多项人身权益。

①正常的运营与商业宣传权利：

<u>参赛队伍利用服饰、队名、标签正常的商业冠名、形象等方面进行宣传。</u>

<u>个人或团体在比赛之外，是否愿意继续参与报道的权利。</u>一般性质的电子竞技比赛中，举办方与参赛方的合作基础是电子竞技比赛，不应过多涉及其他衍生的商业性行为。如果确有相关合作方向，双方应遵循事先协商、过程中互相督促、事后履行许可等一系列原则。

②日常便捷性服务：

<u>赛事方在出行、住宿、餐饮等环节应提供必要的服务保障。</u>这类必要的成本支出可以减少主办方对参赛队伍统一管理的难度，同时有效避免饮食卫生、消防火灾等出行

隐患。

　　<u>赛事方满足队伍的人员安排</u>。通常除正式参赛人员、队伍中的经理与领队等管理人员外，队伍中可能出现的还有后援团成员、赞助商或投资代表、队伍正式成员亲友等一些不确定的人员。参赛方在可允许的范围内，应给予相关人员一定的优惠保障。

　　<u>赛事方允许参赛队伍在规定比赛时间外自由行动</u>，但因此造成的比赛延误的责任将主要由参赛队伍承担。

二、竞赛中的现场安排

（一）现场企划

　　现场企划是指电子竞技比赛现场中配合竞赛展开的多项活动形式，它既有完善电子竞技赛事观赛体验的需要，也有用作宣传、推广的自我需求。

　　1. 解说与访谈类节目

　　电子竞技赛事通常有解说、主持等负责增加赛事讨论度、关注度的角色，前者主要负责赛事的实况播报与分析，后者则更偏向场外采访与现场主持。

　　①场外赛事分析。一些大型赛事出于赛事时间安排、赛事深度挖掘以及对观众电子竞技意识的培养等品牌包装相关目标，会将赛事分析环节，包括对战双方的风格等进行更为专业、系统、全面的分析，同时丰富观众的观赛体验。如果设立这样较为专业的节目，想要达到这一目标，通常有两点要求：一是该电子竞技赛事有一定的积淀，对于项目的要求就是游戏足够出色，有多种可供挖掘、研究的竞技玩法；二是对于参与赛事分析的人员的要求是赛前有足够的资讯信息，同时自身对游戏的理解十分独特。一些赛事的场外分析人员会选择前职业选手或教练、现役职业选手或教练等一批亲身参与比赛、有经验的人。综合而言，这类场外分析节目要求赛事的组织较为完善、信息获取渠道丰富，这样的节目常出现在以 LPL、KPL 为代表的联赛中，或者是如《DOTA2》国际邀请赛这种最高级别、规格的比赛中。

　　②比赛实况解说。由于电子竞技比赛的用户针对性比较强，以现场以外的观众视角观察，比赛解说和比赛实况直播共同构成了互联网观赛用户的内容体验，因此解说的重要性不言而喻。为了保证赛事的呈现效果，解说既要具备一定的演讲与主持技能，也要熟悉电子竞技的相关知识。他们的工作内容重点是为观众解说比赛实况，并借助赛事提供的一些视频、赛前数据等内容做出必要的分析，在保证辅助观众观赛的同时注重娱乐性。

　　2. 比赛内容放送

　　比赛内容的放送可以有多种形式，主要针对的是一场比赛后，举办方依据原始比赛视频与比赛数据，通过视频剪辑、数据统计和语音录制等各类工具软件，将电子竞技比赛中最精彩的瞬间、最细致的全局统计、幕后信息等及时传递给观众，做好针对电子竞技赛事相关内容的二次开发。

①赛事精彩集锦。大型电子竞技赛事中，导播间内通常设有专业设备，对直播中的比赛视频进行采集，所以在观众观看同一场比赛时，幕后团队能够迅速将该比赛数分钟前的精彩画面、运动员的高光时刻进行回放，既不需要花费人力、时间进行剪辑，也有效地避免了观众因为观赛疲劳或其他信息干扰而错失比赛精彩瞬间，为观众带来细致、体贴的观赛体验，以最快的速度呈现出全方位的竞赛内容，传递电子竞技精神内核。随着电子竞技赛事如火如荼地发展，越来越多的技术、设备得以应用到电子竞技领域，赛事精彩集锦只是其中的一种结果。

②比赛信息统计。例如，在以《英雄联盟》《DOTA2》为代表的 MOBA 类项目的比赛中，使用一些数据来量化选手、队伍的表现，其中尤以 KDA——击杀（Kill）、死亡（Death）和助攻（Assist）最具代表性，按照一定比率来算出一个数值，其公式为（K + A）/D。这类数据既能综合反映单个选手在某一方面的实力，也能更好地用数据对比、数据转换等方式为观众呈现出最清晰的比赛数据分析。

除比赛数据外，还有比赛语音、比赛相关新闻等都在比赛信息统计的范畴内。关于是否存在这些内容处理、制作的标准，或者参赛双方有没有将其公开的必要，需要具体情况具体分析。例如，对于一支高人气队伍的突然临场人员变化，赛事方有必要给出解释，以做到公平、公正。

（二）用户互动的形式

用户互动是活跃现场气氛时常用到的一种手段，在电子竞技比赛中，主要是为了度过参赛选手中场休息、比赛意外暂停的时间，宣传赞助品牌或深化赛事主题特色等。在电子竞技赛事中，最常见的互动形式就是抽奖，根据奖品的不同，分为直接物品奖励、活动参与奖励。其中，直接物品奖励可以根据观众持有的门票、活动奖券进行随机抽奖，奖品通常由赞助商提供，以宣传产品。

活动参与奖励则根据赛事活动安排有所不同。其中有代表性的活动是与一些电子竞技明星人物共同竞赛，这种娱乐的方式被玩家称为"水友赛"。线下赛事观众可以通过比赛门票号码，线上观众则是通过弹幕或评论留言，随后进入比赛，进行有趣的对抗。

（三）预备应急预案

基本的应急预案主要与电子竞技赛事中的各项资源配置情况有关，当这些重要元素发生问题，赛事不得不延期或者终止。

①设备。设备的预案主要是应对网络与电力供应。通常在赛事筹划阶段，这些都有备用设备。例如，比赛场地出现供电紧张，应当及时排查线路，明确是比赛设备用电还是比赛公共用电原因。通常，为了保证比赛正常有序，比赛设备用电是专用线路，一些大型比赛会专门搭设线路，保证比赛的正常进行。

相对于很少出现的电力问题，网络问题带来的影响更为重大。原因是电子竞技赛事对网络的要求比较高，以《CS：GO》为代表的一些游戏对网络的要求比较高，如果网络状况无法满足条件，应当更换场地以保证后续比赛正常进行，如将比赛临时转移至周边网咖。

②人员。人员的预案主要是针对参赛选手与观众。其中，针对参赛选手的预案主要是指其因突发的身体原因而耽搁比赛的状况，单人项目可以做时间上的调整，团体项目则是会允许替补选手登场。一些比赛中，为了保证比赛正常进行，既会重视选手饮食，也会要求队伍设置替补阵容。

有关观众的预案主要面对的是比赛中的突发状况。各种突如其来的状况会让观众感觉到焦躁或愤怒，如果处理不当，会带来较为不良的影响。无论这种影响是出自安全风险还是赛事信誉，与观众有关的问题都应当尽可能避免。一旦一项赛事经常让观众感到不适，会影响其在业内的口碑，而且这方面的问题应在赛前筹划、员工培训等环节做好充分准备，避免因人员矛盾引发的事件危机升级。

③环境。环境因素主要是指天气、时间的变化。其中，只要做好充足的准备，就可以减少天气变化对赛事正常举办带来的影响。较为特殊的是时间因素，由于电子竞技赛事在赛制、游戏模式上的特点，不同队伍的比赛用时可能存在较大差别，这一点与传统体育截然不同，所以赛事方只有通过全面考虑，合理安排比赛周期，才能安排出最恰当的比赛行程。

第三节　电子竞技赛事的后勤保障

一、安保服务

竞赛活动是体育赛事的核心组成部分，举办赛事主要是做好竞赛的组织与保障工作，并且体育赛事中的一切保障工作都应该以竞赛活动为中心。赛事安保主要是为赛事现场和驻地提供安检、消防应急以及交通疏导的行为。赛事安保的主要目的是保障赛事相关人员的人身安全和赛事相关场地、设施的安全。所以安保服务是电子竞技比赛成功举办的必要条件。随着电子竞技行业的发展，赛事安保也显得越来越重要。

（一）安保服务的内容

安保服务涉及很多方面，本节主要从四方面考虑安保服务的安排，分别是参赛选手保障、裁判员保障、技术官员保障，以及场地与器材保障。

①参赛选手保障：比赛资格确认、秩序册、点名检录、赛前训练、交通、餐饮、比赛组织、领奖以及兴奋剂检查工作，同时做好伤病救治等。

②裁判员保障：选拔、报到、培训、分工、现场实习、交通、餐饮、成绩统计和宣告、比赛执法，以及颁奖组织等。

③技术官员保障：技术官员包括仲裁、技术录像和兴奋剂检查人员等，主要做好选派、报到、交通、餐饮、独立工作区域、保卫、电源设备和器材保管等工作。

④场地与器材保障：标准化制作、采购运输、保卫、检查和备份等。电子竞技赛事

保障系统的建立，除了由竞赛部门牵头负责，各个部门都要密切配合。竞赛的组织者主要注意突发事件和自然灾害（如气候的影响等）对这一系统的冲击。另外，还要特别关注竞赛成绩造成的冲击，做好与内部、外部的合作和协调工作。

·与内部合作。与赛事场馆合作，对场馆的安全设施进行检查；与财务部门和采购部门合作，根据财务部门提出的预算，对采购部门提出装备要求；与后勤部门合作，了解赛事日程安排及参赛人员信息，进行安保布防等。

·与外部合作。与政府部门合作，主要指和公安、交通和消防等部门对接；与安保设备供货商合作，包括赛事器材供货商、消防器材供货商和通信器材供货商等。

（二）安保服务升级

近年来，随着我国社会经济的发展、对外交往的扩大，电子竞技赛事的数量与日俱增，且呈现出规模大、规格高、国际化的特点。由于电子竞技赛事的规模逐渐庞大，参与人数增多，安保服务也进行了相对应的升级。主要表现在以下几个方面：

①赛事安保涉及领域逐渐扩大。原来的赛事安保主要针对场馆内部的安全，现在还涉及赛事场馆所在社区、城市交通和信息管理等众多领域。

②安防手段深度智能化。利用人脸识别系统进行视频监控，对所有人员的行动踪迹有所掌握；"人证合一"实名制身份核查；对安保路线进行3D建模，实现实时可见和全程跟踪。

③赛事安保的人文因素逐渐增强。根据以人为本的核心思想，面向不同人群提供针对性的服务，从而满足各类人群的需求。

大型活动安保工作是一项繁杂严谨的工作，不容出现细节方面的失误，确保可能出现的危险都被考虑在内。正如立体化、全方位公共安全网要求维护公共安全体系，要从最基础的地方做起，要构建公共安全人防、物防、技防网络，实现人员素质、设施保障、技术应用的整体协调，要认真汲取各类公共安全事件的教训，推广基层一线维护公共安全的好办法、好经验。

大型活动及赛事期间，秩序部主要岗位暂停轮休，以加强现场安全保卫力度。根据活动需要以及场地规划，活动重点区域划分为场馆比赛区、场馆观众区、出入口、安全通道、贵宾接待室、停车场、场地周边等部分，由秩序部主管与外聘保安公司协调后，统一部署安保工作。

④入场人员票证查验及安全检查措施。为最大限度保障活动安全，所有入场人员须进行安全扫描门安检，并且要佩戴参赛证或观赛证方可进场。所有进入场地的非工作人员必须接受安全工作检查，对拒不配合的，一律不得入场。对强硬闯入的，现场安保人员予以现场制止，对不听从劝阻且态度强硬的，带离现场并移交公安机关处理。比赛开始后封闭入口，留下至少1名保安人员看守，其余人员加入场内安全巡逻工作，及时发现并制止影响现场人员人身和财产安全的不安全行为。

⑤比赛消防安全措施。活动开始前，由领导小组带队进行一次全面的现场检查，包

括消防栓方位配备、灭火器的检查，确保使用状态良好；对灯光、音响设备要进行认真、细致的检查，不许出现消防隐患和漏洞，确保消防安全。活动前一天组织安全事项会议，事先向每位安保人员发放突发事件应急预案、安全出口、灭火器位置图。现场吊挂大型安全出口及场内区位示意图。现场秩序维护及人员疏导措施、消防及治安管理问题由活动主办方及承办方向公安和消防部门申报，秩序维护部协同安保公司派出人员协助维持秩序。

⑥群众进出场秩序、观看秩序由现场安保人员负责。在发生突发事件时，应在应急领导小组的指挥下，全体安保人员协助现场群众疏散，并在确保自身安全的情况下，对突发事件进行控制。

⑦赛场、演出涉及的舞台、灯光和音响等工程将由拥有技术资质的专业公司负责设计、安装，由设备维护部监管用电安全。活动承办方负责现场监督。

⑧活动场地设施在活动过程中如有损坏，由当事人照价赔偿。在找不到当事人的情况下，由活动承办方负责赔偿，并保留追究当事人责任的合法权利。如今的大型安保工作已经完成了以人为主的模式到智能化、科技化模式的蜕变。未来的安保工作将更多依赖智能系统、物联网、大数据及地理信息等技术手段，实现对整个活动态势感知、预警、监测及海量数据分析，达到人员管理、交通组织和指挥调度的全面智能化。尤其是AI技术与智能安防技术的融合应用，将把大型活动安保科技推到一个全新的高度。从应用层面来看，三维可视化安防系统时代的到来或指日可待。

二、医疗服务

赛事医疗服务是为赛事提供有关的医疗救护、卫生监督、疾病控制和护理保健等方面工作的行为。赛事医疗服务的目的是保障赛事运行过程中，参与人员的安全与场馆环境的卫生。医疗服务是赛事顺利运行的重要保障，任何体育赛事都不能缺少医疗卫生机构的介入。筹委会通常成立专门的医卫部门，主要包括三大类工作：

①主要医疗工作，包括常见病治疗、运动损伤的理疗和现场救护工作。

②针对流行病等多发病、突发性疾病的控制防治，通常有效的方法是对当地历年同等时期内的流行病、多发病进行分析，采取有效措施解决。针对突发疾病，要启动预案，按突发事件程序积极应对。

③食品卫生监督。除驻地餐饮与食品供应监督管理是重点外，难点主要是街面上的餐饮饭店，特别是小吃摊点的卫生监督。目前行之有效的办法主要是做好赛事正常的餐饮供应，同时主动引导参加赛事人员到卫生条件较好的地方就餐。坚决取消无证摊贩，层层落实责任制，对社会上的餐点加强检查，决不搞"下不为例"。

在构建电子竞技赛事的医疗服务体系时，应考虑到以下几个方面：

①遴选定点医院，组建医疗保障团队，为赛事提供优质的医疗保障服务。

②开展传染病、流行病症状监测，加强疾病预防控制。对于不同类型、不同规模、

不同程度的突发事件，都应该备有相对应的紧急医疗救援预案，主要包括人员的调配、车辆的调配、救护医院的接收等。面对突发事件紧急救援时，应该由领导小组对突发事件进行宏观管理、总体调控，指导现场行动。

③强化卫生监督，做好场地、驻地的公共卫生监督检查，确保不发生突发公共卫生事件。

④专设医疗卫生保障部门。部门内按照职能分为医疗救护处、卫生监管处、疾病防控处和医疗保健处等。医疗卫生保障工作需配备具有医务专业知识、经验丰富的工作人员，包括医疗救护人员、卫生监督人员和疾病防控人员等。对医疗卫生保障工作人员的培训要注意以下几点：对医疗救护人员的培训侧重于掌握急诊医学的基础理论、常见危重症的临床特点及赛事突发事件中的急救处理；对卫生监督人员的培训侧重于相关法律法规和赛事有关医疗卫生规定的培训，要求熟练使用卫生检测设备；对疾病防控人员的培训侧重于掌握常见传统病的特征、疫情监测手段及传染病疫情应急处理。

赛事医疗服务主要是为参与赛事的人员提供安全、高效的服务，为相关人员的身体健康提供保障。通过督查卫生，为赛事参与人员提供优质、卫生的食宿环境。通过整治周围的环境卫生，减少，甚至是杜绝疾病传染源，提供安全的公共环境。为参赛运动员提供医疗保健服务，让参赛运动员拥有良好的身体条件来面对比赛。

每一场电子竞技赛事的背后都有大量工作人员的辛苦付出，需要确保所有的后勤工作万无一失。因此对后勤人员提出了极高的要求，后勤保障的重要性不容忽视。

三、财务管理

在电子竞技赛事中，财务管理的作用不容小觑。电子竞技市场的庞杂性和电子竞技产品的特殊性，使电子竞技赛事在财务管理方式上不同于一般行业。由于我国电子竞技产业仍处于不够成熟的发展阶段，目前还未建立起成熟的财务管理体系。常规来说，业内一般将赛事的财务管理分为收入体系和支出体系。

（一）收入体系

收入体系一般是指基于赛事活动本身而产生的资金，一般分为外部资金来源和内部资金来源。

1. 外部资金来源

外部资金来源是指除赛事组织以外募集到的，以公共资金为主的资金来源方式，其中包括政府机构的财政支持、团体组织的赞助、拍卖、捐赠、基金申请和慈善晚会等。

2. 内部资金来源

内部资金来源指的是在赛事活动本身的资产上获得的收入。其中包括：

①"转播特权"的销售。赛事组织可以许可别的数字网络平台对赛事进行直播、转播、录像以及报道，并从中获取相应报酬。

②门票销售。商业性的赛事通常以区别席位、捆绑销售、比赛双方热度、学生票等

方式来定价。门票销售是商业性赛事的一项重要（关键）的收入来源（公开的非商业性赛事不能通过这种方式获得收入）。常见的定价策略有标准价、捆绑价、标准价加优惠，以及区别定价。

③赛事周边产品的销售。周边产品一般由赛事组织自行设计、生产、发售，也可以通过合作的形式将这些流程外包给专业的机构。

④特许经营。将赛事专用的特殊标识（赛事名称、队徽、吉祥物、会歌和口号等）作为经营资源授予特许的企业使用，并规范地开展一系列经营性活动。这些都是为了能够让赛事成功举办而在财务管理中的收入体系方面所做的努力。

建立符合实际条件的收入体系，能够最大限度地提升收入指标。一般来说，在电子竞技赛事开始之前，很多收入指标已经明确。但在比赛过程中，会出现一些不可控的因素。例如，投资商追加投资；部分广告商在看到其他投资者获得效益后，自己也想投放广告，如果相关条件允许，完全可以增加各项指标收入，前提是不能破坏既定收入体系。

（二）支出体系

在电子竞技的财务管理中，除了建立符合实际的收入体系，还要在支出体系上做出努力。支出体系和收入体系有很大的不同。其一，支出体系的建立与后续发展具有密切的关系，持续性支出所带来的必须是持续性的收入；其二，支出方面的工作，有些是临时的，有些是长久的，严格划分才能保证每一分钱都花得有价值；其三，支出体系的建立会对收入体系产生最直接的影响，而且在盈利方面，是否会获得持续性效益，也是非常重要的考量标准。就赛事本身而言，各个阶段的表现方法和工作模式具有很大的差别。从财务管理的角度看，赛事各个阶段的支出具有很大差异。赛事的支出体系可分为以下四个阶段：

①搜寻与征询阶段。主要的费用支出集中在通信费、差旅费等方面。前期投入的资金会根据比赛性质和比赛时长来决定，不同地区的不同要求，会造成前期投入的不同效果。因此，在搜寻与征询阶段，需要得到较为全面的信息，避免在后续工作中投入更多的不必要费用。

②签约费用。此项费用的占有比例非常大，集中在球队出场费用、比赛场地租赁费用、销售代理费用等方面。签约费用在支出和收入中，都占有很大的比例，处于一个中间环节。如果控制不好此项费用，会导致财务管理工作遇到较大的阻碍，甚至影响体育比赛的时间和效果。

③履行与执行阶段。此阶段的费用属于后期费用，多数情况下，履行和执行阶段的费用不会发生太大的变化，除非遇到一些不可抗拒的因素，如国家政策变化或者是社会上的舆论压力。此阶段的费用集中在应急措施费用、招待费用等方面。在电子竞技方面，游戏开发商的决策对于信息不对等的大中型赛事而言，也是一种不可抗力因素。例如，某厂商决定在一年内的比赛周期中添加一场赛事。

④总结阶段。这个阶段代表着赛事结束，各项工作进入尾声。从客观的角度来说，总结阶段需要结清相关合作单位的费用，并且对自身是否盈利进行一个全面的分析和总结，为日后的发展提供相关参考。总体而言，资金在日常管理中，也需要综合社会上的外部因素和体育比赛的内部因素，这样才能得到一个理想的成效。

四、交通与接待管理

（一）交通管理

1. 设计目标

①确保赛事顺利、安全进行。

②尽量降低赛事交通影响，避免出现突发交通事件与交通拥堵。

③满足沿线单位、居民的正常出行需求。

2. 设计步骤

①确定交通影响区。根据赛事对周边交通的影响强弱程度，将交通影响区分为直接影响区和间接影响区。其中，直接影响区是指与赛事地点（线路）直接关联的区域，影响程度较大；间接影响区是指与赛事地点（线路）间接关联的区域，影响程度较弱。

②分析交通现状与问题。通过调查道路设施、公交运营及路网交通流量等现状，分析交通现状及存在的问题。

③设计交通组织方案。根据赛事导致的交通流量变化，进行流量的重新加载或分配，确定影响区内的交通拥堵点，并结合居民出行需求，提出相应的交通改善措施。

④评价交通组织方案。对比实施交通组织方案前后的路网车流运行状态，评价方案是否起到较大限度降低赛事交通影响的作用。

3. 降低交通影响的对策

①优化赛事地点（线路）选择。赛事地点（线路）的确定往往仅从经济、方便性等角度出发，对交通的影响方面考虑不足。因此，在确定赛事地点（线路）时，应综合考虑其交通影响，进行多方案比较，选出交通影响最小的赛事地点（线路）。

②注重道路设施改造。通过赛事交通需求预测分析，对影响区内的交通拥堵点进行工程改造（如旧路改造、渠化），以充分挖掘路网通行潜力。

③强化交通组织与管控。常用的交通组织与管控措施包括削减交通需求、分流过境交通、单道双通、双道单行、调整信号禁限转向、交警维序、分时放行、设置专用道、优化公交线路和诱导停车等。

4. 大型赛事交通管理实例分析

2013 环中国国际公路自行车赛（重庆巴南）于 2013 年 9 月 19 日（中秋节）14 时至 17 时在重庆市巴南区（起终点位于巴县衙门）举行，比赛线路包含巴滨路、龙海大道、龙洲大道、下滨江路、江滨路、大江东路、鱼轻路、丰华路、大江西路、新 S106 和云山公路渝南大道 C 段等道路，全长 124 公里。参赛队伍 22 支，分别来自美国、法国、英国、中国等国家。赛事具有影响区域广、公交线路牵涉多、居民出行需求大等特点，对交通组织要求颇高。

①确定交通影响区。直接影响区包括赛事线路封闭的 12 条主要道路及 20 个交叉口；间接影响区包括李家沱、花溪、龙洲湾、鱼洞、云篆山等片区的众多道路。

②分析交通现状与问题。根据交通现状调查分析，鱼洞片区道路条件不佳，部分道路及交叉口高峰期的饱和度已达 0.85；渝南大道 C 段占去北侧半幅路作赛道，出行需求受限。巴南立交桥下渝南大道由南向北侧道路狭窄，通行能力剧降。大江东路、云山公路被封，大江、云篆山片区居民出行困难。

③设计交通组织方案。

优化比赛线路。第一套方案的赛道主要比最终方案多包括了渝南大道 C 段（右半段）、龙洲大道（下段）、娄八路及渝南分流道，致使整个巴南区被全封，交通影响十分严重；第二套方案的赛道主要比最终方案多包括了娄八路及渝南分流道，但也使整个龙洲湾、李家沱、花溪片区被全封，交通影响较为严重。最终的实际方案则需要从时间安排、人流量处理等多个方面入手。

注重交通组织与管控。赛事运用的交通组织与管控措施如下：

·在影响区外围设置分流标志，分流南岸至一品（珞璜、江津）、江津（珞璜）至南岸的过境交通。

·在大江东路与巴县大道交叉口实行分时段放行，以满足大江与鱼洞居民的出行需求。在渝南大道 C 段（赛道段）实行单道双通，以保障鱼洞与大渡口居民的出行需求。

·在渝南分流道与走马梁路交叉口实行转向禁限，即在北进口中央分隔带处凿开一个缺口，供车辆左转入走马梁路，禁止车辆向南直行，南进口只允许车辆直行与右转；东进口只允许车辆右转；目的是扩大由南向北的道路通行能力（因为巴南立交桥下渝南大道由南向北侧道路仅一条车道可通行）。

在直接、间接影响区内相应路段和交叉口配置大量警力，疏导交通，处理突发交通事件。

（二）接待管理

接待管理是指为参加、参与赛事的各类相关人员提供住宿、餐饮、交通一系列服务的集合，虽然并非赛事中一定存在的环节，但在众多赛事中依然保留。

1. 特点

①接待服务工作中存在许多量化指标，其优势和劣势将会很清楚地显现出来。

②接待服务工作的直接对象是人。

③接待服务对象数量多，并且通常是同时到达和同时离开。

④因竞赛因素产生的不满情绪或矛盾，也将使体育赛事接待工作承担不同于其他活动的压力。

⑤参赛或观赛者通常有自己所处团队或支持队伍，立场鲜明。比赛具有对抗性特

点，运动员的对抗情绪会带动观众。过于激昂的情绪易引发肢体冲突、恶性事件，使体育赛事接待比其他类型接待的安全问题更为突出。

2. 一般步骤

①了解接待对象的期望的服务，对接待服务的整体工作量进行估计，同时要了解所需具体情况，即赛事运作管理机构所拥有的可用于接待服务的所有资源。

②条件允许的情况下，尽可能满足甚至超过接待对象的期望；在条件不允许的情况下，要与接待对象及早沟通，使其期望值及时调整。

③在赛事筹办过程中，对接待对象需求的变化及时做出反应，对接待工作中出现的问题进行快速疏导、解决。

④赛事结束后，要对接待服务情况进行评估，总结经验或者教训。

3. 主要内容

①住宿服务：

确定需要提供住宿的对象类别：

·结合各类接待对象的数量、规格、抵离时间确定接待宾馆。

·依照接待对象对住宿时间、地点、竞赛项目的需求分配接待宾馆。

·编制接待宾馆的服务标准，包括《宾馆接待工作规范》《客房卫生设备达标方案》《宾馆设施使用规定》《服务人员着装、行为、语言行为规范》《消防安全工作方案》《24 小时值班经理制度》等，并下发到各接待宾馆。

·组织开展宾馆相关人员的培训工作。

·对各接待宾馆进行周边环境布置。

住宿方面要考虑承受能力。2004 年雅典奥运会期间，为弥补雅典市的旅馆资源不足，奥组委和当地政府推出两个方案，一是豪华邮轮租住方案，即奥运期间在毗邻雅典的重要港口比莱夫斯市停泊八艘大型豪华游轮供游客租住；二是家庭住房出租计划，鼓励雅典居民把闲置的住房出租给奥运游客，或届时外出度假以腾出空房供奥运游客租住。此外还要考虑价格，奥运会期间饭店普遍涨价，如 2000 年悉尼奥运会期间涨价 2 ~ 3 倍；2004 年雅典奥运会期间涨价 3 ~ 6 倍；2008 年北京奥运会期间涨价 1. 4 ~ 1. 6 倍。

②餐饮服务。提供优质餐饮服务的首要前提是了解各类接待对象的餐饮需求，即确定各类接待对象的用餐类别、用餐时间及饮食习惯。

用餐类别包括固定用餐和非固定用餐。固定用餐又分为宾馆接待用餐点和场馆固定用餐点。非固定用餐大多因为特殊工作原因而需要接待部门向接待对象提供的餐饮服务方式，如向竞赛裁判员、记者提供的场地用餐。此类用餐服务的关键是餐饮的及时供应及卫生标准。非固定用餐包括快餐、食品及饮品。

用餐时间需要根据不同接待对象加以区别。例如，安排记者的餐饮时，需要注意记者的工作时间很长，只要新闻中心没有关门，记者驻地就应该继续供应饮食服务，而参赛选手用餐时间则应和竞赛安排结合。

<u>尊重接待对象的饮食习惯。</u>饮食习惯则与接待对象的国籍、民族、宗教、区域和个人喜好等因素相关，应事先对接待对象的饮食习惯进行征询，尤其要注意不同接待对象的饮食禁忌。

<u>在全面了解接待对象的饮食需求的基础上，合理选择餐饮供应商。</u>餐饮供应商的选择方式则根据赛事的实际情况而定，较小规模的赛事可采用询价、报价、洽谈和比较的方式来确定餐饮提供商；大规模的赛事则有必要采用公开招标的方式进行餐饮供应商的选择。

③迎送服务。迎送服务要求制订详细的迎送工作方案，方案的内容一般包括迎送对象、抵离时间、站点设置、迎送团队、交通保障、迎送路线、迎接与欢送的要求等。

<u>迎送服务成功的首要前提是信息的准确。</u>迎送服务人员必须掌握来宾所乘飞机（火车、船舶）的抵离时间、地点、车次、班次、人数等信息，如有不详情况要提前通过电话、传真等途径核实清楚，及早通知全体迎送人员和有关单位。如有变化应及时周知。

迎送人员应在飞机（火车、船舶）抵达之前到达机场（车站、码头）。送行则应在接待对象登机之前抵达（离去时如有欢送仪式，则应在仪式开始之前到达）。如接待对象乘坐飞机离开，则应该通知其按航空公司规定时间抵达机场办理有关手续。

<u>迎送工作中的几项具体事务，如安排汽车、预订住房等。</u>如有条件，在接待对象到达之前，将住房和乘车号码告知于接待对象。如果做不到，可打印好住房、乘车表或卡片等，在客人刚到达时，及时发到每个人手中，或通过对方的联络人员转达。这既可避免混乱，又可使接待对象心中有数，主动配合。

指派专人协助办理出入境手续及机票（车、船票）和行李提取或托运手续等事宜。体育代表团通常人数众多，行李也多，应将主要接待对象的行李先取出（最好请对方派人配合，及时送往住地，以便更衣）。

④交通服务。交通服务是指为接待对象提供交通便利，主要包括两方面的工作，一方面是赛事期间各类接待对象的用车需求，另一方面是各类接待对象的中转票务需求。

规模较小的赛事一般将交通管理的职能归属于接待部门，而大型综合性赛事，由于交通服务涉及与城市交通管理部门及铁路、航空等部门的大量协调工作，常常在赛事运作管理机构中设立独立的交通管理部门。

第七章 我国高校电子竞技专业的现状和对策研究

电子竞技产业的结构是以核心竞争力为主导的电子竞技生态体系。核心产业包括了电竞比赛的上游、中游、下游三大产业。上游是游戏开发商和运营商，他们为电竞比赛提供了内容和版权；中游包括组织者、俱乐部和团队；下游的平台包含了传播活动内容的大众传媒和现场直播平台。

第一节 我国高校电子竞技专业发展现状和分析

一、电子竞技产业发展现状

在上游的游戏开发优势下，电竞产业持续发展，目前已成为国内最大的产业。而在中游，专业电竞场馆、俱乐部和赛事等行业的比重则相对较低。下游的游戏平台有虎牙、企鹅电竞和网易 CC 等，这些都是下游的竞争对手。电子竞技行业的上下游行业比较成熟，而中游的俱乐部、场馆的发展较弱，上中下游行业的协同作用并不明显。通过对数据的分析，以及对专业人士的采访，我们认为，电竞是电竞产业的中流砥柱，而目前，电竞产业还缺少一个真正的管理者。至于俱乐部，目前还没有一个主流的电子竞技社。今后，要适应电竞产业的发展，就必须加大对电竞人才的培养。

二、电子竞技产业中专业人才的现状

电子竞技产业的发展和电竞人才的培养越来越受到国家的重视，人社局发布新职业——电子竞技员和电子竞技运营师，电竞职业的发布是电竞人才发展中重要的一步。电子竞技运营师的定义为：在电竞产业从事组织活动及内容运营的人员。电子竞技员的定义为：从事不同类型电子竞技项目比赛、陪练、体验及活动表演的人员。电子竞技人才指的是电子竞技运营人才、电子竞技运动员以及服务于电子竞技产业的周边产业的人才。

以下将对电子竞技职业选手的特征进行论述。从整体的需求来看，中国的电子竞技运动仍有较大的发展空间。腾讯电竞表示，目前有许多电子竞技职位亟待充实，而运作与管理职位则是最少的，这些人不但要具备较强的技术和理论知识，还要对电竞产业的

发展有较深的了解，对其专业技能、项目经验和综合素质都有较高的要求。紧缺程度仅次于经验管理类的是商务/营销类的岗位，例如商务员、品牌营销。专业内容制作类、研发技术类和赛事服务类的岗位也相对地缺少人才。DNR俱乐部领队罗队长认为："赛事策划、赛事编导和职业选手这些岗位是比较缺乏的，未来电竞人才的需求也会往这几个方向去新增。"

从以上几点来看，电竞运营商和电竞从业人员都存在着严重的人才短缺问题。广东高职院校已设立了以电竞业经营为主的电子竞技类专业，并在此基础上发展了电竞从业者。在接受专家访谈时，黄主任说："专业电竞选手的培养，很大程度上依赖于人才。"早期的专业运动员都是单独训练，参加比赛，现在可以在俱乐部里接受训练。所以，电竞经营者的训练主要是在学校进行，而大部分选手则是在社会上进行，例如俱乐部的球队的招聘与训练，以及来自各个行业的服务人员。

三、高中职院校电子竞技专业开设现状分析

（一）电子竞技专业开办的总体规模

随着我国电子竞技行业的快速发展，对电子竞技人才的需求量越来越大，因此，专业的电子竞技教育行业应运而生。自电竞产业发展至今，整个产业所面临的人才短缺问题并不仅限于运动员。职业电竞赛事、顶级俱乐部、各类媒体层出不穷，对电竞人才的需求量也在不断增加。电子竞技与管理专业的成立，让教育者对电竞教育有了更多的认识。目前，我国的大学已设立并开展了大量的科研工作，正致力于发展电子竞技教育。

（二）人才培养目标与规格

各国按照工作内容之间的关联性，对电竞运动员和游戏经营者的工作任务进行了规范化的界定。电子竞技者是指从事电子竞技活动的人员，而电子竞技经营者则是在电子竞技活动前期策划、筹备、组织、生产、后期等待和康复的人员。

电竞运动员和电竞经营者的资质和知识需求与国家规定的职业任务是不一样的。就电竞选手的需求而言，他们所处的位置可以是运动员或教练，而更注重实际操作。根据电竞公司的需求，他们的工作内容包括俱乐部管理、赛事运营、商业管理和内容运营等。从专业名称及教学目的上看，高职院校以电竞业经营为主，而对电竞业人才的培训相对薄弱。在训练标准方面，主要是培养具备俱乐部运营技能、市场营销能力、俱乐部社区经营能力的人才。按照国家电子竞技专业技术部门的要求，对竞赛和数据进行分析是必要的。电子竞技选手不仅要参与竞赛，还要具有较强的竞技水平。职业院校的电子竞技职业发展面临着人才培养需求和培养目标不相适应的问题。

根据国家对电竞行业的职业标准，从业人员必须有策划电竞活动、品牌推广、音像制作等方面的能力。在电竞企业的训练需求方面，更多的是针对普通职业技术的训练，而非针对电竞职业的具体技术与知识训练。职业院校的电子竞技专业发展，其训练标准未必能完全符合培养目标。

（三）人才培养模式

高中职院校采用校企合作的模式，专科院校都采用 2 + 1 的培养模式，本科院校都采用 3 + 1 的培养模式。在校企合作模式上，其深度和广度有所差异，专科学校都采用学校培养和企业培养相结合的方式，即学校和企业共同制订培养方案，并在师资和教材上进行合作；本科学校中有的采用学校培养和企业培养相结合的方式，有的采用学校培养 + 企业实习的方式。本科院校都采用 3 + 1 的培养模式，一共两所，并且都是在其他专业下开设电子竞技方向。3 + 1 的培养模式下，学习年限更长，有利于课程理论知识和技能的系统学习。这两所本科高校在 3 + 1 培养模式下采用的培养方式是有区别的，高校采取学校培养 + 企业实习的方式和校企联合培养的方式，还有开设电子竞技传播编导方向，对技术要求高。

5G 技术、虚拟现实技术、新的游戏题材等内容的涌现，为各大赛事的组织者提出了更高的要求。专业教师、教材、实习、就业与竞争教育紧密结合，有利于以企业的先进技术和专业知识来引导教学，促进专业发展和产业发展的协调。在实习及工作保障上，超级体育与腾讯体育合作，建立了一套线上实训教学平台，让学员能够通过实际案例，参与到与游戏有关的商业活动中，从而获得更多的专业知识和技术。超竞教育和电商企业之间的合作渠道不断拓宽，合作的电竞企业有 70 余家，为用人单位引进优秀人才，实现学校和企业互利及学生良好发展。在电竞教材上，超竞教育联合腾讯电竞推动电竞教育的发展，致力于培养高素质电竞人才，2019 年成功将教材投放到教学中，其中包括《电子竞技产业概论》《电子竞技运动概论》《电子竞技用户分析》《电子竞技职业生涯规划》。在师资上，超竞教育发挥其在 EDG 俱乐部中的资源优势，由于电竞教师的缺乏，俱乐部的顶尖实践者在接受训练后，纷纷投入大学的教学中。校企合作培养可以缩短学校在电子竞技方面知识与技术上的差距，提升师资队伍素质，提升学员的能力、知识技能和职业素质，以及适应产业发展的能力。

大学采取"学校教育 + 商务实习"的模式，有利于在现有专业建设中积累经验，高职院校的电子竞技人才培养采取 2 + 1 的模式，都是以校企合作的方式进行的。高职院校学生的文化底蕴较差，这样的训练方式使学员能够更快地掌握技术和知识，并且能够更快地适应工作。

（四）学科及专业建设情况

在培养电子竞技类人才方面，部分院校开设了电子竞技类专业，还有部分院校在其他专业中设置了电竞类专业。大部分的学生认为电子竞技是一门管理学和体育科学。学校的工商管理系（电竞俱乐部的竞技训练方向）主要是培养电子竞技运动员，其管理学科下的专业设置不合理。

（五）课程设置

在一般课程上，在其他专业开设电子竞技课程的学生，除了要学习现有的专业课程，还必须学习与之相关的课程。一般来说，都有一定比例的理论课和一门实践课。

①电子竞技专业是培养电子竞技运营师的。从整体课时设置上看，实践课和理论课各占一定的比例，课程主要围绕着电子竞技相关知识。核心课程包括：电子竞技用户分析、电子竞技职业生涯规划、电子竞技联盟运营与管理等。

②工商管理专业电竞俱乐部赛训方向是培养电子竞技运动员的。其理论课程约占总课时的37%，实践课占63%。电子竞技运动员在工作中更多地关注实际操作技能的使用，而实践课程则有助于提高职业技术的实践性。其核心内容为电竞俱乐部与运营，以及电竞IP运营。相对于电竞选手和电竞经营者的分工，这两个科目的目的在于学习商务知识，并将其用于电子竞技的操作。

③学院开设运动康复专业（电子竞技运动心理与康复方向），目的是为电竞相关产业提供专业技术人员。从学校的教学内容来看，在学习有关运动康复的基础上，应将其与电子竞技有关的理论与技术知识相结合。其中，电子竞技的战术分析课主要针对电子竞技选手进行培训。此课程旨在提升电竞玩家的战术分析技巧，以提升战队及俱乐部的绩效。但是，这方面的课程与训练的目的是不一致的。另外，播音与主持艺术专业（电子竞技解说方向）的学员要学会经营电竞专业的社团。这门课程的目的在于训练电竞经营者，特别是提升他们的经营技巧。

（六）办学条件与资源

当前，我国高校缺少专门的电竞教学材料，部分与电竞有关的课程也没有专门的教学材料。更不必提，专业与大学的层次不同，学生的基本功也是不一样的。如果教材中没有区别，那么在特定的教学中就会出现不相关的情况。从职业教育的角度来看，部分教师更多地关注教学经验与知识，缺乏对行业知识的理解与掌握；目前，我国电子竞技专业的师资队伍建设还不完善，缺乏专业性。

学院的电子竞技类课程由年轻的硕士研究生和资深的专家、科研人员组成，并通过校内的选拔与训练，进行电子竞技类专业的教学。电子竞技教育教师具备丰富的教学理论与实践经验，但缺少专业知识与技术。

目前，校内电子竞技课程均是在体育教学中进行的。教师来自EDG俱乐部等一线行业从业者，经过内部教学培训后便开展教学活动。是电竞企业员工通过电竞专业教师招聘，补充到高中职院校。从"BOSS直聘""智联招聘"、企业公众平台等相关途径中可以收集到电竞专业教师的岗位要求和工作内容。从培养模式和招聘条件来看，对电子竞技教师的需求主要集中在对电竞知识的积累上，而在理论与实践方面的需求相对较少。

对于学校来说，开设电子竞技专业需要具备较大的场地、较高档的教学设施。多媒体教学设备明显不能满足教学目的。高职院校发展电子竞技专业，由于训练设施、教学环境不能达到课程目标，培养环境与教学要求不符。

第二节　我国高校电子竞技专业中存在的问题

一、电子竞技有关政策起步较晚

由于政策起步较晚，我国电子竞技俱乐部的发展、电子竞技赛事的举办、电子竞技产业园的建设和电子竞技人才的引进与发展，都缺乏足够的政策支持。虽然目前的电子竞技政策已经逐渐得到改善，但是在电子竞技领域中依然存在着很大的差距。

由于电竞比赛多为都市及区域性的比赛，其影响力较弱，知名度较低，在市场推广或商业合作上也不受赞助商的青睐，因此在经营与发展上一直处于困境。在选定举办地时，国内、国际上著名的电竞比赛都会以具有高科技产业气息的城市为中心。政府出台的优惠政策，有利于形成一个良好的行业环境，有利于建立电竞俱乐部，促进体育赛事的发展，也有利于建立电子竞技产业园。在培训过程中，学员及父母能亲身体验到电子竞技产业的气氛，加深对电子竞技产业的认识。在大学设置电子竞技专业，既能增强体育院校的吸引力，又能增强大学生的应试兴趣，还能保证生源，推动电竞专业的发展。在职业选择上，可以为电子竞技事业发展创造更多的就业机会，从而吸引更多的优秀人才。

二、电子竞技专业人才培养目标不清晰

对这门学科的研究结果表明，在各个专业中，每门课的时间报酬并没有显著的差别。在教学上，学院在教学、科研、教学管理等方面均有卓越的成绩。但是，在推动体育事业健康发展的过程中，仍然存在着许多问题。目前，学校正面临很多问题，如市场缺乏哪些人才、产业所需的素质、每个岗位所需的技能、学生所要掌握的技能、开设专业后所要开设的课程，以及怎样将学生与自己的工作相结合等。只有解决了以上问题，学校才能持续地把自己的优秀人才引进电竞产业，从而真正地促进电竞产业的发展。

2016 年，官方设立了电子竞技与管理学，推动了电子竞技教育的发展，也让学校对电子竞技这个职业有了一个初步的认识。在 2019 年年末，中华人民共和国人力资源和社会保障部分别为"电子竞技"和"电子竞技运营商"设立两个职位，旨在让高校更好地把握职业发展的总体趋势。人力资源部在这一领域的岗位划分，主要是根据工作内容的关联度来划分，但是没有对这两个专业所对应的特定岗位进行进一步的划分。比如，在电竞公司的工作内容的说明中，他们的工作重点是规划、发布、协调和审查电子竞技活动。包括平台运营商、业务人员、品牌经理、促销策划人员等。若对于所涉及的各个岗位的业务过程有更多的描述，其工作的内容可能会更加明确。

工业上对于电子竞技专业的定义和分工也缺少参照。腾讯电竞就是一个例子：按照

行业的不同，它又分成了几个部分。赛事发行与运营部主要负责赛事的管理，整体运作，交易代理，创意商业的发展和推广。根据对国内外专家的采访与数据的分析，中国的电子竞技行业还处在高速发展的时期，急需优秀的人才来促进其发展。但是，目前我国高职院校的电子竞技教育系统还没有完全建立起来。由于缺乏相关的行业规范，各高校在实施电子竞技专业教育时缺少政府的进一步引导，对职业教育的目标和职业类别的认识不足，不能制定更加综合的训练方向和明确的课程。

三、电竞教学的资源配备和教学质量有待提高

（一）专业教材的完善力度不足

校企合作模式在职业技术学院中得到了广泛的运用。在充分了解电竞产业和职业需求的基础上，电竞公司自行研发了自己的电子竞技教材。当前，高职院校开设的体育类专业在教材使用上存在着差异化、不协调等问题。通过对教科书使用情况的调研，发现不同层次、不同教育目标的学校在使用相同的教科书时，没有明显的差别。同时，由于缺少适合学生的教学材料，难以因材施教。个别的课程缺少专门的教科书，教材的数量也不能完全满足学生的需求。数据表明，近半数的学生认为教科书的数量有待提高。

（二）专业教师的能力要求不全面

从职业院校设置的师资情况来看，企业从行业中选拔出的师资和从社会上聘请的专业老师，更多地侧重于行业技能，有些院校的老师在教学上很有天赋，但在技术上缺乏经验。这说明职业教育对专业教师的能力要求还不够全面。

（三）教学训练实践的设施设备投入不足

通过实地调研发现，虽然部分高职院校设置了电子竞技专业，但其教学设备和课程教学目标存在着显著的差别。校内缺乏较大的场地、较高档的器材。多媒体教室里的设施和设备明显不能满足教学目标。根据学生的意见和对学校设备状况的分析，我们认为，在教学与训练方面，应加大投入。

（四）电子竞技教学与实践活动的开展不够丰富

除对学生平时所从事的体育项目进行调查之外，大部分同学还会利用现场直播的方式来充实他们的业余生活。有关电子竞技内容的交换和对产业资讯的认识，主要是通过学校搭建的教学活动平台进行的。学生参与度偏低，说明学校在日常教学中缺少其他教学活动。

（五）校企合作的实习实践基地建设亟须加强

针对高职院校电子竞技专业与实习公司的关系，当前高职院校在开设电子竞技类专业时，一般采取校企合作的方式。而合作企业能够提供的实习基地数量有限，很难开展相应的实习工作。

四、学生缺乏对行业工作的全面认识

（一）对培养目标和专业学习方向缺乏明确的导向

在针对电子竞技的学生调查中，80%左右的学生不了解电子竞技的培养目标和专业学习方向，这说明大部分的学生并不了解电子竞技的真正意义。在对大学生进行职业技能教育的考察中，存在着对其学习目标不清楚的问题。

（二）对课程学习的内容要求不全面

在对电子竞技专业所教授的知识与技能以及未来就业需要进行的问卷调查中，有40%的受访者认为，电子竞技课程所教授的知识与将来的就业需要相匹配，而50%的受访者认为，要充实自己的知识与技能，而另一些人则表示不明确。调查结果表明，半数以上的大学生对电竞专业的课程内容有一定的认识，而对其课程性质的认识不足。电竞产业还处在高速发展的时期。随着游戏IP的不断升级，5G网络技术、AR技术的不断发展，都对电竞产业的发展起到了积极的促进作用。电子竞技专业学生学到的知识与技术水平与产业发展不相适应，培训质量必然大幅下降。

（三）对本专业的就业目标取向不清晰

在对电子竞技岗位进行考察时，应选择现场制作、俱乐部管理、赛事策划和管理、游戏制作及比赛技术支援评审。资料表明，电竞专业的学生更想成为电子竞技选手。但高职院校开设的电子竞技专业主要是为电竞产业提供服务的。这就造成高职院校开设电子竞技课程时，学生对职业规划有一定的误区，而学校则缺乏对产业的认识与就业辅导。

五、高职院校电子竞技专业人才培养的互助机制尚未建立

我国的电子竞技专业建设尚处在初级阶段，各学校与公司的优势并未充分发挥，各院校间的学术交流也较少，有关专业技术培训的探讨也较少，学校与企业缺少对培养电子竞技人才的支持。

（一）校、社、企人才需求的互通互动

通过实地调研，发现在设立电子竞技专业时，因缺乏市场调研以及与各企业的互助与协作，大部分大学仅是视实际情况而定。在开设了电子竞技专业后，对国内电子竞技人才的需求也不甚了解。在制订职业技能训练方案时，由于不熟悉有关职业技能的工作内容，培训项目与职业技能训练目标不相适应，教授的知识与技巧与市场的需求不符。

（二）校际和校企间人才培养的联动与互补

当前，高职院校之间的校际协作还不够深入，并未充分利用自身的优势。在课程实施上，将电子竞技类专业分为"电子竞技"与"非电子竞技"两大类。企业按照自身的教学方式来进行电竞课的教学，同时也由学校来进行非电子竞技的教学，这两个学科的

衔接不足，造成了课程系统的不连续性，各种知识与技能难以有效地融合。

究其根源，学校与企业对教育工作的交流与探讨不足。在培训基地建设方面，当前，在校企合作模式下，企业为校方提供场地和设备。在计划的进程中，缺乏一个完整的计划，比如，培训目标不明确，教室的资源不能被正确地安排。在利用培训基地的情况下，没有充分利用培训资源进行全面的知识和技能训练。从一定意义上讲，这些学生对知识和技巧的掌握不够透彻，而且他们对这个行业的工作内容缺乏了解。

（三）校际人才培养资源的互助与交流

目前，对电竞的重视还处在起步阶段，院校之间的交流也不多。各高校在开设电竞专业时存在着一定的困难。加强高校之间的交流与沟通，能有效地解决问题。在教学上，各学校都是按照自己的实际情况来设计课程，缺少交流活动，没有一个统一、完整的教学规范。在具体的实训课程中，校际活动与交流欠缺，如校际合作举办的电子竞技比赛。电子竞技职业训练的核心是组织和管理，而非参加比赛。只有让学生参与策划、宣传、管理和实施活动，学生的技术才会得到提升。

第三节　开设电子竞技专业的发展对策与思考

一、政府优化产业发展政策

为吸引企业，建设更多的电子竞技产业园，营造更好的就业环境，国家要强化政策，以推动其发展，提升其整体发展水平。

上海在发展电子商务方面取得了一定的成绩，同时也应在各领域加大政策力度。在电子竞技场馆运作方面，每年按照 Gradient 当年的比赛项目数量进行补助和奖励；对电子竞技活动的组织，将提供一定数量的资金，以保证电子竞技职业联赛、全国职业电子竞技联赛等比赛得以进行；在电竞活动方面，根据活动的规模，吸引的线上、线下目标人群的数目，给予相应的奖励与补助。对于俱乐部的引入，将会按照俱乐部的实际运作费用，对其进行一定的补助；住房、交通和旅行津贴由城市和地区的政策提供，如儿童教育、医疗等。

二、积极推进校企合作

（一）明确电子竞技专业的培养目标

为了更好地理解培训的目的，高校必须先了解电竞公司与电竞选手的工作范围，确定培训的目的，再针对不同的工作内容，制订合适的、科学的培训计划。在具体的实施中，要充分认识电子竞技行业，以校企合作的方式，加强校企交流，了解电子竞技行业的人才需求状况，并针对电子竞技岗位的技能要求，有针对性地为学生开设课程，提高人才培养的专业性。

（二）加深学生对专业技能和行业能力的认识

实习课程能够加深学生的理论基础，增强其综合能力，同时也有助于学生在大学校园实习中对工厂工作有一定的认识。培训项目在实施过程中，必须采用相应的专用器材，而各项目的训练目的也不尽相同，因而要建立专门的训练室和装备。在培训环境上，学校应该加大投入。建议在学校与企业间进行深度沟通，探讨培训的组织架构，听取公司的意见，理解业界的规范，借鉴其他学校的成功经验，并为学员提供专业的培训环境。

在学校里，我们要不断地学习自己的专业知识和技巧。在日常的教学中，我们也要借助学校的力量，为学生提供一个学习、沟通的平台。要加强教学与沟通，丰富教学内容。在课外活动上，学校将会推出多种形式的电子竞技活动，或与电子竞技公司联合组织校园体育活动，既充实学生的再教育，又能让学生规划、参与活动的运作及执行，提升学生的学习兴趣及专业技术。比如，最流行的以《王者荣耀》为主题的游戏，与电竞公司联合主办的"校园电竞联盟"，不仅让学生们参与到比赛中来，还可以让他们参与到游戏的策划、宣传和运营中去。学校可以通过定期的比赛来提高学生在比赛中的运用和表现技巧。在校园里组织讲座，让同学们有更多的机会从业界的专业人士那里得到更多的信息。同时，为了激励学生在课余时间参加电子竞技相关活动，学校要采取一些奖励措施。

另外，学校还致力于加强知识的整体与前卫。腾讯赛事执行总监张先生表示，在电竞产业中，要保持产业资讯的领先地位，不能脱离市场。随着电竞产业的迅速发展，电子竞技项目也在不断更新，5G、VR技术为电竞产业注入了新的技术力量。如果人们不熟悉电竞产业，不熟悉电竞项目，就有被淘汰的危险。电竞公司与学校必须密切配合。公司要适时地把先进的工业技术引入教室。学校应该鼓励学生对新的事物有更多的了解，并使他们保持对学习的兴趣。

（三）加强生源的保障力度

随着国内电子竞技的用户越来越多，关注电子竞技的人也越来越多。据调查，有半数以上的学生是出于爱好才选择玩游戏的。强化高校毕业生的教育资源，必须从学生做起。在招录方面，建议校方与电子竞技公司合作，加强对职业特性的认知，以及对职业内容的宣传，以学员的利益为起点，吸引有兴趣、想要在游戏领域发展的人加入。

我们要让更多的家长认识到电子竞技职业的目标与内容，从而消除其错误认知。建议校方与游戏公司进行合作；在招聘过程中，企业与学校可以通过现场问答方式，让家长们认识到，电子竞技教育是为培养职业技术人才而设的。公司与校方将携手合作，让父母们更好地了解活动的器材、训练室、专业的教科书，以及专业的学习资料，以提升父母的专业自信心。组织业界专家讨论会，让家长们更好地了解电竞产业的发展及未来的就业情况，了解学生在完成电竞教育后能做什么，为孩子们的将来做好准备。

（四）积极推进校企合作模式

要积极推动学校与企业之间的合作，创新企业的合作方式，就需要不断地进行深度与广度的研究。

在训练方式上，大学普遍采取统一的训练方式。除了提供教育资源和训练项目，还可以对学生的就业状况进行调查，例如开设合同班，根据公司人才需要的数量和质量提供相应的培训，并对毕业生的就业和人才供给提供有效的保障。在课程中，除了引进专业的教材和老师，还可以在课程中加入一些商业案例，使课程内容更加丰富。在课外活动方面，学生会与各公司合作，进行校内电子竞技团体和企业电子竞技俱乐部的交流竞赛，让各公司更好地了解学员的电子竞技水平。同时，也可以邀请企业专家到学校组织关于电子竞技的专题讲座，让同学们更好地认识到电子竞技的市场。为了增强实训的先进性，学校还应引进虚拟现实类的电子竞技类活动。在实际操作中，企业可以拓展实训内容，设置专业的课程，培养专业的人才，使学生在比赛中不断学习、成长。比如，以企业为主要的实践资源，让学生能够更好地掌握专业技术，同时也可以积累更多的项目实践经验。

三、优化育人用人环境

（一）提高双师型专业师资水平

要进一步加强高校的师资队伍建设。目前，我国非电子竞技类专业师资为学校师资，而电子竞技类专业师资则为企业及社会招聘。

电子竞技类专业的师资在技术和知识方面具有很强的优势，但在实践中缺乏相应的教学经验和技术。电竞公司要为职业选手提供职业电竞训练，让他们具备一定的教学能力，从而提升他们在现实生活中的教学技巧和综合素质。电子竞技企业可以通过与学校的合作，进行技术和经验的交换，吸取学校的优势和特长。在对电子竞技类课程师资能力进行评价时，必须建立一套考核机制，包括：对教师的示范课程进行质量检验、教材的数量与质量能否达到要求；学校的老师在教学基础理论与实务方面都很强，而在电子竞技方面的专业知识和技术却是薄弱环节。为了更好地发挥电子竞技教育的效果，学校必须组织学校的老师进行有关行业的知识培训。

（二）联合研发高质量的教材

好的教科书需要的不仅是专业性，还有实际操作。所以，在编写电子竞技相关教材时，既要掌握体育的相关知识，又要具备一定的教学实践。各高校和各大电竞公司必须加强合作，充分发挥各自的优势，开发高质量的优质教材，并对教材的教学效果进行检验，从不同的角度进行知识的专业性和实践性的检验，并不断优化。从工业发展的观点出发，必须加强教科书的教学质量。公司和学校可以组成一个共同的工作小组，专门负责研发和更新教科书。

（三）创设高水平实践教学基地

我们必须继续加强学校与商业的协作。在建设上，要建立一个综合性的电子竞技训练基地，正确定位教学职能，合理安排场地，购置基础设施。在经营上，学校与企业联合经营电子竞技训练基地，制定相应的管理制度，定期对训练器材进行维护和更新，并在教学活动以外定期组织文化活动。此外，还必须增加训练基地的价值，提高训练基地的使用频率，以及维持非经常性的活动。开展校企合作、校际交流、虚拟现实类游戏等活动。丰富的课外体育活动，能调动学生的积极性，改善企业间的合作关系，促进人才的质量和进步。

第八章　高校电子竞技运动与管理专业人才培养现状及优化策略研究

随着中国电竞产业的蓬勃发展，中国已经成为全球最有影响、最有发展潜力的电竞市场。电子竞技也给社会带来了更多的就业机会和发展空间。为了深入了解当前电子竞技行业人力资源的情况，有必要细化电子竞技从业人员的类型。

第一节　我国电子竞技相关人才社会需求及培养分析

一、我国电子竞技相关人才社会需求分析

（一）我国电子竞技行业人才岗位分析

为了把握电子竞技行业需求现状，先要对电子竞技行业的具体岗位的具体方面进行需求分析，把握岗位需求的重点。对招聘的岗位进行统计，可以发现，目前国内的岗位主要集中在新媒体运营、游戏主播、电竞解说、客户经理、工程师等相关岗位。并且大致分为以下三类。

第一类，运营维护类。主要包括运营商、赛事策划与执行、电子商务等人员。比如俱乐部的媒体职位，主要职责是在社交媒体上发布游戏团队的最新发展。其主要功能是培养和发展社交媒体粉丝，树立协会的行业形象。

第二类，专业内容制作类。涉及游戏艺术设计、游戏动画设计和游戏程序开发等专业游戏开发技能。例如，视频制作应负责计划、脚本、拍摄、后期制作和电子竞技视频制作。通过服务主要品牌推广和广告，满足后期视频制作和其他部门的需求。通过沟通和调整生产过程中的相关链条，完成整个生产过程并确保质量。

第三类，赛事支持类。比如专业体育主播、淘宝主播等。在目前的传统艺术专业中，传统就业岗位饱和。主播主要职责包括：通过日常维护平台和活动，在游戏领域推出高质量的作者和名人，并据此设计热点和相关节日活动；帮助策划线下活动，提高电子竞技的知名度。

通过对岗位名称的分析发现，当前电子竞技行业具有对服务类人才和专业技术人才的需求，并且岗位都偏向于中高层的主管、经理等。另外，对插画师、工程师等技术类人才更是需求较多。这在一定程度上表明，国内相关行业发展仍然处于萌芽时期，行业

的管理人才偏少。

（二）我国电子竞技行业工作地点分析

我国电子竞技行业的工作地点分布呈现出东多西少，南多北少，经济发展强省多的特点。这表明电子竞技整体产业与经济、科技等因素相关。电子竞技的发展在经济发展较好的城市、省份社会认可度和需求较为强烈。通过访谈发现，电子竞技的发展需要资金、信息资源和媒体资源。

以上海为例，其已经发展出较为完整的一套产业体系。在设施方面，建设了梅赛德斯－奔驰文化中心、东方体育中心大型赛事场馆。浦东足球场、森兰电竞馆、东昌弈空间等文体融合场馆也在筹建之中。除此之外，大量直播机构、电竞战队、行业协会和高端论坛等行业配套社会设施完善。游戏风云、SCNNTV、PLU 等主要的电竞传媒公司都在上海。赛事方面，除了几个电竞联赛，其他赛事都常年在上海举办。总之，在一系列的相关政策下，我国电子竞技行业呈现南强北弱，东多西少，集聚效应明显的特征。

（三）我国电子竞技行业工作经验分析

工作经验是工作中极为重要的支撑，工作经验丰富的人才能够更快速、更有效地为企业进行相关工作。根据招聘信息中的工作经验需求可以看出，企业对电子竞技行业人才的工作经验比较关注。在访谈部分电竞行业人力资源主管后发现，目前我国电子竞技行业发展较为迅速，但尚未有专业性的相关人才培养，整体行业工作者的专业能力不强。而工作经验作为行业工作评价的衡量标准之一，其价值凸显。与此同时，电子竞技行业的从业人员主要分为两种，一种是从事电子竞技运动之后的人员，比如退役运动员、行业教练等，较为丰富的工作经验能够使他们了解工作流程和方法，能及时沟通，解决问题和危机。但是也有相当一部分人员是从其他相关领域转业过来，对电子竞技并不熟悉，但是其他行业的专业服务知识相对充足，因此其工作经验的丰富程度成为电子竞技行业发展的重要评价指标。

（四）我国电子竞技行业学历要求分析

目前，电子竞技行业对受过专业化教育的人才极为看重。但是很少看见博士研究生、硕士研究生等学历，表明目前企业对学历要求并没有到特别高的程度。一方面，这可能与电子竞技行业人才的来源有较大关系。另一方面，这可能是与电子竞技运动"偏实操性"有关。

（五）我国电子竞技行业薪资状况分析

岗位的薪资状况，是对人才绩效反映最明显的指标。从某种意义上说，工资可以体现一个公司对某一职位的看重，也可以体现整个产业的发展。根据招聘信息中的薪资条件统计成表，与国内目前平均薪资水平相对，电子竞技行业的整体薪资水平较高，并且上海、深圳、杭州等大城市的薪资水平总体偏高。主要原因是，相关岗位多位于一线城市，城市薪资水平整体较高，且目前国内电子竞技行业的发展态势良好，行业内部的资金较充足。部分待遇中甚至提及年假、十四薪、十五薪等概念。

（六）我国电子竞技岗位技能要求分析

通过对招聘信息进行分析，发现目前我国电子竞技行业对于人才能力的要求各有不同，涉及不同的岗位内容和岗位要求。按照人才岗位的大类进行分析，并对部分出现频率较高的词汇进行梳理汇总，发现这些岗位大致分为管理运营类、专业内容制作类和赛事支持类三类。

首先，分析三类岗位的总体能力要求，发现无论是管理运营岗位，还是专业内容制作以及赛事支持，用人单位要求最多的是职业技能，主要涉及专业知识，比如管理运维中的公关、外语展示均是运维过程中必要的基本能力，并且在专业内容中表现得最为明显，甚至直接明显地涉及 PS、AE 等相关软件的运营。

其次，除去专业能力的要求之后，出现较多的是沟通能力的要求，咨询、谈判、沟通等词语较多地出现，表明业界对于沟通的及时与流畅较为关注。这可能与电子竞技运动的赛事时间紧凑，需要及时判断、沟通有关。

最后，通过梳理发现，目前电子竞技岗位涉及能力需求较多，既有电子竞技本身的专业技能，又有服务知识、沟通能力和学习能力等。可以说，电子竞技行业已经不单纯是电子竞技本身，也涉及摄影、后期、赛事、公关和营销多种领域。

针对我国电子竞技行业的人才需求分析，总结如下：

目前电子竞技行业的人才需求岗位主要集中在管理运维、专业内容制作、赛事支持三大类，需求缺口较大。电子竞技的行业地点主要呈现东多西少、南多北少、一线城市多等特点。电子竞技目前薪资水平较高，但是行业的整体学历水平不高，工作经验要求高、实践操作性要求强。受电子竞技行业产业链较长的影响，岗位复杂多样，不光需要从事电子竞技的人才，也需要涉及运营、传媒、赛事和营销等各方面的人才。目前，电子竞技行业对职业技术人员的需求量很大，还没有达到饱和状态。从当前的求职市场来看，对电竞有一定了解、有技术的应聘者更受雇主的青睐。电竞圈的人既要"懂电竞"，也要"有技能"，即既要懂电竞，还要精通一种特殊的技术。产业对此类人才的迫切需要，促使对此类人才的培养也被提上日程。

二、电子竞技运动与管理专业人才培养分析

20 世纪 90 年代，我国电子竞技行业起步。通过调查发现，主要从业人员中科班出身的较少。受电子竞技行业发展的影响，电子竞技运动与管理专业的设立被提上日程。我国电竞产业的迅速发展催生对电竞专门人才的需求。2016 年 9 月 6 日，教育部在《普通高等学校高等职业教育（专科）专业目录》中增补了"电子竞技运动与管理"专业（670411），拉开了我国电竞教育的序幕。

（一）电子竞技运动与管理专业总体规模分析

短短几年时间里，相关专业开设呈现出直线上升趋势。进一步分析发现，除了西北地区尚未有相关院校开设电子竞技运动与管理专业，其他六大区域均已开设该专业。另

外，值得注意的是，包括山西体育职业学院、安徽体育运动职业技术学院在内的4所体育职业院校开始开设相关专业。与专科院校的扩张相比，本科院校发展相对缓慢。通过资料收集，主要涉及以下三种类型：

①专业性体育院校开设相关专业。2018年，上海体育学院在播音与主持艺术专业中设立了电竞解说专业方向，并取得较大成果。2019年，山东体育学院设立电子竞技运动与管理本科专业。在经过一年的充分准备后，广州体育学院设立了电竞解说、管理、心理与康复3个专业。并于2018年开始招生，共计招生200余名学生，并且投资200万开展专业建设。其中，300m^{2}的电竞中心已通过验收，主要作为该校电竞俱乐部《王者荣耀》女子战队服务场馆。

②传媒类院校开设相关专业。2017年，南京传媒学院（原中国传媒大学南广学院）设立电竞分析本科专业。2018年，四川电影电视学院在其数字媒体艺术系设立相关专业，全面开设电子竞技运动与管理课程。

③综合类院校开设相关专业。南昌工学院在其体育学院开设了相关专业。与专科院校相比，本科教育在电竞专业人才培养方面发展相对较缓，并且多为在其他专业方面开设相关方向，直接对口电竞的专业发展相对滞缓。在研究生教育上，相关教育更是尚处空白。

总之，通过分析电子竞技的开展规模发现，我国电子竞技运动与管理专业发展相对滞缓。我国电子竞技发起于20世纪，但是相关专业的建设直到2016年才兴起。目前，我国电子竞技运动与管埋专业以专科教育为主，本科教育较少，一定程度上反映出专业教育的不完善和不充足。与目前我国的人才缺口相比，专业发展尚不能满足相关行业需求。

（二）电子竞技运动与管理专业培养目标分析

培养目标，是指对专业人才培养的核心界定。培养目标的确立，会有效地促进该专业的相关人才培养方式以及培养内容的优化与更新。但是由于电子竞技运动与管理专业设立时间较晚，发展时间较为短促。在查阅相关文件之后，并没有清晰的专业培养目标和内容。虽然教育部并没有专门的相关人才培养计划，但各个院校结合自身实际，确立了自己的培养目标。

无论是本科院校还是专科院校，都对自身的人才培养有较为明晰的确认和描述。通过描述发现，各个院校的人才培养定位既包括赛事活动过程之中的裁判、运营、主播和解说，也包括俱乐部的领队、教练、分析师和营养师等，还包括为第三方服务的解说、技术分析等。这在一定程度上说明，我国相关院校都能承担社会责任，以培养出社会需求的人才为己任。同时，各个高校对于自身人才培养目标的描述有较强的相似性，这一定程度上表明了我国电子竞技专业的人才培养目标已初具成效。

但是也不难发现，专科院校的电子竞技运动与管理专业的人才培养目标偏技能类，力争培育复合型人才。值得注意的是，培育人员种类过多。以电子竞技员和运营师为例，电子竞技员是可以直接进入相关活动的人员，主要是比赛运动员和教练，这类人员是电竞的主要人员；电子竞技运营师指赛事的服务人员，负责赛前的策划、赛中的组织，以及赛后的运营与维护。岗位比较注重理论知识和管理能力。不难看出，两者的人才需求是不一样的，这也意味着不同的人才需要不同的培养方案和培养方法。但是高校将其置于统一培养方案之下，不利于专业人才的培养。

上海体育学院、广州体育学院等本科院校则能够基于自身的专业优势，较为专业地培育相关人才，更加注重人才的行业能力培养。比如广州体育学院的电子竞技运营师会更加注重学生的服务专业能力，强调通过专业的语言、协作和沟通来服务赛事，强调对整体能力的运营，但是缺乏对电子竞技行业的具体能力和具体知识的培育。

为了更好地对电子竞技人才的培养目标的适用性进行分析，对学生进行了相关调查。调查发现，当前学生对于其专业的发展方向和培养目标了解情况不佳。部分学生，认为电子竞技运动与管理专业与打游戏、打网游一致。他们对于专业的期许是满足自己的好奇和玩要心理。而在接受一系列教育之后，他们发现专业与自己的预想不太一致。虽然研究方向不少，但是许多学生处于比较迷茫的状态，过多的培养目标导致学生不清楚自己未来的职业定位和职业方向。

业内人士指出，电竞实际是相对老旧的专业。他是构筑于各种职业的基础之上的。电竞运动员本质上是运动员，只是从事的项目是电子竞技。总之，当前电子竞技运动与管理的培养目标符合社会发展要求，但是具体性和可操作性仍然较差。

（三）电子竞技运动与管理专业课程设置分析

为培养产业所需的电子竞技人才，专业的课程设置也是其专业建设的核心和重点。通过对相关院校课程设置的整理与分析，发现目前电子竞技运动与管理专业基本围绕公共基础课、公共选修课、电子竞技专业基础知识课程、电子竞技专业技能课程、电子竞技职业能力培养和实习六个维度开展相关课程。这六大维度中除了高校通常设置的公共基础课和公共选修课，其他的都能围绕电子竞技运动的相关工作要求、岗位能力开展。

在整体的课程设置框架下，大部分专业都能较为一致。但是在课程具体设置方面，由于学校所处的环境、教学师资和办学环境的不同，各大高校的课程设置也有所不同。电竞赛事运营、电竞裁判、俱乐部管理、解说主播等课程出现在学校的教学大纲中。与此同时，各个高校也依据自己的办学特色，开展了不同的课程内容。比如上海体育学院的电子竞技运动与管理专业偏向于播音主持的课程。其中对播音主持的相关课程设置较多。四川电影电视学院结合院校本身特色，强调媒体运营和主持的专业天然色，侧重于电子竞技过程的新媒体运营和解说。南昌工学院则是考虑到其专业所在的体育学院特色，强调学生在了解体育的基础之上，进一步提升对电子竞技的管理和服务能力。

另外，在课程设置方面，课程目标不清晰、课程雷同等问题也逐渐凸显。比如，"运动训练理论与方法"和"战术理论与方法"两门课程，由于都属于电子竞技运动的基本训练和发展，内容具有较多的重复性。并且，在实际的教学中，很难将其区别开来。

作为课程培养中的重要一部分，学生对于课程好坏有着最为直接的感受。在访谈中，大多数学生认为当前的专业课程设置无法满足他们的发展需求。他们指出，课程讲授集中于理论，部分老师甚至依赖PPT进行教学，照本宣科，没有实际经验，无法有效地传递知识。与课程设置的合理性、可行性和学生发展的需要相对应的一些问题，应该成为高校今后改进课程设置的依据。

通过对专业学习的现状进行调查，我们发现，不同学生有不同的思考。部分学生认为专业技术比较重要，目前课程不足以满足需求，应该提高技术培育建设。另有部分学生指出专业理论不够深厚，认为只有充分了解电子竞技的相关内涵、发展历程，才能真正了解专业。

从调查结果来看，学生对学习内容的多样性、学习内容的质量、专业知识的选择等方面有多元需求，因而，高校在开设专业的时候，不仅要从学科的角度出发，还要从学生的实际出发，关注他们的发展需求和兴趣取向。总体而言，目前高校虽然拥有多种课程，但是其课程目标不清晰、课程结构不合理、课程设置也不尽合理。

（四）电子竞技运动与管理专业教材分析

教材也是"电子竞技运动与管理"专业开设课程的重要依据，是专业建设的关键影响因素。我国电子竞技的相关教材编写最早在2005年便已启动，但是后期发展相对乏力。在2016年我国开设相关专业之后，教材编写重新开始。2017年，有2本相关教材进行编写，2018年有3本教材。2019年之后，教材编写进入发展迅猛期，有5本教材发布，2020年达到9本教材。从发展的时间来看，教材开始得到重视。

从参编作者来看，除了有恒一、曹瀚霖等个人学者，多以相关教育公司为主体进行编写，其中超竞教育、腾讯电竞和直尚电竞较为典型。相关公司从2017年之后尝试编写相关系列教材，涉及电子竞技解说、电子竞技产业等多个方面、多个维度。

但是从教材编写的内容和质量来看，电子竞技教材内容同质化现象严重。比如，涉及电子竞技概论的相关书籍达到4本。虽然学者尝试从不同的角度进行分析，但是其内容大致都围绕发展历史、发展特点、产业发展和未来展望等维度。当前的电子竞技运动相关书籍的主题集中在电子竞技解说、电子竞技产业、电子竞技管理和电子竞技赛事等维度，管理类、通识类书籍偏多，针对电子赛事过程的解说、后期、网络处理和软件应用较少。这也导致相关专业课程设置的雷同化和可操作性较弱。

而在对学生的调查中发现，学生对于教材的评价褒贬不一。许多学生认为教材的质量不高，主要集中在理论知识，实际操作类的书籍较少。这也反映了电子竞技运动与管理专业教材的系统化有待进一步提升。

（五）电子竞技运动与管理专业师资分析

"师者，所以传道受业解惑也。"作为专业发展中最为关键的一项因素，老师凭借其个人的魅力和专业知识，对学生的影响无出其右。通过分析发现，目前电子竞技运动管理的专业教师主要分为两种类型。在高校与电子竞技教育公司合力构建的教育管理模式下，与"电子竞技"相关的课程由公司人员教授，传统体育课程内容则由校内教师教授。可以说，一定程度上，这解决了电子竞技运动与管理专业在复合型人才培养中的困境。

但是，通过调查电竞教育机构的教师招聘要求，我们发现，电子竞技的相关教师招聘不易、良莠不齐。招聘者对学历、职业背景等相关要求不明晰。针对学校老师的调查与分析指出：从年龄分布来看，当前电子竞技运动与管理专业老师整体年龄偏年轻化；在性别方面，与其他专业女性教师为主的现状完全不同，电子竞技专业教师多为男性，这与电子竞技的主要受众为男性有关；从学历层面来看，目前电子竞技运动与管理的专业教师的学历偏低。专业课教师的学历集中在专科甚至高中。从相关教师的从业要求之中也可发现，目前电子竞技运动与管理的老师大多是电竞运动员出身，而非专业院校出身。这就导致了目前专业教师相关理论水平不高。而即使是专业院校出身的教师，其本身又缺乏相关从业经验，他们学习的专业涉及教育学、经济学、艺术学和管理学等相关专业。其中，艺术学、文学和管理学等较多，这与其专业建设之中涉及管理运营、电竞解说有关。另外，在相关的职称分析中，目前电子竞技运动与管理专业的老师的相关从事时间较短，职称的发展程度尚且较低，主要集中在助教和讲师。

适当的课程教学方式有利于培养学生的创造性思维。教师在教学过程中要运用多种教学手段。当前，传统的班级授课方式仍然是主流模式，而应用性学科发展所需的现场教学、协作教学等对于操作性要求高的课程组织模式相对较少，针对学生个性化需求的个别教学、导师制更少。这反映出个性化课堂不足，教学组织形式在挑选与搭配等维度还有待完善。

对老师的主要教学方法开展相关调研与分析时发现，讲授法、提问法等传统式的填鸭式教学方法仍是主要的教学方式。与此同时，由于教室网络等相关信息资源的开放，目前不少专业老师开始尝试利用多媒体、电脑、影视等多种技术手段开展相关的直观演示和教学，这部分也占到将近40%。但是在这一讲授过程中，仍然是老师主导，学生配合。电子竞技的应用性色彩使其对于实践上手能力的要求极高，而目前的教学方法不能满足社会的需求。

教学的质量不仅涉及老师的授课方式和具体方法，更需学生对教学质量的反馈。因此，教学的考核方式成为其教学质量的最好反馈。当前电子竞技运动与管理专业的考核方式主要有：随堂测试、期末课程作业、课程设计和期末卷面成绩考核等。目前，对学生学习成果的评价仍以期末卷面考试为主。这反映出当前的教育考核方式不当。电竞作为应用专业，其考核不能依赖卷面分数，更要对其作品、服务和日常学习情况打分。过程考核所占的比例较低，亦不利于激发学生主动参与教学过程。

总之，在电子竞技运动管理专业发展的过程之中，目前老师的问题较为突出。懂电子竞技的不懂教学，懂教学的不懂电子竞技的现象已经成为当前老师招聘之中最大的问题，也难以解决。公办老师不能满足日常教学，培训机构的老师鱼龙混杂，难以保证教学质量已成常态。教学组织的形式单一，课程教学方式传统老套，考核结果无法真实反映社会需求。

对学生的问卷调查也指出当前电子竞技运动与管理专业教师的相关问题。无论是教师的数量、授课质量还是教师的专业能力，从对这三个维度的评价中都发现学生满意程度不高。学生坦言，老师授课偏理论，课程的实操性较弱，与市场所需的要求差距较大。学生期待加强对专业技能的训练，包括电子竞技赛事的组织、管理等。也有学生指出教师能力存在不足。专业课教师不单要把握教学内容质量，更要提高其自身的知识内涵。

（六）电子竞技运动与管理专业实践分析

作为培养应用型人才的重要途径之一，电子竞技专业的最大特点是对可操作性和实践性的要求高。因此，学生除了学习课程，掌握基本的理论知识，同时也需要进行大量的电子竞技操作实践。相关专业需要以各类实践、实训项目巩固理论，与行业前沿紧密结合，在实践、实训中达到教学目的。建立校外实习、实训基地和电竞馆都是实践教学的重要组成部分。

当前的课程中，不少课程需要专业的场所、专业的电子配套设施，比如电竞电脑、投影仪、专业化的解说设备、直播设备和分析软件。因此对于电脑设备、投影仪设备、高速网络配套等需求较大。尤其是游戏类、数据分析类、比赛录制和组织类课程，更是要在特殊的环境下，由专门的老师指导。只有在课堂教学和实践中，学生才能真正地掌握自己的专业知识，并在未来的工作中取得优异的成绩。

不少高校在设立相关专业时，只是开设专业，但是专业知识和资金有限，难以提供相关配套设施。不少专业教师坦言，在传授知识中，是需要大型设备的，但是相关领导不予重视，认为电子竞技专业和其他专业一样，只需要老师讲授即可。这就导致了专业配套的不足。

电子竞技对于实训环境的要求苛刻，基本要求有独立的培训基地，与其他专业的计算机教室分开，配备高配置的电脑和专门的电子竞技座椅。只有如此，才能为电子竞技与管理专业的学员创造一个真正的实战训练环境。对学生的调查也暴露出相似问题。调查发现，部分学生对于专业课实训环境较为满意。但是仍有较大一部分学生对于电子竞技的实训环境不太满意，主要认为当前训练设备不足，数量不足以支撑其发展。另外，实践活动较少，学校的经费不足以支撑学生开展一场大型赛事。

以四川电影电视学院为例，学校在与搜狐视频、爱奇艺和腾讯游戏等传统大型产业结构合作的同时，积极与大鱼号、熊猫 TV 直播平台进行合作，为同学们开展大量的实习机会。广州体育学院则与腾讯体育、网易电竞俱乐部等合作，创造相关实习机会。但是对于大多学生来讲，其实习的机会往往集中在小型机构之内，对于行业的了解和熟悉仍然较少。

（七）电子竞技运动与管理专业就业情况分析

专业发展的最终目的是促进学生的就业能力，为社会提供优秀的人才。因此可以说，一个专业就业前景的好与坏是衡量专业建设的重要目标。学生们认为电子竞技行业人才需求量较大，对电子竞技就业前景抱有良好的心态，但是对自己的专业能力有所怀疑，表示自己的专业能力不足以支撑行业的发展和企业的要求，需要对专业进一步深入学习。

在对前景进行分析之后，研究发现，大部分同学从事电竞相关行业，并且涉及电竞俱乐部、电子竞技赛事、电竞解说、电竞主播等各行各业。其中，电竞解说、电竞主播和电竞管理类的从业者较多，但从事游戏开发等涉及游戏软件核心内容的较少。也有学生从事与本专业无关的工作。究其原因，很多学生选择专业时，认为专业以"网游"为主，专业比较简单，但是实际课程经常是枯燥乏味的。另外，很多学生在上课前认为老师是"无敌"的，可以学会各种技能。令人遗憾的是，老师也多是普通人。因此，学校应该与学生进行交流，转变学生理念，帮助学生树立正确的专业观，借助讲座、前人模范等，让学生对专业有正确的认知，合理做出人生职业规划。

第二节　电子竞技运动与管理专业反思与优化对策

一、电子竞技运动与管理专业发展问题

（一）电子竞技运动与管理专业建设滞后于行业发展

电子竞技产业的发展火热已经成为不争的事实，但专业建设明显滞后于行业的发展。虽然在 2016 年电子竞技运动与管理专业设立之后，已经有将近 100 所院校开设相关专业，但是其培育人数仍然远不能满足社会需求。电子竞技运动与管理专业的院校主要是专科院校，少有本科院校涉足该领域，学历教育仍然发展较缓。

（二）电子竞技运动与管理专业人才培养目标不明晰

在培养目标的确立方面，为了适应社会的多样化需求，各个高校的培养目标十分多元。不仅培养电竞赛事裁判，也培养涉及运营、管理、营销等赛事管理类人员，更有学校进行电子竞技运动员培养。电竞选手的比赛黄金年龄多集中在 20 岁左右，而高校的入学年龄基本在 18 岁左右，这就导致学校培养的选手无法进行专业性比赛。一方面，专业培养目标脱离了一定的社会实际。另一方面，培养种类过多，容易造成对培养方向把握不好。学生需要学习什么技能；高校在开设专业后，应该开设什么样的课程；怎样支持学生与专业的衔接，这些问题都需要深入探讨。政府对于行业分类缺乏标准参考，这也使电子竞技运动与管理的专业人才发展目标没有良好的方向。

（三）电子竞技运动与管理专业人才课程体系有待优化

课程设置虽然按照基本高校的发展，按照必修课、选修课、专业课和实习等各个维度开展，但是在开设课程中仍然有不少问题。其一，重理论教育，轻实践。原本注重专

业实操能力的课程，大量的时间只在传授基本理论、概论等相关资料。其二，课程目标模糊、课程雷同的现象时有发生。比如赛事运作中的运营管理和风险控制在实际操作中较为相似，处理的问题和所需能力较为一致。这导致学生对待课程的重视程度千差万别，影响课程的实际效果。其三，教学形式仍然是传统的教学方法。老师以讲授为主，学生只需听讲。这就导致课程教学的创新性不足。

电子竞技运动与管理专业在培养目标的确立方面，为了适应社会的多样化需求，开设了电子竞技运动员、电子竞技赛事裁判员、电子竞技赛事管理、电子竞技赛事运营、俱乐部管理等多种多样的人才目标。但是，种类繁多，而且培训的方向也不是很明确。有些问题，比如，学生应该掌握哪些技能；在开设了一个专业之后，应该开设哪些课程；怎样协助学生就业，这些都有待高校的进一步调查。另外，由于互联网的普及，电竞发展方向出现变化，出现了向手游等移动端发展的趋势。AR、VR等技术进步，电竞势必要与其融合发展，推出新的电竞游戏、电竞比赛等。这些迹象表明，如果不及时更新教学课程，电竞专业的发展势必受到影响。

（四）电子竞技运动与管理专业教材编写不实用

专业教材编写主要有以下几大问题。其一，相关教材编写时间较晚。编写时间主要集中在2016年之后，最近几年开始逐渐增多。其二，教材编写内容主要集中在相关历史的介绍和概述，理论性较强，但是实际应用效果不佳。其三，编写内容的相关学者较少。主要集中在教育培训机构编写，内容主观性较强，不利于学生对实际情况的掌握。与此同时，相关书籍比较零散。只有极个别机构从事相关系列丛书编写。这导致书籍编写不适合学生的发展。总之，从编写时间、内容、作者、机构等角度来看，目前教材编写还不能与实际情况结合。多重因素的结合下，专业教材的编写缺少实用性。如何提升实用性，丰富教材，是未来学者应该努力思考的问题。

（五）电子竞技运动与管理专业师资不全面

电子竞技运动与管理专业的师资力量薄弱，从教师数量和质量可见一斑。数量层面表现在以下两点。其一，总体师资人数较少。由于专业开展年代较近，教师人员配比整体不足。其二，在结构方面，由于办学资历较短。多数学校采用合作办学的方式。专业老师多为教培机构负责，公共课由学校老师开设。两者之间缺乏良好的衔接与沟通，导致教学不能满足专业活动需求。质量层面，出于对经验的要求，目前电竞老师多为相关从业人员。而目前从业人员呈现年轻化特征，年龄普遍集中在20～30周岁。由于长期从事电竞行业，导致其学历普遍不高。他们实践经验充分，但是对于教育学、心理学等理论涉猎不足。这些现象导致他们在传授知识层面无法与专业教师相比，教学质量不佳现象的存在已是不争事实。不少学生对于专业学习缺少热情与动力。此外，作为社会新型专业，教学手段仍然是传统的教学方法，缺少多媒体、互动性和实践性，课程枯燥、乏味的同时，实际应用价值较低。

（六）电子竞技运动与管理专业实践投入不足

鉴于电子竞技与管理专业具有很强的实用性，目前，有三点问题较为突出。其一，设备投入不足。不少专业性的岗位对于专业技能的发展极为看重，但是不少专业院校由于资金缺乏，相关的专业配套设施不足，不能完全满足学生的相关需求。其二，缺乏体育教学与实训活动。大部分的学生都会在他们的闲暇时间里进行现场直播，学生经常通过校内的教学活动平台交流有关的电子竞技信息。学生在这一领域中的参与程度较低，说明学校是在进行常规的教学，而较少开展教学实践活动。其三，校外实习基地较少。学校安排的实习基地仍然较为单一，不能满足学生的全方位要求。

（七）电子竞技运动与管理专业学生思想教育有待加强

虽然当前社会缺口与需求很大，但专业教育尚不能满足其行业需求。在调查过程之中，在考虑行业发展时，学生不会选择与自我专业相关的行业，这与他们在当初选择专业的初心完全背道而驰。虽然考虑到学生对于专业的就业选择会随着时间的变化而变化，但是如果大规模的人才从事与专业无关的行业，客观上会造成教育资源的浪费。如何坚定学生的专业理想，将学生选择专业的热情转变成就业理想，成为思想教育的重点。因为只有个人从事该行业发展的意愿愈发坚定，才会有源源不断的行业人才。而只有为行业输送专业的人才，才是行业长效发展的根本保证。

二、电子竞技运动与管理专业优化策略

（一）细化专业方向，明确人才培养侧重点

虽然当前人社部确定了相关的岗位需求，教育部门也开设了新专业，但是院校专业建设尚不明晰。培养目标如果相对笼统模糊，就无法开展具有针对性的相关教育。因此，不能将社会需求完全照搬到培养目标上。要打造学校特色，结合学校的自我特征、资源优势，确定教学定位。高校应该对学生进行适当分类，开设不同的班级，采取小而精的教学模式。比如上海体育学院在其广播编导专业的基础之上，开展电竞主播相关专业。在自身体育＋主播的资源基础之上，开设电竞解说专业方向，既合理利用了教学资源，又拓宽了学生的就业方向，满足了上海对于电竞解说人才的需求，服务于当地经济。在学生尚未毕业之际，就已有不少单位向其投橄榄枝。特色教育，适当"瘦身"，培养出符合社会需求的人才，这将是未来不少高校需要进行改革的地方。

（二）提升课程合理性，促进教师队伍建设

众所周知，课程是专业建设的关键一环。提升专业质量，首先就要围绕课程设置开展相关设置。其一，明确电竞专业是应用型学科。提升其应用性和学生的实践能力是关键。所以在课程过程中，要在保证课程满足要求的首要条件下，提升技术实践课程占比。这样就会使学生在课程中学会实操，在就业过程中拥有一技之长。其二，学科要在细化专业方向方面下功夫。由于专业方向不同，比如，管理运营和技术处理等方向完全不同。因此，要开设专门的课程以服务不同的专业需求，做到差异化、个性化授课。

与此同时，课程建设离不开老师。教师的能力、多元化才能使课程的合理性真正落地。在促进教师队伍建设中，可以从以下三点入手。其一，招聘资历丰富教师。加强教师资质审核制度，提高教学质量。着力打造老中青的教师队伍，形成完善的队伍建设。其二，积极组织老师进行教学改革。可以通过开展教学比赛，利用教师之间的教学比赛和试讲，在竞争教学中优化教学方法，在交流中发现教学问题。其三，打造双师型职业教师，全面提高专业教师的教学实践能力和专业实践能力。

（三）加强校企合作，严格把控教材编写

除课程外，教材也在教育过程承担着很重要的作用。通过梳理发现，当前教材编写体系较弱，教材的适用性不强，"重理论、轻实践"等问题突出。目前书籍编写的主要人员集中在企业部门，真正的高校教育者较少。而教材的编写，不仅需要电竞的专业知识，更需要教育学知识。所以，在编写教材时，应该强化校企合作，利用双方的优势，严把教材关。从高校来看，可以利用教学知识和经验，优化教材编写的逻辑和内容；从行业视角，可以提高教材的实践性和可读性。通过双向合作，提升教材的科学性和合理性。

（四）开展合作教学，助力实践与就业

作为一门应用学科，学生的实际操作能力是对专业发展水平的直接反映。所以，在日常教学中，学校应该积极地为学生提供培训平台和实践机会。学校应该与专业机构积极交流与合作，以此为同学提供相应的实习岗位。比如山西体育职业学院与完美世界开展合作，每年将学生送往其机构，进行专业化教学和实践。在这过程中，学生的赛事理解能力得到增强。通过产学合作，有效实现了教学资源共享。通过产教融合，可以优化资源配置，实现人才在行业链条有效流动，有效激活学生培养和教育信息化建设，打通电竞教育的最后一公里。与此同时，在搭建教学基地的同时，也可开展深度融合。通过签订协议，实行"订单式"人才培养，积极为各大电竞机构输送人才。如此通过教育合作，不仅可以为学生提供良好、有保证的岗位，还可以解决行业人才缺乏问题，保证了学生毕业即可上岗，减少行业培训经费，最后也促进了行业的可持续发展。

（五）强化思想教育，明晰学生就业观

由于电竞专业的特殊性，其受众主要集中于青少年。因此，不少学生在报专业时，经常因为专业名称而选择该专业。他们误以为，大学可以打游戏，简单学习，实际入学后往往心理落差较大。因此，学校在招生、入学教学等过程中要加强相关教育，以学生的兴趣为起点，开展相关教育。在招生过程中，可以邀请专业企业，详细讲解择业优势和就业标准。此外，学校可以借助学校开放日等活动，促进学生对专业的认知。总之，通过多种方式，可以强化其认知。在学生的日常教育活动中，也应积极进行教育，利用班会、年级大会开展专业介绍，使学生对其发展有更加深刻的了解。学校还可积极邀请相关专业人才进行宣讲，如此，加强学生的专业认可度。在引进来的同时，也要积极走出去。比如，鼓励学生参加社会实践，带领学生参观企业、俱乐部等，借助多种模式帮

助学生了解社会发展。另外，在课程设置中，也要配合相关的职业选择。

（六）学习域外经验，打造本土教学模式

他山之石，可以攻玉。当今社会信息爆炸，只有积极交流与学习，才能补足。高等教育不仅需要校际、区域间合作交流。学校更要立足于国际视角，放眼于世界。我国的电竞专业的开设历史较短，所以问题较多，经验不足。而欧美等国家较早开设高等教育、电竞教育专业，已经拥有较为丰硕的成果。所以，学校可以积极进行对外交流，学习域外经验。比如邻国韩国，其电子竞技教育发展时间较长，已经培养出一系列的电竞选手和从业人员。所以，我们国家可以学习韩国的教学经验。利用域外经验，弥补自己的不足。当然在引进过程，不能照搬照抄，要结合本土教学特色和依据。在此基础上，研究出适合本土的电竞教育体系，培育出我国特色的电竞人才，真正促进国内电竞的长远发展。

（七）政府加大扶持，引导大众认知

当前专业发展明显落后于行业是不争的事实。现在的行业发展不仅要从教育层面狠下功夫，更需要政府汇聚能力，加大扶持。其一，政府要加大扶持力度，出台相应的地方性政策，开展具体化扶持。通过政府来调控行业整体发展规模和基础，为电竞行业发展保驾护航。其二，目前社会对电竞和网游的认知不足，社会争议不断，为了保证电竞的整体发展，政府也要加强社会引导，通过主流媒体的正确评价，将电竞的价值与意义传递给大众，促使大家正确认知电竞项目，最终消除大众的刻板印象，吸纳人才进入行业，促进电竞高质量地发展。

第九章 电子竞技运动发展的影响因素及趋势

随着近些年我国电子竞技事业的蓬勃发展，电子竞技运动也越来越多地走入人们的视野。由电子竞技衍生而来的电子竞技运动，是迅速发展的现代信息技术与体育运动结合的产物，其影响力之大，关注度之高，粉丝之多都不亚于足球、篮球等传统的体育项目。电子竞技运动本身涉及很多行业，如互联网、电子硬件设备、娱乐业、物流、新闻媒体等，它们都在电子竞技迅速发展的带动下产生了巨大的经济效益。

第一节 电子竞技运动发展的影响因素

一、电子竞技运动在高校发展的积极因素

（一）物质条件丰富

电脑是电子竞技运动得以开展的媒介，更是必不可少的前提条件。现在高校大学生对电子产品的追求和热衷已经达到了很高的程度，一部多功能的智能手机和一台个人电脑已经成了高校学生进入大学时的标准配置。随着电子信息时代的来临，电脑已经成了大学生交友娱乐、了解世界的主要途径，而且制作表格、撰写论文等也是离不开个人电脑的。

（二）实践充裕

高校学生在步入大学之后，不仅休闲娱乐的时间变多了，也有了更多自由支配的资金，这些钱可以用于平时的生活学习，也可用于交朋结友，还有的用在了休闲娱乐上。

（三）消费能力较强

运动消费一百元到几百元不等，经过对调查结果的分析和与参与学生交流了解到，在学校宿舍上网参与电子竞技运动的大学生的主要消费是学校的网络月租和电子竞技外设的更新，消费金额也不高，平均每月一百元左右，而经常在网吧参与电子竞技运动的大学生则在上网资费方面花费较大，每月在三百元左右。总而言之，不论是在宿舍还是网吧参与电子竞技运动，消费都不算太大，高校学生也会根据自己的经济情况做出选择和调整。高校大学生的消费能力较强，成为电子竞技运动在高校发展的积极因素之一。

二、电子竞技运动在高校发展的消极因素

（一）对电子竞技运动认知不足

电子竞技运动在我国的发展情况是有着深刻的社会原因的。由电子竞技演变而来的电子竞技运动从一开始就饱受质疑，而"电子鸦片"的说法更是让无数的家长对电子竞技运动谈虎色变，怕自己的孩子深陷其中、无法自拔。

把电竞和网游搞混，是对电子竞技的认识的一大误区。电子竞技是一项在公开、公平、公正的基础上，根据比赛的规则进行的一项体育竞赛。线上游戏是指玩家们完成设置好的一个接一个的任务，通过游戏中的金钱和物品来消磨他们的时间。因为在线游戏会不断地更新任务和道具，因此永远不会结束。网络游戏之中的一些对战也是在不同的装备、属性下进行的，没有规则，也不公平。这使很多玩"RMB"的人把很多的钱和时间都花在了线上游戏上，结果却只能得到一种虚荣和表现的感觉。

根据数据我们能一眼看出，阻碍高校大学生参与电子竞技运动的主要因素就是家长的反对，原因就是根深蒂固的对电子竞技运动认知的偏差，把电子竞技运动这样的国家认可的正式体育项目与百害无一利的网络游戏画上等号。通过了解得知，在中小学阶段，学生是绝对不会被家长允许接触电子竞技运动的，即便到了高校，父母不在身边，学生还是会被再三嘱咐不要参加电子竞技运动，以免荒废学业。有一部分大学生本身就对电子竞技运动和网络游戏的差别一无所知。其他几项因素对电子竞技运动在高校的发展造成的阻碍就会小很多，值得一提的是，尽管到了大学时代，还是有很多同学觉得自己的时间不够用，这和所学专业还是有很大关系的，学习和社会实践毕竟还是大学生活的主要内容。四六级和考研也会对高年级的大学生造成一些学业的压力。校园网环境也在影响因素中排名靠前，证明高校校园网还需要进一步地建设升级。现在的网络环境足够大学生查阅资料、网上评教等，但是对参与电子竞技运动来说还是有些吃力。

（二）大学生网络沉迷

网络沉迷是自电子竞技在我国发展以来一直面临的一个问题，也是家长、学校、社会各方关注的焦点之一。电子竞技运动作为由电子竞技演变而来的体育运动，自然也会受到影响，并不是说电子竞技运动作为区别于网络游戏的体育运动就可以避免这个问题。高校大学生对新鲜事物有好奇心和探索欲是好的，但是也同样缺乏自控能力，而且在校期间时间大多比较充裕，没有家长、老师的监督管理，很容易沉迷电子竞技，无法自拔。

从数据可以看出，高校大学生每周参加电子竞技运动的次数大多在5~6次及以上，说明电子竞技运动在高校有很好的发展前提，同时也可以看到，这个数据相当于每天进行一次，这之中有的是休闲娱乐，每天参与一些时间，但也不乏一些大学生除了吃饭睡觉就是在进行电子竞技运动。如果长时间高频率地参加电子竞技运动，就属于网络沉迷了。网络沉迷对处于人生重要阶段的大学生活会产生很多不良的影响。

首先，网络沉迷无疑会对大学生的学业有很大的影响。沉迷其中的大学生在上课的时候根本无心听讲，想的全是关于电子竞技的事情，一下课就会钻进网吧或宿舍参与电子竞技，更有甚者干脆逃课去网吧，这样不仅会毁了大学生的学业，更是对家庭的一个打击。因沉迷网络而被劝退的高校大学生比比皆是，他们平时旷课，考试时挂科，不良的生活习惯影响到其他的同学。这样一来，自己多年的努力付之东流，还使家人跟着蒙羞。

其次，网络沉迷会对高校学生的身心健康构成威胁。沉迷电子竞技自然会打破正常的作息规律，而且长时间维持坐姿会对大学生的颈部、下肢和眼睛造成巨大的损害。

最后，网络沉迷会使大学生在现实生活中很难与人交往。在网络环境中，人与人交往不会有太多的约束，时间长了就很难接受现实中循规蹈矩的为人处世，这也对大学生与同学、老师的交往产生不良影响。很多沉迷网络的大学生不服从学校的管理，顶撞老师也是由此而来的。

总而言之，网络沉迷是对大学生危害极大的。电子竞技运动作为一项对大学生有益的、积极的体育运动项目也无法避免吸引大学生的沉迷，如此一来，就需要大学生们提高自己的防沉迷能力，正确地看待和参与电子竞技运动。

第二节　电子竞技运动的发展趋势

分析电子竞技行业的发展前景，首先应该提到电子竞技的专业化和市场化，这是电子竞技的发展趋势。未来电子竞技用户整体规模增长的主要推动因素有以下两个：除MOBA外其他类型的电子竞技游戏用户人数的增长；大量移动电子竞技游戏带来的移动电子竞技用户。归结起来就是，电子竞技游戏的繁荣化和电子竞技移动化。电子竞技移动化带来的则是电子竞技越来越普及，同时电子竞技本身的娱乐性也会在这个过程中得到加强，这同样是电子竞技未来的发展趋势之一。

一、电子竞技的专业化和市场化

电子竞技想要得到长足的良好发展，学习传统竞技体育的经验很有必要。也就是说，电子竞技的各方面都会出现专业化、市场化的趋势，如足球、篮球等已经成熟的运动方式，逐步向传统体育靠拢，并促进整个电竞市场的稳定发展。

（一）赛事成熟化

电子竞技赛事的成熟是电子竞技发展的重要表现。在电子竞技的赛事方面，职业的以及业余的电子竞技赛事会变得更加丰富和成熟，大型的国际性赛事品牌也会逐步树立起来，类似于足球的世界杯。

电子竞技赛事的赞助商将会越来越多元化，不只是游戏厂商和游戏相关的硬软件品牌会赞助电子竞技比赛，一些更加成熟的行业里的资深品牌，如电影公司、传统实业品牌等都将参与对电子竞技进行赞助，赞助的额度也会不断提升，电子竞技赛事的影响力会越来越大。伴随着赛事的发展，一些周边产业，如门票、博彩等也会快速发展，并反过来促进电子竞技进发展，形成一个良性的循环。

（二）选手明星化

在职业战队及选手方面，将会形成综合性的大职业俱乐部，俱乐部内部分工将会不断细化。各个战队之间的转会机制会逐步成熟，甚至实现跨国转会。

战队和选手会获得运动明星的地位，开始走入大众消费品、汽车、奢侈品等广告主的视线，电子竞技将和传统体育一样发展出"追星"文化。韩国知名电子竞技职业战队SKT 中的选手就在 2017 年代言了饮料广告。这有助于赞助商和职业战队之间保持良好的关系，促进更进一步的合作，也有利于职业选手提高收入，这和传统的体育运动项目的运动明星接拍广告获得收入是同样的道理。

（三）内容专业化

在内容制作方面，电子竞技的节目将进入专业生产内容阶段（Professionally-generated Content，PGC），用电视节目的方式进行专业化制作，而在内容的传播层面则按照互联网的传播特性进行传播。越来越多的专业人士和退役选手将进入直播、解说及内容制作行业，这一点与传统体育类似——足球、篮球明星在退役之后选择当教练或去电台当解说。

尤其是退役选手，他们在职业生涯阶段积累的人气以及他们对电子竞技的深刻理解，会让内容制作越来越有深度，进而提升电子竞技的文化魅力。关注度提高之后，资本也会以更加合理的方式进入内容制作行业，游戏厂商、品牌方、直播平台乃至传统媒体将会进行深化合作，给电子竞技行业带来新的机遇。

二、电子竞技游戏的繁荣化

从电子竞技游戏的类型来看，目前 MOBA 类游戏在电子竞技领域中的王者地位暂时难以撼动，《DOTA2》《英雄联盟》和《风暴英雄》都是目前市面上最流行的电子竞技比赛项目。除此之外，其他的电子竞技项目也在不断地发展，更多高质量的电子竞技产品不断问世。

（一）游戏类型的繁荣

相比于射击类、体育类和手游赛事，很多玩家观看 MOBA 类游戏赛事时不仅关注操作技巧，也关注里面的团队战术策略与配合等。可以说，MOBA 类游戏的观赏性更接近于传统体育项目。

2015 年以来，射击类电子竞技游戏依然有着很高的关注度。直播平台上，射击类电子竞技游戏拥有高观看人数，仍然保持着不错的势头，以《CS：GO》为代表的射击类游戏有望获得 MOBA 类游戏之外的另类爆发。

（二）游戏开发公司的繁荣

用户的喜好会影响游戏类型的演变，不过最主要的决定因素还是游戏开发公司。国外游戏开发商研发游戏，中国游戏运营商代理运营，这是过去多年中国电子竞技市场的一个常态。拳头、维尔福和暴雪仍然是最上游的公司，代理和运营则基本由腾讯、网易、完美世界等公司掌握。在电子竞技游戏及端游市场中，目前腾讯公司仍然处于领先地位。《英雄联盟》是目前全世界用户规模最大的电子竞技游戏之一，月活跃用户已超过1亿人。

随着我国民族企业科技实力的不断提升，游戏研发能力也在不断提高。腾讯、网易、完美世界等公司也不断设计出优质的游戏，可能对电子竞技游戏的类型和电子竞技市场格局带来新的变化。

三、电子竞技的移动化

国内有超过5亿的庞大手游用户群，移动电子竞技也因此成为一个逐渐火热的行业。推动移动电子竞技发展的原因有：移动电子竞技产品的增多、玩法的优化、赛事以及直播平台的发展。另外，中国手游市场增速放缓，手游厂商希望以电子竞技作为突破点。此外还有官方的支持，2016年由国家体育总局主办的第一届全国移动电子竞技大赛就是一个证明。对于移动电子竞技，用户参与、观赛意愿也很高，统计显示，有超过50%的电子竞技用户会考虑参加手游竞技赛事，超过40%的调查者会去观赛。

（一）发展重度竞技游戏

重度竞技游戏是随着电子竞技游戏不断发展而出现的一个新的概念，指的是拟真程度高、上手难度较高、拥有游戏复杂逻辑的竞技游戏。根据2015年手机游戏的排行榜分析，卡牌类游戏，如暴雪公司的《炉石传说》和腾讯公司的《欢乐斗地主》，有着很高的排名和用户留存率；手机端的MOBA类游戏，如腾讯公司出品的《王者荣耀》，也同样非常受欢迎，占据了移动端电子竞技游戏收入总数的34.4%；第一人称射击游戏是排名第三的移动电子竞技游戏类型，代表作有《全民枪战》和《全民突击》等。这些电子竞技游戏基本都属于重度竞技游戏。

随着移动设备性能的提升和用户游戏年龄的增长，重度竞技类游戏已存在市场空间，《全民枪战》《乱斗西游》《天天炫舞》等精品游戏成功填补了市场空白，形成先占效应。不过，重度竞技游戏对于开发能力要求较高，需要在游戏开发中考虑到玩家心态以及身体健康，防止玩家成瘾，能够开发高质量的重度竞技游戏的公司数量较少，短期内仍然只会有少量精品。对重度竞技类游戏而言，手游的生命周期、耗电量、观赏性目前都存在局限，但核心问题仍在于公平性。

（二）举办移动电子竞技赛事

未来的移动电子竞技，有两个更有可能的发展方向。第一，通过硬件的提升，再加上其他的辅助，研发出更好的设计、更有竞争力的游戏，创造更好的平衡性，甚至有可能产生新的玩法。第二，在现有游戏的基础上，举办一些规范化的大型线下比赛，为移动端的电子竞技游戏提供一个良好的外在环境和多元的发展方向。

事实上，移动电子竞技的赛事在 2014 年兴起之后，赛事已逐渐变得专业化、成熟化，开始出现一些专业战队。目前的模式主要还是以单项游戏为比赛项目，如《全民枪战》，定期会有线上常规联赛，并有向线下赛拓展的趋势，在这个过程中强化竞技氛围。未来可能会出现综合性的移动电子竞技赛事，比赛项目包含不同类型的多款游戏，兼顾休闲性和竞技性。

另外，端游职业选手不断以代言、制作人的身份助力移动电子竞技，一方面可以带动传统的端游玩家，扩大其影响力，另一方面也会促进移动电子竞技的职业化。

四、全民娱乐化

《DOTA2》《英雄联盟》《CS：GO》《星际争霸》《炉石传说》这样的重度游戏比赛固然吸引人，但是需要选手长时间投入训练，对游戏反复研究才能获得更好的操作，相比之下，移动端的 MOBA 类游戏就简单许多。此外，跑酷类、音乐节拍类游戏也具有比赛价值，并不需要反复且大量的训练就可以进行比赛，这样的游戏竞技比赛也有一定的市场价值，如果能够激活这个领域，电子竞技行业的参与人数会大幅增加。

随着电子竞技的日益流行，娱乐明星们也越来越多地参与到了电子竞技中，所以跨国电竞产业已成为一种潮流。而在另一方面，电竞运动员和主持人也需要挖掘自身的商业价值，从而提高社会的认同。甚至对于经纪公司而言，他们的形象塑造成了一种无法避免的现象。受资本运作、市场环境、明星个性发展等诸多因素的制约，娱乐和电子竞技的融合已成为必然。

参 考 文 献

[1] 直尚电竞. 电子竞技赛事管理 [M]. 北京：高等教育出版社，2019.

[2] 龚骁，蔡文敏. 电子竞技概论 [M]. 广州：中山大学出版社，2021.

[3] 恒一. 电子竞技概论 [M]. 北京：机械工业出版社，2021.

[4] 恒一，李季涛，乔宇. 电子竞技解说教程 [M]. 北京：机械工业出版社，2020.

[5] 直尚电竞. 电子竞技指导论 [M]. 北京：高等教育出版社，2018.

[6] 北京大学互联网发展研究中心. 游戏学 [M]. 北京：中国人民大学出版社，2019.

[7] 孙博文. 电子竞技赛事与运营 [M]. 北京：清华大学出版社，2019.

[8] 超竞教育，腾讯电竞. 电子竞技运动概论 [M]. 北京：高等教育出版社，2019.

[9] 王萌，路江涌，李晓峰. 电竞生态：电子竞技产业的演化逻辑 [M]. 北京：机械工业出版社，2018.

[10] 皮平·巴尔. 如何玩电子竞技 [M]. 翁玮，译. 哈尔滨：黑龙江教育出版社，2017.

[11] 田麦久. 运动训练学 [M]. 2 版. 北京：高等教育出版社，2017.

[12] 俞诚士. 体育赞助攻略 [M]. 石家庄：河北科学技术出版社，2017.

[13] 张越舟. 电竞解说概论 [M]. 成都：四川大学出版社，2017.

[14] 张春萍. 体育赛事管理教程 [M]. 北京：经济管理出版社，2016.

[15] 陶卫宁. 体育赛事策划与管理 [M]. 重庆：重庆大学出版社，2015.

[16] 杨海燕，杨阳. 我国电子竞技赛事的商业化发展研究——以英雄联盟为例 [J]. 当代体育科技，2020 (4)：222 -225.

[17] 马宁. 电子竞技员就业景气现状分析报告 [J]. 中国培训，2019 (12)：21 -22.

[18] 闫平平. 电子竞技运动专业选手身体成分及影响因素调查分析 [J]. 当代体育科技，2018，8 (6)：230 -231.

[19] 杨越. 新时代电子竞技和电子竞技产业研究 [J]. 体育科学，2018，38 (4)：8 -21.

[20] 王钟陶. 我国电子竞技运动产业的投资趋势与前景分析 [J]. 体育世界：学术版，2018，4 (778)：46 -47.

［21］熊若兰. 电子竞技网络直播的著作权问题［J］. 法制与社会，2018，3：208－209.

［22］潘陈青，付晓静. 从受众到用户："互联网＋"时代体育传播转型路径初探——基于传播游戏理论［J］. 体育科学，2018，38（5）：17－24.

后　记

光阴似箭，时光荏苒，转眼间，本书的撰写工作已经接近尾声。本书对电子竞技产业进行了全面分析。电子竞技与许多传统体育竞技项目一样，都源于游戏。不同的是，电子竞技是信息时代的一种产物，是在虚拟空间实现的。与传统游戏相比，电子竞技具有游戏性更强、可选种类更丰富，以及可发展、可体验空间更大等特点。分析后撰写的作品，倾注了笔者的全部心血，因此待要停笔，心中颇有不舍之情。虽然辛苦，但是想到本书的出版能够为我国高校电子竞技运动提供一定的帮助，笔者颇感欣慰。同时，本书在创作过程中得到社会各界的广泛支持，在此表示深深的感谢！

现阶段，大众对于电子竞技赛事的认知尚不全面。本书通过大量的案例、素材进行透彻的分析，可以使读者对于电子竞技赛事的各知识要点有较为深入的理解。故而，笔者可觍颜表示，本书的出版无疑起到了添砖加瓦的小小作用。

然而，提升高校电子竞技毕竟是一项任重而道远的工作，需要长时间不断地坚持和努力。虽然本书在内容与观点等方面可能还存在一些问题，但相信它作为引玉之砖，能够开阔读者的眼界和激发学者争鸣的兴趣。